OLYMPIC COUNCIL OF ASIA

亚运营销
在中国

徐风云 / 著

亚奥理事会总干事

侯赛因·阿尔·穆萨拉姆

作序推荐

广东旅游出版社
GUANGDONG TRAVEL & TOURISM PRESS
悦读书·悦旅行·悦享人生

中国·广州

图书在版编目（CIP）数据

亚运营销在中国 / 徐风云著. — 广州 ：广东旅游出版社，2023.9

ISBN 978-7-5570-3139-8

Ⅰ．①亚⋯ Ⅱ．①徐⋯ Ⅲ．①亚洲运动会－市场营销－研究－中国 Ⅳ．① G811.23 ② G80-05

中国国家版本馆 CIP 数据核字（2023）第 171228 号

出 版 人：刘志松
策划编辑：何 阳
责任编辑：魏智宏 张 琪
装帧设计：邓传志
责任校对：李瑞苑
责任技编：冼志良

亚运营销在中国
YAYUN YINGXIAO ZAI ZHONGGUO

广东旅游出版社出版发行
（广东省广州市荔湾区沙面北街71号首、二层）
邮编：510130
电话：020-87347732（总编室） 020-87348887（销售热线）
印刷：佛山家联印刷有限公司
（佛山市南海区桂城街道三山新城科能路10号自编4号楼三层之一）
开本：787毫米×1092毫米 16开
字数：200千字
印张：14
版次：2023年9月第1版
印次：2023年9月第1次
定价：48.00元

序 /

序

2023 年 9 月 23 日，第 19 届亚洲运动会将于中国浙江杭州开幕。值此前夕，祝贺徐风云先生《亚运营销在中国》一书即将付梓，特此作序。

我们很高兴中国人民对亚运会的热爱和欢迎，从 1990 年第 11 届北京亚运会、2010 年第 16 届广州亚运会，到现在第 19 届杭州亚运会，不管是亚奥理事会还是参加亚运会的各奥委会运动员和代表，以及观众，都能处处感受到温暖、和谐和友谊。

感谢徐风云先生一直以来为宣传亚运会、为加强亚奥理事会与中国各界、特别是体育产业界的交流与合作所做的一切付出和努力。

亚奥理事会的箴言是"永远向前"，我们工作的目的就是不断促进亚洲各国和地区体育事业的持续繁荣和发展，加强亚洲体育文化和世界的交流与合作。我们欢迎更多的朋友、更多的合作伙伴，像徐风云先生一样，积极参与到奥林匹克运动中来，宣传亚运，弘扬亚运精神！

亚奥理事会总干事、世界泳联主席：侯赛因·穆萨拉姆

PO Box: 6706 Hawalli – Zip Code 32042, Kuwait – E info@ocasia.org
T +965 22274277 – 22274288 – 22274299 – F +965 22274280 – 22274290 – W www.ocasia.org

◎亚奥理事会总干事序

I

OLYMPIC COUNCIL OF ASIA

Foreword

On September 23, 2023, the 19th Asian Games will officially open in Hangzhou, Zhejiang Province, China. On the eve of this, I would like to congratulate Mr. Xu Fengyun on the upcoming publication of the book "Asian Games Marketing in China".

We are very happy that the Chinese people love and welcome the Asian Games. From the 11th Beijing Asian Games in 1990, the 16th Guangzhou Asian Games in 2010 to the 19th Hangzhou Asian Games, whether it is the Olympic Council of Asia, athletes and representatives from all National Olympic Committees participating in the Asian Games, and the audience can feel the warmth, harmony and friendship everywhere.

Thank Mr. Xu Fengyun for his efforts to promote the Asian Games and strengthen the exchanges and cooperation between the Asian Olympic Council and all walks of life in China, especially the sports industry.

The motto of the Olympic Council of Asia is "Ever Onward". The purpose of our work is to continuously promote the sustainable prosperity and development of sports in Asian countries and regions, and strengthen the exchange and cooperation between Asian sports culture and the world.

We welcome more friends and partners, like Mr. Xu Fengyun, to actively participate in Olympic Movement, promote the Asian Games, and promote the spirit of the Asian Games!

Husain Al Musallam
OCA Director General & World Aquatics President

PO Box: 6706 Hawalli – Zip Code 32042, Kuwait – E info@ocasia.org
T +965 25717196 – 22268141 – F +965 25734973 – 22268142 – W

目录

亚运品牌的前世今生

章一

亚运品牌的前世今生

亚运会的发展和未来

◎亚奥理事会总干事

亚洲奥林匹克理事会（OCA）是全面管理和负责亚洲奥林匹克运动（亚运会）的唯一组织。OCA 是一个独立的非政府非营利性国际亚洲体育组织，由国际奥林匹克委员会（IOC）、国家奥林匹克委员会（ANOC）和 45 个亚洲成员国家和地区奥林匹克委员会（NOC）认可，无限期存续。

OCA 代表亚洲与国际奥委会和其他洲级体育组织联系，负责协调亚洲国家和地区之间的体育活动，在亚洲宣传奥林匹克理想，保证四年一届的亚运会顺利举行。

The Olympic Council of Asia (OCA) is the sole organization that fully manages and is responsible for the Olympic Movement in Asia (Asian Games). OCA is an independent, non-governmental, non-profit, international Asian sports organization recognized by the International Olympic Committee (IOC), National Olympic Committees (ANOCs) and the 45 Asian member National Olympic Committees (NOCs) for an indefinite duration.

On behalf of Asia, OCA liaises with the International Olympic Committee and other continental sports organizations, is responsible for coordinating sports activities among Asian countries and regions, promoting Olympic ideals in Asia, and ensuring the smooth holding of the Asian Games held every four years.

亚奥理事会总干事、世界泳联主席侯赛因·阿尔·穆萨拉姆接受了本书作者的专访，从亚奥理事会工作的角度，畅谈亚运会的历史和使命、亚运会的发展和未来。

OCA General Director, World Aquatics President Husain Al Musallam gave an exclusive interview with the author of the book to talk about the history and mission of the Asian Games, the development and future of the Asian Games from the perspective of the work of the Asian Games.

问：亚运会历史悠久，如何认识亚运会的价值和使命？如何保障其可持续发展？

Q: The Asian Games has a long history. How to understand the value and mission of the Asian Games and how to ensure its sustainable development?

答：亚运会的历史可从亚洲第一届综合运动会说起，其前身最早是 1913 年在菲律宾马尼拉举行的"东方运动会"。1917 年在中国上海举办，名称由"东方运动会"改为"远东锦标赛"。这些运动会一直持续到 1938 年。同时在亚洲其他地区也有综合运动会的开展，第一届"西亚运动会"于 1934 年在印度新德里举行，时间上从 1934 年延续到 1938 年。

A: The history of the Asian Games can be mentioned from the first multi-sports event in Asia. Its predecessor was the "Oriental Games" held in Manila, Philippines in 1913. Held in Shanghai, China in 1917, the name was changed from "Oriental Games" to "Far East Championships". These games continued until 1938. At the same time, in other parts of Asia, there are also multi-sport games. The first "West Asia Games" was held in New Delhi, India in 1934, and the time lasted from 1934 to 1938.

第二次世界大战导致了奥运会、亚洲的运动会被中断，如 1938 年所有亚洲的综合运动会都被取消，包括 1938 年"耶路撒冷巴勒斯坦第二届西亚运动会"和"大阪第 11 届远东运动会"。战后，在 1948 年恢复举办伦敦夏季奥运会期间，亚洲国家奥委会主席决定，将亚洲所有奥运会（远东运动会和西亚运动会）统一为一个称为亚洲所有国家奥委会的亚运会，并为保障亚运会的顺利举行，1949 年在印度新德里成立了亚运会联合会，负责协调组织每四年一届的亚运会。第一届统一的亚运会于 1951 年在印度新德里举行，第二届亚运会于 1954 年在菲律宾马尼拉举行。

The Second World War led to the interruption of the Olympic Games and Asian games. For example, in 1938, all Asian multi-sport games were cancelled, such as the 1938 "Jerusalem Palestine 2nd West Asian Games" and "Osaka 11th Far East Games". After the war, during the resumption of the London Summer Olympics in 1948, the president of the Asian National Olympic Committee decided to unify all the Olympic Games in Asia (the Far East Games and the West Asian Games) into one Asian Games called All Asian National Olympic Committees, and to ensure The Asian Games were successfully held. In 1949, the Asian Games Federation was established in New Delhi, India, responsible for coordinating and organizing the Asian Games every four years. The first unified Asian Games was held in New Delhi, India in 1951, and the second Asian Games was held in Manila, Philippines in 1954.

成立于 1982 年 11 月 16 日的 OCA（亚洲奥林匹克理事会）组织，前身就是 1949 年 2 月 13 日在新德里成立的亚洲运动会联合会，包括中国在内的 34 个国家和地区的奥委会为亚奥理事会创始会员。OCA 成立后，总部即从印度迁至科威特至今。目前，亚奥理事会共有 45 个成员国家和地区，现任主席从 1991 年就任至今，是科威特的谢赫•艾哈迈德•法赫德•萨巴赫亲王。

The OCA (Olympic Council of Asia) organization, established on November 16, 1982, was formerly the Asian Games Federation established in New Delhi on February 13, 1949. Thirty-four national Olympic committees, including China, are the directors of the Olympic Games of Asia. Founding member. After the establishment of OCA, the headquarters was moved from India to Kuwait until now. Currently, OCA has 45 member countries and regions. The current chairman has been in office since 1991 and is Prince Sheikh Ahmed Fahad Al-Sabah of Kuwait.

亚运会全称是亚洲奥林匹克运动会，从大的层面，奥林匹克精神和价值就是亚运会的精神和价值，实现世界和平、提倡公平竞争、追求人类的自我超越，实现更高、更快、更强的目标等等。从作为独一无二的亚洲洲际综合性运动会的实践层面，亚运会的价值则在于宣传和发展奥林匹克运动及其崇高理想，发扬公平竞争的精神，促进体育运动的实践和体育设施的建设，与各国合作促进体育运动，引领亚洲国家和地区的所有体育运动沿着正确的线路发展。确保每四年根据亚奥理事会的基本原则、目标、规则、条例和章程，使亚运会定期轮流在亚洲各成员国和地区之间举办，提高亚洲各国和地区的体育竞赛水平和标准。通过采取积极主动的方法并实施世界反兴奋剂法规，打击兴奋剂和各种违禁物质。

The full name of the Asian Games is the Olympic Games of Asia. From a large perspective, the Olympic spirit and value are the spirit and value of the Asian Games, to achieve world peace, promote fair competition, pursue human self-transcendence, and achieve higher, faster and stronger goals and many more. From the practical level as the unique Asian Intercontinental Comprehensive Games, the value of the Asian Games lies in the promotion and development of the Olympic Movement and its lofty ideals, the promotion of the spirit of fair competition, the promotion of sports practice, the construction of sports facilities, etc., and the cooperation with other countries Cooperate to promote sports and lead the development of all sports in Asian countries and regions along the correct line. Make sure that every four years, according to the basic principles, objectives, rules, regulations and statutes of the Olympic Council of Asia, the Asian Games will be held on a regular basis among the member countries and regions in Asia, so as to improve the level and standard of sports competitions in Asian countries and regions. Combat doping and all kinds of prohibited substances by taking a proactive approach and implementing the World Anti-Doping Code.

作为全面负责亚洲体育运动的唯一组织机构，OCA 负责协调亚洲国家和地区之间的体育活动，在亚洲宣传奥林匹克理想，保证四年一届的亚运会顺利举行。捍卫亚运会的价值和使命，并保证其可持续发展。OCA 在组织架构、人力资源、财务保障等各层面上的设置和运营都服务于这一伟大目标。

As the only organization fully responsible for Asian sports, OCA is responsible for coordinating sports activities among Asian countries and regions, promoting the Olympic ideal in Asia, and ensuring the smooth holding of the Asian Games held every four years. Defend the value and mission of the Asian Games and ensure its sustainable development. The establishment and operation of OCA at all levels, such as organizational structure, human resources, and financial security, all serve this great goal.

◎广州亚运会开幕式

问：这几十年来世界特别是亚洲体育产业的发展对亚运会的发展有哪些积极或消极影响？反过来，亚运会这几十年来对促进亚洲体育产业发展方面起了哪些作用？

Q:What are the positive or negative impacts of the development of the sports industry in the world, especially in Asia, on the development of the Asian Games over the past few decades? Conversely, what role has the Asian Games played in promoting the development of the Asian sports industry over the past few decades?

答：从全球体育产业增长率情况看，有调查数据称美洲和欧洲体育产业2019—2021年平均增长率分别为6.0%和7.1%，未来体育产业发展趋于稳定；2019—2021年亚洲地区平均增长率为7.9%，未来市场发展潜力大。在欧美一些发达国家和地区，体育产业可以排到经济支柱产业前十的地位，像体育旅游，也是欧洲体育消费增长最快的领域之一。我们欣喜地看到，包括中国、日本、韩国、马来西亚、印度等亚洲各国的体育产业发展很快，前景巨大。

A: From the perspective of the growth rate of the global sports industry, according to survey data, the average growth rate of the sports industry in the Americas and Europe in 2019—2021 is 6.0% and 7.1%, respectively, and the development of the sports industry will tend to be stable in the future; the average growth rate in Asia in 2019—2021 It is 7.9%, and the future market has great potential for development. In some developed countries and regions in Europe and the United States, the sports industry can rank among the top ten economic pillar industries, such as sports tourism, which is also one of the fastest growing areas of sports consumption in Europe. We are pleased to see that the sports industry in China, Japan, South Korea, Malaysia, India and other Asian countries has developed rapidly and has great prospects.

亚奥理事会的箴言是"永远向前"，亚洲体育产业的不断发展和进步，必将积极促进亚洲奥林匹克事业不断向前发展、进步；反过来，每四年一届轮流在亚洲国家和地区举办的盛大的亚运会（还有亚奥理事会旗下的亚青会、亚沙会等赛事），也为亚洲各国和地区体育产业的持续繁荣和发展创造了需求和市场，活跃了亚洲和世界体育产业企业之间的互动、学习和提高，促进了亚洲体育产业的发展。

The motto of the Olympic Council of Asia is "Ever Onward". The continuous development and progress of the Asian sports industry will definitely actively promote the continuous development and progress of the Olympic cause in Asia. The grand Asian Games (as well as events such as the Asian Youth Games and the Asian Beach Games under the Olympic Council of Asia) have also created demand and markets for the continued prosperity and development of the sports industry in Asian countries and regions, and have invigorated the relationship between sports industry companies in Asia and the world. The interaction and learning and improvement between them have promoted the development of the Asian sports industry.

问：对于吸引更多年轻人关注亚运会，亚奥理事会作为亚运会的组织者和管理者，做了哪些努力或尝试，效果如何？

Q:What efforts or attempts has OCA made as the organizer and manager of the Asian Games to attract more young people to pay attention to the Asian Games, and what are the effects?

答：对，这是个很好的问题。时代的变化，全球信息科技技术的发展，年轻一代生活方式和娱乐方式的巨大改变，令传统的体育赛事组织面临越来越大的困难和挑战，其中，如何让更多年轻人"回到赛场"，现场或线上观看体育比赛就是其中一个课题。亚奥理事会的基本原则是"帮助发展亚洲青年体育运动、文化、教育以及源自体育公平竞争的道德和身体素质，并将帮助弘扬国际尊重、友谊、亲善与和平"，所以，让更多的年轻人关注亚运会、热爱亚运会，这也是 OCA 的重要职责，我们一直都非常重视这些工作并为之不懈努力。

A: Yes, that's a good question. The changes of the times, the development of global information technology, and the huge changes in the lifestyle and entertainment of the younger generation have made traditional sports event organizations face more and more difficulties and challenges. Among them, how to get more young people to "return to the game" "watching sports games live or online is one of the topics. The basic principle of the Olympic Council of Asia is to "help develop Asian youth sports, culture, education, and moral and physical qualities derived from fair competition in sports, and will help promote international respect, friendship, goodwill and peace", so let more many young people pay attention to and love the Asian Games. This is also an important responsibility of OCA. We have always attached great importance to these tasks and made unremitting efforts for them.

我们的努力是多方面的，包括如何更好地把专业竞技体育与大众体育娱乐相融合，比如增加年轻人更感兴趣的比赛项目，像这次杭州亚运会上，就新增加了年轻人热爱的轮滑和街舞项目，特别是，历史性地第一次把电子竞技比赛也正式纳入亚运会中。在媒体传播方式及传播模式和手段选择上，我们也在紧跟世界潮流，创新利用各种新平台、新介质，目的也是为了吸引更多人特别是年轻人。在吸引更多的年轻人"回到赛场"这件事上，和奥运会一样，亚运会也在不断创新、永远向前。

Our efforts are multi-faceted, including how to better integrate professional competitive sports with mass sports entertainment, such as increasing competitions that young people are more

◎雅加达亚运会电竞表演赛

interested in. For example, in the Hangzhou Asian Games, the roller skating and hip-hop events are included. Officially, e-sports competitions are included in the Asian Games for the first time in history. In terms of media communication methods and the selection of communication modes and means, we are also closely following the world trend, making innovative use of various new platforms and media, with the aim of attracting more people, especially young people. In terms of attracting more young people to "return to the game", like the Olympic Games, the Asian Games are also constantly innovating and moving forward forever.

问：2018 年亚运会电竞成为观赏项目、杭州亚运会电竞正式入亚，亚奥理事会是如何看待并准备如何管理这一与传统竞技体育项目完全不同的全新项目的？有否考虑或评估其可能带来的负面影响？

Q: In the 2018 Asian Games, e-sports became an ornamental event, and Hangzhou Asian Games officially entered Asia. How does the Olympic Council of Asia view and prepare to manage this brand-new event that is completely different from traditional competitive sports? Have you considered or assessed its possible negative impact?

答：随着近年来电子竞技体育的迅猛发展，据普华永道的报告，在 2018 年，电子竞技已经超越足球成为最具潜力的体育项目。电子竞技是全球数字化时代背景下体育竞赛电子化的一种产物，其参与广泛度在可预计的未来将超过传统体育。正是顺应这一发展潮流和趋势，OCA 在 2007 年、2009 年亚洲室内运动会和 2013 年亚洲室内和武术运动会时，就把电子竞技纳入了正式奖牌项目，并在 2017 年亚洲室内和武术运动会上将电子体育作为示范项目，在 2018 年雅加达亚运会举办了电子体育表演赛，这是亚运会历史上首次。2022 年杭州亚运会，实现在历史上首次将电子竞技纳入亚运会比赛的正式奖牌项目。杭州第 19 届亚运会的主题口号为"心心相融，@未来"，将电子体育作为一项完整的奖牌赛事纳入其中，也是亚运会体育赛事走向未来的一个诠释。

A:With the rapid development of e-sports in recent years, according to a report by Pricewaterhouse, in 2018, e-sports has surpassed football to become the most promising sport. E-sports is a product of the electronicization of sports competitions under the background of the global digital age, and its participation will exceed traditional sports in the foreseeable future. In line with this development trend and trend, OCA included e-sports as an official medal event in the 2007 and 2009 Asian Indoor Games and the 2013 Asian Indoor and Martial Arts Games, and at the 2017 Asian Indoor and Martial Arts Games Taking e-sports as a demonstration project, an e-sports exhibition game was held at the Asian Games in Jakarta 2018, which was the first time in the history of the Asian Games. The 2022 Hangzhou Asian Games will realize the first time in history that e-sports will be included in the official medal event of the Asian Games. The theme slogan of the 19th Asian Games in Hangzhou is "Hearts to Hearts, @Future". The inclusion of e-sports as a complete medal event is also an interpretation of the future of Asian Games sports events.

在具体管理上，亚洲电子体育联合会（AESF）是亚奥理事会（OCA）独家电子体育合作伙伴，AESF 负责 2022 年亚运会期间电子体育赛事的所有技术指导包括确保赛事成功运营的相关事宜。

In terms of specific management, the Asian Electronic Sports Federation (AESF) is the exclusive electronic sports partner of the Olympic Council of Asia (OCA). AESF is responsible for all technical guidance of electronic sports events during the 2022 Asian Games, including related matters to ensure the successful operation of the event.

作为推广亚运会活动及文化的一部分，OCA 支持 AESF 提供并执行一系列相关电子体育体验计划，联结电子体育社群和爱好者，提供最佳的电子体育运动体验，吸引更多新的电子体育运动爱好者，并提升大家对于电子体育的认知度。

As part of promoting the activities and culture of the Asian Games, OCA supports AESF to provide and implement a series of related e-sports experience programs, connect e-sports communities and fans, provide the best e-sports experience, and attract more new e-sports fans, and raise everyone's awareness of e-sports.

任何事物都有正面效应和负面效应的存在，电子体育相对传统体育，是新的事物，新事物有新问题，我们在发展的过程中不断去观察、思考，并做出相应的改变或者寻找解决的办法就好。

Everything has positive and negative effects. Compared with traditional sports, electronic sports is a new thing, and new things have new problems. We are constantly observing, thinking, and making corresponding changes or looking for solutions in the process of development. The method is good.

问：如何进一步发挥亚运会在促进亚洲各国和地区体育产业、经济社会文化发展等方面的辐射力、影响力？

Q: How to further exert the radiation and influence of the Asian Games in promoting the sports industry, economic, social and cultural development of Asian countries and regions?

答：OCA 会明确和坚定地履行职责，包括确保每四年一届的亚运会顺利、成功举办。事实上，每一届亚运会的举办，都会对举办国、举办城市产生积极的推动和正面影响，这些积极推动和影响既包括含体育场馆在内的城市的基础设施建设，也包括其他经济社会文化各方面的发展。从第二届亚运会开始，每届亚运会结束一年后，都会有主办城市所做的总结报告，只要你去仔细翻阅这些总结报告，就能找到关于这个问题的答案。

A: OCA will clearly and firmly perform its duties, including ensuring the smooth and successful holding of the Asian Games every four years. In fact, the holding of each Asian Games will have a positive promotion and positive impact on the host country and the host city. These positive promotions and influences include not only the construction of urban infrastructure including sports venues, but also other economic, social and cultural development in all aspects. Starting from the second Asian Games, one year after the end of each Asian Games, there will be a summary report made by the host city. As long as you read these summary reports carefully, you can find the answer to this question.

当然，在促进亚洲各国和地区体育产业、经济社会文化发展等方面，除了亚运会，OCA 还积极推动旗下包括亚冬会、亚洲室内运动会、亚青会等各项赛事的顺利发展，推动 OCA 所领导的致力于亚洲各国和地区体育文化发展和交流的各种项目，其中最重要的就是推动奥林匹克精神教育。现代奥林匹克运动的核心价值观是" 卓越、友谊、尊重 "，通过奥林匹克运动促进人尤其是青年人的全面和谐发展，在参与奥林匹克运动的过程中得到身心全面的锻炼和成长，并在世界范围内加强人与人之间相互的沟通、友谊和尊重。OCA 既是奥林匹克价值观的捍卫者，也是奥林匹克教育在亚洲的推广者，OCA 设有专门的教育委员会，一直都在致力于此。2022 年，我们还在韩国专门成立了亚洲奥林匹克学院项目，这也是我们很早就已经规划并一直期待实现落地的一个重要教育项目。OCA 将通过与亚洲各国和地区奥委会的深度链接，通过更多具体项目的实施落地，更好地推动和促进亚洲各国和地区的体育文化交流和发展。

Of course, in terms of promoting the sports industry, economic, social and cultural development of Asian countries and regions, in addition to the Asian Games, OCA also actively promotes the smooth development of various events under its umbrella, including the Asian Winter Games, Asian Indoor Games, and Asian Youth Games, and promotes the OCA-led Committed to various projects in the development and exchange of sports culture in Asian countries and regions, the most important of which is to promote the education of the Olympic spirit. The core values of the modern Olympic Movement are "excellence, friendship, respect", and promote the comprehensive development of people, especially young people, through the Olympic Movement. People in the process of participating in the Olympic Movement get comprehensive physical and mental exercise and growth, and strengthen mutual communication, friendship and respect between people in the world. OCA is not only a defender of Olympic values, but also a promoter of Olympic education in Asia. OCA has a special education committee and has been committed to this. In 2022, we will also set up the Asian Olympic Academy project in South Korea. This is an important educational project that has been planned for a long time and has been expected to be realized. OCA will better promote and promote the sports and cultural exchanges and development of Asian countries and regions through the in-depth link with the Olympic Committees of Asian countries and regions and the implementation of more specific projects.

问：亚运会的市场开发是由亚奥理事会指定代理商制，从 2010 年广州亚运会开始出现了由举办国亚组委" 买断 "的创新。亚奥理事会如何看待和评价这两种不同的市场开发方式及其优劣势比较？作为组织和管理者方，亚奥理事会更倾向于采取哪种方式？

Q: The market development of the Asian Games is based on the agency system designated by the Olympic Council of Asia. Since the 2010 Guangzhou Asian Games, there has been an innovation of "buying out" by the host country's Asian Organizing Committee. How does OCA view and evaluate these two different market development methods? Comparison of pros and cons? As an organization and manager, which method does the Olympic Council of Asia prefer to adopt?

答：事实上，OCA 的主要目标是保障每届亚运会的顺利、成功举办，所以在市场开发模式的选择上是有一定灵活度的，并不存在非此即彼的选择。事实上，在亚运会历史上，OCA 都会充分尊重主办国组委会对市场开发方式的不同选择和因地制宜的做法，因为我们的目标都是一致的。当然，不管选择何种开发模式，OCA 强调的基本原则不变，就是市场开发不能损害亚运会的共同价值，不能损害 OCA 以及各成员国和地区奥委会、运动员的权利和利益。只要秉承这一共同原则，其他都不是问题。

A: In fact, the main goal of OCA is to ensure the smooth and successful holding of each Asian Games, so there is a certain degree of flexibility in the choice of market development model, and there is no one-or-other choice. In fact, in the history of the Asian Games, OCA will fully respect the different choices of the host country's organizing committee on market development methods and the practice of adapting measures to local conditions, because our goals are the same. Of course, no matter which development model is chosen, the basic principle emphasized by OCA remains the same, that is, market development cannot damage the common values of the Asian Games, and cannot damage the rights and interests of OCA, Olympic committees of member countries and regions, and athletes. As long as we uphold this common principle, nothing else is a problem.

问：在奥运会的举办中，人们更多地看到市场力量发挥了主导作用，但在亚运会的举办过程中，似乎主要还是靠各主办国政府的力量在主导。情形是这样的吗？为什么？这种情况需要得到改变吗？

Q: In the hosting of the Olympic Games, people see more market forces playing a leading role, but in the process of hosting the Asian Games, it seems that the governments of the host countries are mainly leading. Is this the case? Why? Does this need to change?

答：按照亚奥理事会的章程，亚洲各成员国和地区都有轮流举办亚运会的权利和义务。迄今为止，在亚运会一共 19 届的举办历史上，泰国一共举办了 4 次、韩国 3 次、中国 3 次、印度 2 次、日本 2 次、印度尼西亚 2 次、菲律宾 1 次、伊朗 1 次、卡塔尔 1 次，你可以看到这里面有不少多次积极申请举办亚运会的国家。举办亚运会，既是 OCA 成员国的责任和担当，也是举办国和地区的自豪和荣耀。我们很高兴地看到，虽然每一届亚运会的成功举办都很不容易，历史上也有个别届次的亚运会在筹备过程中面临非常非常大的挑战和困难，但在主办国组委会和 OCA 的共同努力下，都被一一克服了。OCA 非常清楚和理解，亚洲各成员国和地区有各自不同的政治经济体制和社会文化传统。OCA 一直都充分尊重各个主办国和城市在具体办赛模式上的选择和创新，在共同恪守亚运精神、保证亚运会成功举办的基础上加强协调、鼎力合作。

◎ 2018 年雅加达亚运会开幕式

A: According to the statute of the Olympic Council of Asia, all Asian member countries and regions have the right and obligation to host the Asian Games in turn. So far, in the 19 Asian Games history, Thailand has held 4 times, South Korea 3 times, China 3 times, India 2 times, Japan 2 times, Indonesia 2 times, Philippines 1 time, Iran 1 time, Qatar 1 time. You can see that there are many countries that have actively applied to host the Asian Games many times. Hosting the Asian Games is not only the accountability and responsibility of the OCA member countries and regions, but also the pride and glory of the host country and region. We are very pleased to see that although it is not easy to successfully hold Asian Games, and there have been individual Asian Games in history that faced very, very big challenges and difficulties in the preparation process, but the organizing committee of the host country, with the joint efforts of OCA, overcome difficulties one by one. OCA is very clear and understands that Asian member countries and regions have different political and economic systems and social and cultural traditions. OCA has always fully respected the choice and innovation of each host country and city in the specific mode of hosting the games, and jointly abide by the spirit of the Asian Games and ensure the Asian Games strengthen coordination and cooperation on the basis of the successful holding of the meeting.

问：国际奥委会有自己强大的"TOP"合作伙伴，亚奥理事会是否也会致力于发展类似相对稳定和长久的赞助商体系？

Q: The International Olympic Committee has its own powerful "TOP" partners. Will the Olympic Council of Asia also commit to developing a similar, relatively stable and long-term sponsor system?

答：OCA 也有类似的合作伙伴计划，长期和稳定的赞助合作关系有利于推动亚洲奥林匹克运动的发展。我们已经有一些长期的赞助商，比如日本的佳能、中国的 361° 等等。OCA 不会刻意地追求赞助商目标，但是我们也欢迎更多的无论是亚洲还是世界的品牌企业加入我们。

A: OCA also has a similar partnership program, and a long-term and stable sponsorship relationship is conducive to promoting the development of the Asian Olympic Movement. We already have some long-term sponsors, such as Canon in Japan, 361 in China and so on. OCA will not deliberately pursue the goal of sponsorship, but we also welcome more brand companies from Asia or the world to join us.

问：亚奥理事会如何加强亚运会知识产权开发及保护？

Q: How does OCA strengthen the intellectual property development and protection of the Asian Games?

答：亚奥理事会标识（符号、标识、会旗、箴言、会歌和识别），包括但不限于亚运会和亚运会标志（会徽、吉祥物、奖章、纪念章、圣火和火炬）等都属于亚运会的知识产权，OCA 拥有与亚运会相关的所有权利和数据资料。特别且不限于现存的或未来发展的与其组织、开发、广播、录音、宣传、陈述、复制、准入、存档、分发相关的不论何种形式、不管采取何种手段或机制获得的权利。OCA 和亚洲各国奥委会、每届亚运会组委会，以及相关产权保护机构紧密合作，共同加强对亚运会知识产权的保护和利用。在每届亚运会的《主办城市合同》中，申办城市也必须就知识产权义务对 OCA 做出相应的保证和承诺。

A: Olympic Council of Asia logos (symbols, logos, flags, mottos, theme songs and identification), including but not limited to the Asian Games and Asian Games logos (emblems, mascots, medals, commemorative medals, torches and torches), belong to the Asian Games. OCA owns all rights and data related to the Asian Games, in particular, without limitation, existing or future developed rights in whatever form, by whatever means or mechanism, relating to their organization, exploitation, broadcasting, recording, publicity, presentation, reproduction, access, archiving, distribution. OCA works closely with the Olympic Committees of Asian countries and regions, the organizing committees of Asian Games, and relevant property rights protection agencies to jointly strengthen the protection and utilization of intellectual property rights of the Asian Games. In the "Host City Contract" of each Asian Games, the bidding city must also make corresponding guarantees and commitments to OCA regarding intellectual property obligations.

问：在亚运遗产开发方面，亚奥理事会如何加强与亚运举办国之间的合作？

Q: In terms of the development of the Asian Games heritage, how can the Olympic Council of Asia strengthen cooperation with the host country of the Asian Games?

答：亚运遗产是亚运会举办国城市一项重大的可供开发和利用的体育文化资产，同时也对弘扬亚运精神、宣传亚运会起到持续、积极的效果。亚运遗产包括但不仅限于亚运会后留下的比赛场馆及设施，还有无形的亚运体验和亚运精神。OCA 对此也很重视，我们希望亚洲的"亚运城市"越来越多。不久前我参加了中国杭州筹建"亚运博物馆"的活动，很荣幸地成为杭州亚运博物馆的荣誉馆长。这就是一个很好的利用亚运遗产的例子，我希望亚运博物馆能够让更多人了解亚运会、喜欢亚运会，促进亚洲各国和地区的文化沟通与合作。

A: The heritage of the Asian Games is a major sports and cultural asset that can be developed and utilized in the host city of the Asian Games. It also has a continuous and positive effect on promoting the spirit of the Asian Games and publicizing the Asian Games. The legacy of the Asian Games includes but is not limited to the competition venues and facilities left after the Asian Games, as well as the intangible Asian Games experience and spirit of the Asian Games. OCA also attaches great importance to this, and we hope that there will be more and more "Asian Games cities" in Asia. Not long ago, I participated in the preparation of the "Asian Games Museum" in Hangzhou, China, and I am honored to be the honorary curator of the Hangzhou Asian Games Museum. This is a good example of utilizing the heritage of the Asian Games. I hope that the Asian Games Museum will allow more people to understand and like the Asian Games, and promote cultural communication and cooperation among Asian countries and regions.

问：中国非常重视亚运会，迄今为止在亚运会历史上举办（包括杭州亚运）三届亚运会，您对此有何印象并做何评价？

Q: China attaches great importance to the Asian Games and has held three Asian Games (including the Hangzhou Asian Games) in the history of the Asian Games so far. What is your impression and comment on this?

答：包括中国在内，OCA 目前有 45 个成员国和地区，中国也是最早的创始国之一，是 OCA 非常重要的成员国和合作伙伴，至今已经承办了三届亚运会，1990 年的北京亚运会、2010 年的广州亚运会和 2022 年杭州亚运会（推迟至 2023 年）。中国办亚运，一届比一届精彩，一届比一届更有经验，在亚运会的发展历史上写下了重要一页，为亚运会做出了很大贡献。

A: Including China, OCA currently has 45 member countries and regions. China is also one of the earliest founding countries and is a very important member and partner of OCA. China has hosted three Asian Games so far. The Beijing Asian Games in 1990, Guangzhou Asian Games in 2010 and Hangzhou Asian Games in 2022 (postponed to 2023). China's hosting of the Asian Games has become more exciting and more experienced each time. It has written an important page in the history of the Asian Games and made great contributions to the Asian Games.

问：客观上，亚洲的竞技体育传统、体育产业发达程度均比不上欧美发达地区，但亚运会这几十年来的发展，基本上还是规模越来越大、项目越来越多。但这也导致举办国的压力加大，比如雅加达亚运会之前的越南"弃办亚运"事件。亚奥理事会对此怎么看？如何减少举办亚运会对主办国的经济压力？

Q: Objectively speaking, Asia's competitive sports tradition and sports industry are not as developed as those in developed regions in Europe and the United States. However, the Asian Games' development over the past few decades has basically continued to grow in scale and include more and more events. But this has also led to increased pressure on the host country, such as the event of Vietnam "abandoning the Asian Games" before the Asian Games in Jakarta. What does the Olympic Council of Asia think about this? How to reduce the economic pressure on the host country by hosting the Asian Games?

答：亚运会规模的扩大，实际上也是亚洲各国和地区整体政治、经济实力增长的反映。已经过去的 20 世纪，很多评论家都将其称之为"亚洲的世纪"，可见亚洲在全球发展中的地位。正是在这样的发展背景下，第一届在印度举行的亚运会，参赛国家和地区只有 11 个，参赛运动员只有 489 人，以后逐届稳步增加，到 1990 年北京亚运会时，参赛国家和地区已达 37 个，运动员 6122 名。第 12 届日本广岛亚运会开始，参赛国家和地区 42 个，参赛运动员 6828 名，此后除釜山亚运会参赛国家和地区是 44 个之外，每届参赛国家和地区数均达到 45 个，参赛运动员人数更于 2018 年印尼雅加达亚运会时达到破纪录的 11300 名。亚运会比赛项目也从最初的 12 个发展到现在超过 40 个。

A: The expansion of the scale of the Asian Games is actually a reflection of the growth of the overall political and economic strength of Asian countries and regions. In the past 20th century, many commentators call it the "Asian century", which shows the status of Asia in global development. It was against this background of development that in the first Asian Games held in India, there were only 11 participating countries and regions, and only 489 athletes participated. There are 37 regions and 6122 athletes. The 12th Asian Games in Hiroshima, Japan began, with 42 participating countries and regions and 6828 participating athletes. Since then, the number of participating countries and regions in the Busan Asian Games has reached 45, and the number of participating athletes has reached 45. The number of people reached a record-breaking 11300 in the 2018 Asian Games in Jakarta, Indonesia. The competition events of the Asian Games have also grown from the initial 12 to more than 40 now.

◎杭州亚运会展厅概念图

和奥运会一样，规模越来越大的亚运会，对举办国和城市带来的挑战和压力确实也会加大，但我们也欣喜地看到，每届亚运会的举办国和城市，都为此做出了充足的准备和努力，亚运会给举办国家和城市带来挑战的同时，也相应促进了城市的发展。当然，从 OCA 的角度，我们提倡节俭办亚运，在符合亚运会竞赛相关技术要求标准的基础上，城市原有的体育场馆和设施，能利用的都要充分利用起来，不需要新建的尽量不用新建，如果考虑到临时搭建设施可用且成本更低的就用临时设施。当然，OCA 不会干涉这些具体决策，但我们倡导节俭、可持续、绿色的原则，主办城市可以依据自己的实际因地制宜。

Just like the Olympic Games, the increasingly large-scale Asian Games will indeed bring more challenges and pressures to the host country and city. Therefore, sufficient preparations and efforts have been made. While the Asian Games will bring challenges to the host country and city, it will also promote the development of the city accordingly. Of course, from the perspective of OCA, we advocate frugal hosting of the Asian Games. On the basis of meeting the relevant technical requirements and standards of the Asian Games competition, the existing stadiums and facilities in the city should be fully utilized, and new ones that do not need to be built should be used as much as possible. For new construction, temporary facilities should be used if temporary facilities are available and the cost is lower. Of course, OCA will not interfere with these specific decisions, but we advocate the principles of frugality, sustainability, and greenness, and host cities can adapt to their own actual conditions.

越南历史上还未举办过亚运会。正因为未举办过亚运会，所以越南奥委会及相关部门十分期盼能够申办一届亚运会，他们为此也努力了很久，并在第一次申请输给了韩国仁川之后，于 2012 年成功申办 2018 年举行的第 18 届亚运会。但是后面发生的事情媒体也都报道了，因为一些不可预料的政治、经济因素，导致越南功亏一篑，令人遗憾地放弃了举办亚运的机会。

Vietnam has never hosted the Asian Games in history. Because the Asian Games have not been held before, the Vietnamese Olympic Committee and relevant departments are very much looking forward to bidding for an Asian Games. They have worked hard for this for a long time. Successfully they bid to host the 18th Asian Games in 2018, but what happened later was also reported by the media. Due to some unpredictable political and economic factors, Vietnam fell short and regrettably gave up the opportunity to host the Asian Games.

问：未来十几年的亚运会举办地已经提早确定。对此有两种截然不同的看法，一种是认为因为申办国少了，所以亚奥理事会要早早确定主办地；一种说法则是说有很多从未举办过亚运会的亚洲国家都在跃跃欲试准备申办亚运，比如土库曼斯坦等。哪种说法是事实？如果不考虑投票原因，亚奥理事会在选择申办国时主要考虑什么因素？

Q: The venue for the Asian Games in the next ten years has been determined in advance. There are two completely different views on this. One is that the Olympic Council of Asia should determine the host location early because there are fewer bidder countries. The other is that there are many Asian countries that have never hosted the Asian Games. They are in eager to prepare to bid for the Asian Games, such as Turkmenistan and so on. Which statement is true? If the reasons for voting are not considered, what are the main factors considered by the Olympic Council of Asia when it chooses the bidding country?

答：根据亚奥理事会的章程，凡是参加亚奥理事会的国家和地区，除了派运动员参加比赛外，还要为亚运会承担义务，要承担举办亚运会的任务。目前，亚奥理事会一共有45个成员国和地区，理论上来说，都有举办亚运会的任务。实际上，很多国家都把承办亚运会作为权利和荣耀，因而都在积极准备、努力争取。历史上，也出现多次由亚洲多个国家和城市竞争，希望成为某一届亚运会举办地的情况。世界各国通过举办大型综合性体育赛事促进本国经济建设、促进城市发展的例子也很多。在亚运会历史上，像1958年承办第3届亚运会的日本东京，1990年承办了第11届亚运会的北京，都在筹备亚运会的过程中促进了城市基础设施的建设，提高了城市文明发展水平，增加了国际游客的到访，等等。

A: According to the statute of the Olympic Council of Asia, all countries and regions participating in the Olympic Council of Asia, in addition to sending athletes to participate in the competition, must also undertake obligations for the Asian Games and undertake the task of hosting the Asian Games. Currently, the Olympic Council of Asia has a total of 45 member countries and regions. In theory, all of them have the task of hosting the Asian Games. In fact, many countries regard hosting the Asian Games as their power and glory, so they are actively preparing and striving for it. Historically, many Asian countries and cities have competed to become the host of a certain Asian Games. There are also many examples of countries in the world promoting their own economic construction and urban development by holding large-scale comprehensive sports events. In the history of the Asian Games, Tokyo, Japan, which hosted the third Asian Games in 1958, and Beijing, which hosted the 11th Asian Games in 1990, both promoted the construction of urban infrastructure, improved urban civilization development, increased international tourist arrivals, etc.

事实上，45个亚运成员国和地区中，到目前为止举办过亚运会的国家还不到10个，主要集中在东亚和东南亚。确实有更多的成员国和地区对申请举办亚运会的态度很积极，OCA也希望中亚国家、中东地区的国家更多地举办亚运会，比如2026年日本爱知·名古屋亚运会之后，2030年的亚运会由多哈承办，2034年亚运会由利雅得承办。中亚国家土库曼斯坦对于申请举办亚运会也向OCA表达了积极的态度。

In fact, among the 45 Asian Games member countries and regions, less than 10 countries have hosted the Asian Games so far, mainly in East Asia and Southeast Asia. It is true that more member countries and regions are very positive about applying to host the Asian Games. OCA also hopes that Central Asian countries and countries in the Middle East will host more Asian Games. For example, after the 2026 Asian Games in Nagoya, Japan, Doha will host The 2030 Asian Games and the 2034 Asian Games will be hosted by Riyadh. Turkmenistan, a Central Asian country, also expressed a positive attitude to OCA regarding its application to host the Asian Games.

问：有观点认为由于是亚洲的洲际比赛，受竞技水平所限，亚运会的可观赏性不够强，因此也就局限了亚运会的发展，您怎么看这个问题？怎么增强亚运会的可观赏性？亚运会近年来做了哪些创新或尝试？

Q: There is a view that because it is an intercontinental competition in Asia, the Asian Games are not enough to watch due to the limited level of competition, thus limiting the development of the Asian Games. How do you feel about this problem? How to enhance the viewing of the Asian Games? What innovations or attempts has the Asian Games made in recent years?

答：这不是一个好问题。实际上，亚运会非常精彩，可观赏性强的项目一样也很多。当然，OCA负责竞赛的部门也一直在努力加强与亚洲各国和地区奥组委以及亚洲各单项赛事协会的合作，既要不断提高亚洲竞技体育的水平，同时也把竞技体育的专业性和大众体育的娱乐性能更好地融合，吸引更多的观众和参与者。为此，OCA在亚运会的比赛项目及赛程各方面的设置上，都在不断努力和创新。这也是为什么，你能看到，亚运会的比赛项目，从最初的12个，发展到现在超过了40个。而且，电竞项目也史无前例地纳入了亚运会的正式比赛金牌项目中。

◎北京亚运会海报

A: This is not a good question. In fact, the Asian Games is very exciting, and there are also many interesting events. Of course, the competition department of OCA has also been working hard to strengthen cooperation with Asian Olympic Organizing Committees and Asian individual event associations. It is necessary to continuously improve the level of competitive sports in Asia, and at the same time integrate the professionalism of competitive sports and the entertainment of mass sports. Performance blends better, attracting more viewers and participants. For this reason, OCA has been making continuous efforts and innovations in setting up the Asian Games competition events and schedule. This is why, as you can see, the number of events in the Asian Games has grown from the original 12 to more than 40 now. Moreover, e-sports events have also been included in the official gold medal events of the Asian Games for an unprecedented time.

问：亚奥理事会管理下的亚洲赛事，除了亚运会之外，近十几年来还增加了亚青会、亚沙会、亚洲室内运动会等，这样做的目的是什么？效果达到了吗？有些肯定的看法认为这丰富了赛事种类，也有负面的看法认为会分散办赛资源，对此，亚奥理事会如何平衡？

Q: In addition to the Asian Games, the Asian events under the management of the Olympic Council of Asia have also added the Asian Youth Games, the Asian Beach Games, and the Asian Indoor Games in the past ten years. What is the purpose of this? Has the effect been achieved? Some positive views think that the variety of events will be enriched, and there are negative views that it will disperse the resources for organizing the games. How does the Olympic Council of Asia balance this?

答：这其实也是前面提到的，OCA 希望根据亚洲地区的特点，增加不同的运动会类别，以吸引更多的人群参与，增加运动比赛的观赏性。目前来说，由于不同类别运动会的不同特点，从主办城市的角度，可以让不同的亚洲国家的更多城市更广泛地参与进来；从参与的运动员和观众的角度，也满足了更广泛人群的需求。

A: This is actually mentioned above. OCA hopes to add different categories of sports games according to the characteristics of the Asian region, so as to attract more people to participate and increase the enjoyment of sports games. At present, due to the different characteristics of different types of sports games, from the perspective of the host city, more cities in different Asian countries can participate more extensively, and from the perspective of participating athletes and spectators, it also meets the needs of a wider group of people.

问：杭州在非常困难的疫情条件下筹备和举办亚运会，发布的数据称市场开发仍取得了创纪录的现金收入，您对此怎么看？

Q: Hangzhou is preparing and hosting the Asian Games under very difficult epidemic conditions. According to the data released by them, the market development has still achieved a record cash income. What do you think of this?

答：是的，OCA 也得到了相关的汇报。我代表 OCA 和个人，对杭州亚组委、杭州市表示祝贺！不仅在市场开发方面，事实上，杭州的亚运会筹备工作做得十分出色，特别是在全球新冠疫情的困难背景下，还能取得创纪录的市场开发成绩，有力保障了亚运会的顺利、成功举办，OCA 对此表示赞赏和感谢！对明年延迟了 1 年举办的第 19 届亚运会，我们充满期待。

A: Yes, the OCA was also reported on. On behalf of OCA and myself, I would like to congratulate the Hangzhou Asian Organizing Committee and Hangzhou City! Not only in terms of market development, but in fact, their preparations for the Asian Games are excellent; especially under the difficult background of COVID-19 they can also achieve record market development achievements, which effectively guarantees the smooth and successful Asian Games. OCA appreciates and thanks for hosting! We are full of expectations for the 19th Asian Games next year, which will be postponed for one year.

问：新冠疫情改变了世界，它给亚运会带来了什么改变？未来还可能将带来哪些改变？

Q: The COVID-19 epidemic has changed the world. What changes has it brought to the Asian Games, and what changes may it bring in the future?

答：确实，这场前所未有的新冠大流行给世界带来了各种改变，对人类的健康、合作都带来了深远的影响。对于亚运会的改变，长期的影响目前还说不清楚，当然，因为疫情影响，OCA 在与杭州密切磋商后做出了延期一年举办亚运会的决定，这在亚运会的历史上是首次。

A: Indeed, this unprecedented COVID-19 pandemic has brought various changes to the world, and has had a profound impact on human health and cooperation. Regarding the changes to the Asian Games, the long-term impact is still unclear. Of course, due to the impact of the epidemic, OCA made the decision to postpone the Asian Games for one year after close consultation with Hangzhou. This is the first time in the history of the Asian Games.

问：请介绍和列举亚奥理事会近年来在促进亚洲体育运动发展、体育教育、体育慈善发展、促进亚洲各国和平交流等方面所作的努力和取得的成绩。

Q: Please introduce and list the achievements made by the Olympic Council of Asia in promoting the development of Asian sports, physical education, sports charity, and promoting peaceful exchanges among Asian countries in recent years.

答：亚奥理事会在过去两年，更多的是 2022 这一年，一直努力在不同层面上发展亚洲体育。特别是通过亚奥理事会发展计划特别项目，为亚洲各地的 2 名教练和 2 名裁判员提供支持，以支持奥委会的战略并提高其业绩，并为所有 45 个奥委会提供平等的机会。

此外，通过新的妇女赋权和参与计划，亚奥理事会致力于促进体育活动和教育，以增强妇女在社会上的权利。

此外，通过我们的新项目"以运动员为中心的项目基金"投资赛场外的运动员教育，相信他们能够在建设更美好的社会中发挥很大的作用。

在所有的体育项目中，我们仍在努力升级，并努力将运动会作为促进体育的工具，这也是我们在战略上发展亚洲所有国家和地区奥委会的一种方式和社会责任。

A: OCA in the last 2 years and more specifically this year 2022 worked hard to develop Asia sports on different levels, especially through the OCA Development Programme Special Project for 2 coaches and 2 referees all over Asia, to support NOCs strategies and enhance performance, providing equal opportunities for all 45 NOCs.

Also through the new programme for women's empowerment and involvement, OCA worked on promoting physical activity and education to empower women in society.

In addition, through our new programme Athlete-Centered Project Fund, we invest in educating athletes off the field and believe they will contribute more to society.

With all continental programmes we are still trying to upgrade and try hard to use sports as a tool to promote sports and to develop all NOCs in Asia by strategy and social responsibility.

问：杭州亚运会因为疫情原因延期一年举行，这在亚运会发展历史上是第一次。请介绍延期决定是如何考虑并做出的？它可能会带来什么影响？因应杭州亚运会延期情况，亚奥理事会已经或将采取哪些措施？请从亚奥理事会所掌握的资料介绍一下目前杭州亚运会筹备进展及下届日本爱知·名古屋亚运会筹备进展情况。

Q: The Hangzhou Asian Games was postponed for one year due to the epidemic. This is the first time in the history of the Asian Games. Please explain how the decision to defer is considered and made? What impact might it have? In response to the postponement of the Hangzhou Asian Games, what measures has the Olympic Council of Asia taken or will it take? Please introduce the current preparations for the Hangzhou Asian Games and the next Asian Games in Aichi-Nagoya, Japan from the information obtained by the Olympic Council of Asia.

答：在与中国奥委会和杭州亚运会组委会详细讨论后，2022 年 5 月 6 日亚奥理事会决定推迟第 19 届亚运会。

尽管面临着全球性的挑战，杭州亚组委还是为按时举办亚运会做了非常充分的准备。然而，上述决定是所有利益相关者在仔细考虑了疫情的情况和运动会的规模后做出的。

A: Following detailed discussions with the Chinese Olympic Committee (COC) and the Hangzhou Asian Games Organising Committee (HAGOC), the OCA Executive Board (EB) decided to postpone the 19th Asian Games on May 6, 2022.

HAGOC has been very well prepared to deliver the Games on time despite global challenges. However, the above decision was taken by all the stakeholders after carefully considering the pandemic situation and the size of the Games.

第 19 届亚运会的名称和会徽将保持不变。亚奥理事会相信，通过各方的共同努力，亚运会将取得圆满的成功。

亚奥理事会成立了特别工作组来确定新的亚运会日期，特别工作组经过两个多月的努力，与中国奥委会、杭州亚运会组委会和其他利益相关者进行了全面的讨论，最终找到了一个与其他大型国际体育赛事没有冲突的窗口。特别工作组建议的日期得到了亚奥理事会的批准。这对亚运会的影响是最小的，并且可以由亚运会的所有利益相关者来管理，目的是辅助运动员们，教育他们，帮助他们在精神上理解延期，并尽可能地支持他们。

2026 年爱知·名古屋亚运会的筹备工作正在顺利进行，它不会受到大流行病的影响。

The name and the emblem of the 19th Asian Games will remain unchanged, and the OCA believes that the Games will achieve complete success through the joint efforts of all parties.

Task Force was created by the EB to finalise the new dates for the Games, and the Task Force worked over two months and held various discussions with the Chinese Olympic Committee, the Hangzhou Asian Games Organising Committee (HAGOC), and other stakeholders to find a window

◎杭州亚运会竞赛场馆

for the Games which did not conflict with other major international sports events. The recommended dates by the Task Force were approved by the OCA EB and GA. The impact on the Games is minimum and can be managed by all stakeholders of the Asian Games, with the aim to support athletes, educate them and help them mentally to understand the postponement and support them as much as we can.

The preparation of Aichi–Nagoya Asian Games 2026 is undergoing well and it will not be impacted by the pandemic.

问："百年奥运"是个世界级的综合运动会品牌，从品牌的角度，您认为可以怎么定义和描述"亚运会"这个洲际综合运动会品牌？

Q: "Centennial Olympics" is a world-class multi-sports brand. From a brand perspective, how do you think you can define and describe the intercontinental multi-sports brand "Asian Games"?

答：一个强大的品牌让亚洲变得强大，让亚洲各个国家和地区奥委会都有公平的参与机会，但我们需要更着重于监测我们的工作评估，并努力维持亚奥理事会的工作。

我们需要更多地控制标准，提高标准。

如果我们需要维持我们的工作、品牌和产品，我们则需要更多的监测、评估和创新。

A: A strong brand makes Asia strong and allow Asian NOCs to have fair access and participate but we need to work more on monitoring our work and try to sustain the work of OCA.

We need to control the standards more and raise them.

If we need to sustain our work, brand and product, we need to monitor, evaluate and innovate more.

亚奥理事会

亚洲奥林匹克理事会简称"亚奥理事会",是亚洲最大的综合性体育组织,是对亚洲体育运动全面负责的唯一组织,负责主办亚洲运动会,对亚运会具有一切管辖权。

一、亚奥理事会简介

亚奥理事会是一个不以盈利为目的、全权负责亚洲体育与国际接触、具有法人资格和继承性的实体,其总部设在科威特,官方语言为英语。

亚奥理事会的前身是成立于1949年的亚洲运动会联合会。在1982年第9届亚运会上,亚洲运动会联合会理事会决定成立新的亚洲体育组织——亚洲奥林匹克理事会,简称"亚奥理事会"(OCA),并以此取代亚洲运动会联合会。

亚奥理事会的基本原则是:帮助发展亚洲青年体育运动、文化、教育及源于体育公平竞争的道德和身体素质,并帮助弘扬国际尊重、友谊、亲善与和平;理事会或其任何成员不得以任何方式歧视任何其他成员,不得以肤色、残疾、宗教或政治为理由,使工作人员、成员国代表、官员或运动员服从于与报名、参与亚运会或参加任何理事会及其委员会会议相关的限制或条件;赛会或会议举行时,不得拒绝所有成员国或其官方认可的代表、官员或运动员进入赛会或会议举办城市,所有对该原则的故意违反或逃避行为,均被视为一种冒犯,并由理事会适当处理;理事会将应用并支持《奥林匹克宪章》中所界定的奥林匹克原则。亚奥理事会的行动需要遵从亚奥理事会章程、规则和指南。

亚奥理事会的总体目标是:

(1)全面负责亚洲体育运动(唯一组织)。

(2)在亚洲代表奥运会、亚运会、洲际赛事、国际和世界级比赛及其相关组织。

(3)在区域或国际级别体育领域内,协调亚洲国家相关活动。

(4)带领其成员在各自管辖区域内,弘扬体育精神,普及体育运动,鼓励体育设施建设,提高竞赛标准。

(5)鼓励理事会成员在各自管辖区域内举办亚洲锦标赛及所有经批准的运动比赛。

(6)激发亚洲人民对体育运动的兴趣。

(7)在不违背奥林匹克运动原则的前提下,与政府和企业合作促进体育运动发展。

(8)保证其成员资格经过正式认可且全权代表亚洲国家及地区奥委会。

(9)指导、影响和引领亚洲国家的所有体育运动沿着正确的道路发展。

(10)对任何成员国或其代表、官员和运动员的不当行为或令理事会失信的任何其他可能招致不便的活动进行惩戒。

◎亚奥理事会总部大楼

（11）根据理事会基本原则、目标、规则、条例和细则，确保亚运会、亚洲冬季运动会、亚洲室内与武道运动会、亚青会每四年定期举办一次，并向国际奥委会成员国的所有合格运动员提供公平公正的比赛。

（12）根据理事会基本原则、目标、规则、条例和细则，确保亚洲沙滩运动会每两年定期举办一次，并向国际奥委会成员国的所有合格运动员提供公平公正的比赛。

（13）负责在亚洲弘扬奥林匹克运动及其崇高理想。

（14）作为亚洲最高体育组织，负责解决亚洲国家和地区间或理事会成员间或理事会成员与其他国家和地区之间的体育问题。

（15）以切实行动维护理事会的原则和目标。

（16）反对以任何形式歧视亚洲奥林匹克运动。

（17）反对任何对运动和运动员的政治及商业滥用。

（18）鼓励和支持体育组织与政府为保障运动员职业生涯、社会发展和健康所作的努力。

（19）鼓励和支持重要话题（各级别妇女体育运动、大众体育、环境举措、体育与文化和教育相结合，以及体育促进和平）的宣传推广。

（20）鼓励和支持献身奥林匹克教育的亚洲奥林匹克研究院及其他研究机构的相关活动。

（21）严格执行《世界反兴奋剂条例》并采取相应措施，与兴奋剂和各类违禁药品作斗争。

（22）尽可能地协助、引导、鼓励并提供必需的行政或财政援助，促进基层体育运动的发展。

二、亚奥理事会组织机构

亚奥理事会的权力由其机构行使，其机构由三部分组成，即代表大会、亚奥理事会执委会和主席。

代表大会对关于理事会的所有事宜具有决定性权力，特别是有权强制执行理事会的基本原则、目标、规则、规定和细则。

执委会是一个为有效规范亚奥理事会权力而建立的团体，负责确定行政政策和理事会事宜，包括负责监督亚奥理事会比赛；决定所有亚奥理事会比赛市场开发、电视和广播权的销售及其他商业问题；如果亚组委不遵从亚奥理事会章程、主办城市合同、赛会指南和其他规定与指导，执委会有权从亚组委撤销任何亚奥理事会比赛；任命亚洲国家/地区奥委会、洲际/国际体育组织和其他体育组织当中的亚奥理事会代表。

主席由亚奥理事会代表大会无记名投票选举产生，独自负责亚奥理事会的管理和所有活动，是亚奥理事会的官方发言人。

亚奥理事会常委会的创建是为了向亚奥理事会代表大会、亚奥理事会执委会或亚奥理事会主席提供建议。包括：

（1）咨询委员会　　　　　（10）国际关系委员会
（2）运动员委员会　　　　（11）媒体委员会
（3）文化委员会　　　　　（12）医疗委员会
（4）协调委员会　　　　　（13）运动和平委员会
（5）教育委员会　　　　　（14）规则委员会
（6）道德委员会　　　　　（15）运动委员会
（7）随行人员委员会　　　（16）大众体育委员会
（8）财政委员会　　　　　（17）运动与环境委员会
（9）信息与统计委员会　　（18）性别平等委员会

三、亚奥理事会会徽

　　历史上亚奥理事会曾经有两代会徽。第一代会徽一直使用到 2006 年的亚运会。此会徽中间是一轮放射 16 道光芒的红日，红日与光芒之间有一道白圈。红日上方标有"永远向前"的英文字样，呈弧形排列，最顶部镶嵌着奥林匹克五环。红日下方有互相套结、呈半圆形的金黄色环，环的数量与会员数相同。会徽的最底部有"亚奥理事会"的英文字样。

◎第二代亚奥理事会会徽

　　第二代会徽在 2006 年 12 月 2 日第 15 届亚运会举行期间公布，新的会徽保留了太阳的图案，而右上角及左下角分别是龙和猎鹰，这代表了亚洲的团结。在会徽的下面同样有国际奥委会的会徽及"亚奥理事会"的英文字样。

四、亚奥理事会与亚运会

　　亚洲运动会分为亚洲夏季运动会、亚洲冬季运动会、亚洲沙滩运动会、亚洲青年运动会、亚洲室内与武道运动会，这五个运动会均由亚奥理事会主办。亚奥理事会作为亚运会最高领导机构，对亚运会具有一切管辖权。承办国亚运会组委会仅受亚奥理事会委托，全面负责亚运会的组织工作。

（一）亚运会组委会

举办亚运会的会员组织必须成立亚运会组委会来直接领导亚运会的各项组织工作。亚奥理事会主席和其他官员都不能担任组委会成员（亚奥理事会第五副主席除外）。

亚运会组委会一般先设立最高领导机构（主席团、委员会和组委会），由国家或地区首脑或政府高级官员担任名誉职位，由举办城市的市长、副市长，国家或地区奥委会主席、副主席、秘书长，国家或地区体育方面的负责官员担任主席、副主席及其他领导职务，主要负责解决亚运会组织工作中各方面的原则性问题。组委会下设部或委员会，是全面负责亚运会竞赛、新闻、财务、集资、人事、接待等各项具体事务的执行机构。

亚运会组委会负责承办亚运会所需的场馆建设、亚运村建设、交通保障、安全保卫、通信联络、电视转播、环境保护、医务、接待、竞赛、宣传、开闭幕式和展览会等事宜，为举办亚运会作一切准备。组委会可直接与亚奥理事会联系，每3个月一次定期向亚奥理事会报告准备工作进展情况，举行亚运会的当年应每个月报告一次。

组委会必须与国际各单项体育联合会及亚洲各单项体育联合会协商亚运会比赛和表演项目的一切技术问题，负责编制各项目总日程表，办好艺术展览。组委会为亚运会印制的文件、纪念章必须标明运动会的届数、举办城市的名称。亚运会期间，组委会必须在各体育场馆悬挂亚奥理事会会旗和各参赛会员组织的旗帜，在主体育场固定地点的旗杆上悬挂大型亚奥理事会会旗，该旗于宣布亚运会开幕时升起，宣布闭幕时降下。

亚运会组委会应在亚运会闭幕后一年内，由举办国／地区奥委会向亚奥理事会和所有会员组织提交完整的举办亚运会的正式报告。

（二）亚运会的竞赛组织

竞赛组织是亚运会最主要的组成部分，是衡量亚运会成功与否的重要标志之一。任何一届亚运会都要专门设立专业性较强的、专管竞赛组织的竞赛部，以领导亚运会前的相关竞赛准备和亚运会期间的竞赛组织工作。

亚奥理事会对亚运会的竞赛组织工作有指导权。赛会的组织应依据亚奥理事会章程和规则及赛会礼宾规范来执行。各项目的竞赛组织应接受国际和亚洲各单项体育联合会的帮助，它们对所属项目具有全部的技术指导权。各国际单项体育联合会委派一名或两名技术代表，这些技术代表由国际单项体育联合会优先从亚洲国家和地区选派，只有当亚洲国家和地区没有合适人选的情况下，才从其他洲挑选。技术代表须在该项比赛开始前5天内抵达，检查技术设施、设备及器材等是否符合该单项体育联合会的规定。

亚运会品牌在中国

　　"我们亚洲，山是高昂的头，我们亚洲，河像热血流。四海迎宾客，五洲交朋友。亚洲风乍起，亚洲雄风震天吼。"韦唯这首《亚洲雄风》，作为1990年北京亚运会会歌，特别能诠释亚运会这个"品牌"在中国、在亚洲的深刻含义和价值。

　　"亚运会"是个品牌吗？当然是。但从一开始，它就不是一个纯商业意义价值上的"品牌"。"亚运会"全称为"亚洲奥林匹克运动会"，它和百年奥运（奥林匹克运动会）一样，是一个以弘扬奥林匹克精神为己任的洲际综合性运动会品牌，它是一个借体育精神团结亚洲各国人民、振奋亚洲各国人民精神、促进亚洲人民团结与合作、促进亚洲体育和世界体育交流与合作的一个综合性运动会品牌。

　　品牌是一个抽象概念。20世纪50年代，美国广告大师大卫·奥格威第一次提出品牌概念。他认为，品牌是一种错综复杂的象征。作为一个抽象概念，就像所谓"一千个人眼里有一千个哈姆雷特"一样，所以后来者对于"品牌"这个概念也各有各的诠释和理解。对此，笔者不想纠结太多概念性的东西，也无意从内涵及外延的学术角度去严谨探讨"亚运会"品牌，只是单从本人的实践经验出发，讲讲个人对亚运品牌、

◎北京亚运会海报

特别是"亚运会"这个"品牌"在中国的理解。

亚运会,单从命名来说,首先无疑是亚洲的品牌。亚洲各民族既有光辉灿烂的文明和传统,也有苦难的殖民地历史过往。正是在这个意义上,可以说,亚运会起源于亚洲的民族觉醒和自强信念。

亚运会,全称"亚洲奥林匹克运动会"。和奥运会相比,其"年资"和"历史"都要"轻"得多。关于奥运会起源的神话传说和历史大家听得多了,"大力神"为祭奠其父"众神之神"宙斯,在祭奠盛会上进行了体育竞赛,以后逐步演变成寄寓着人类充满和平、友谊希望的奥运会。从顾拜旦创设现代奥运之日起,为了团结和凝聚全世界,奥运会就特别强调其"无涉"政治的超脱态度,塑造其

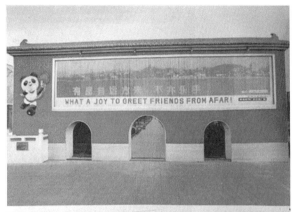

◎北京亚运会时期城市景观

作为全人类体育运动竞赛的纯粹和公平的理想形象。但人类追求世界和平的理想终归只是理想,事实上,奥运会作为一种独特的历史文明、文化现象,从公元前 776 年第一届有历史记载的古奥运会开始,希腊城邦之间的战斗就从未止歇,希腊人盼望着奥运会的到来可以暂时息战,过上几天和平安生的日子。

纵观现代奥运发展历史,实际上也根本无法真正做到与政治无关,有时候甚至被政治"坑"惨了,使奥林匹克精神受到极大的伤害。最典型的就是 1936 年 8 月在德国柏林举行的第 11 届奥运会被希特勒狠狠利用了一把,几乎成为宣传德国法西斯、宣传希特勒自己的政治舞台。此后第 12 届奥运会、第 13 届奥运会都因为第二次世界大战的原因被迫取消。到了 20 世纪 80 年代,第 22 届奥运会在莫斯科举行时,美国、中国等几十个国家因为苏联入侵阿富汗而抵制该届奥运会,拒绝派运动员参加,这也是奥运会历史上发生的最大规模的抵制活动。四年后,等到美国举办奥运会时,苏联和东欧国家也如法炮制,以抵制这届奥运会作为报复。

当然,奥运会发展史上发生这些政治事件应该也非当时国际奥委会主事者所愿,但我们从中可以看出,不管是亚运会还是奥运会,人类的体育运动盛会作为一种历史

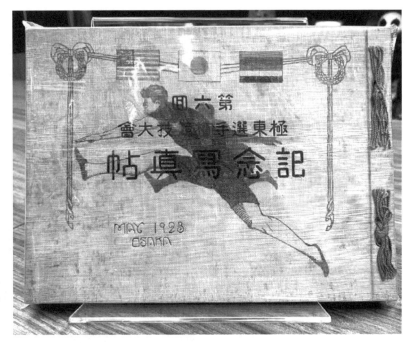

◎ 1923 年第六届远东运动会纪念写真册

文化、社会现象，不可能不受到世界政治、社会变革等因素的冲击，追求竞赛的纯粹和公平是共同的理想，希望"与政治无关"，也只能作为一种追求和理想。

事实上，回顾亚运会的缘起，离不开亚洲各国人民追求独立、争取走自主自强发展道路的历史。

亚洲文明有光辉灿烂的历史，也有纷争不断的过往，更有被西方殖民的苦难。很多人都不知道，亚运会的前身——远东运动会最早是由菲律宾发起的"三国"会。1911 年，菲律宾体育协会在每年 2 月举行的"嘉年华会"活动中，特邀中国和日本参加其中的体育赛事，在活动过程中，菲律宾体协发起倡议：为发展各国的体育事业，促进相互间的体育交流，加强各国之间的友好交往，组织一个国际性的运动会。于是，1913 年，只有菲律宾、中国和日本三个国家参与的第一届远东运动会就此拉开帷幕。第一届远东运动会在菲律宾举行，第二届在中国上海。上海一共举办了三届远东运动会。随着印度、印尼各国参与进来，远东运动会规模得以扩大，为了与奥运会协调，远东运动会于 1927 年后改为每 3 年举办一次，1930 年后又决定每 4 年举办一次。但远东运动会也一样无法远离政治，甚至还被利用作为政治企图的阴谋。在 1934 年，日本坚持要把伪满洲国拉入远东运动会，中国自然强烈反对，远东运动会随之停办。远东运动会恰好开了屈指可数的整十届。不管怎样，这十届远东运动会在亚洲促进了现代体育文明的传播，增进了亚洲各国的交流。

远东运动会历经创立、解体、再创立，38 年后，终于迎来了在其基础上演变而来的"亚运会"。

从"远东运动会"到"亚运会"，不仅仅是一个名字的改变，其实也是亚洲各国人民自我意识、独立意识的崛起和转变。"远东"是一个以欧洲为世界的中心的地理概念，是西方国家开始向东方扩张时对亚洲最东部地区的通称，从某种角度上，它也饱含着亚洲各国一段屈辱和苦难的被西方殖民的历史。和"远东运动会"这个他者视角看自己的命名不一样，"亚运会"是以亚洲自己的视角来看自己的一个命名，当然，从举办规模、参与国家范围上，亚运会也远超远东运动会。

说起第一届亚运会，不能不提 1948 年的伦敦奥运会。这是一届具有特别意义的奥运会，也是奥运会被第二次世界大战中断了两届之后再重新举办的一届奥运会，也可以说是热爱和平与自由的人们在二战的废墟上重燃希望的奥运会。

正是因此，在伦敦奥运会举办期间，中国与菲律宾的体育界人士计划恢复远东运动会，并与亚洲各国体育界人士商讨。而后来被誉为"亚运会之父"的印度人古鲁·桑迪则看得更远、思路更开阔，他认为远东运动会不足以体现亚洲体育运动的水平和亚洲人民的团结精神，主张创办一个亚洲所有国家参加的亚洲运动会。早在 1947 年，他就向当时的印度第一任总理贾·尼赫鲁建言，由尼赫鲁在当年的"亚洲关系会议"上提议，请会议各参加国考虑举办一个亚洲地区范围内的亚洲运动会。虽然此计划因种种原因未能实现，但这一设想得到了尼赫鲁以及印度政府的大力支持。

由是，作为当时印度体育界的领导，古鲁·桑迪成为亚运会的主要倡办者。利用伦敦奥运会的机会，他遍访来伦敦参加奥运会的亚洲国家体育代表团，邀请中国、韩国、菲律宾等 13 个国家和地区的代表召开有关成立亚洲运动会联合会的第一次筹备会议。

会议讨论通过了印度关于成立亚洲运动会联合会的提案，并推举中国、韩国、印度和菲律宾 4 国共同起草亚洲运动会有关文件和章程。会议还决定第 1 届亚运会于 1950 年在印度的新德里举行。1949 年 2 月亚洲体育协会宣告成立，并确定第一届亚运会于 1950 年在新德里举办。其后新德里亚运会组委会迅速成立。

其实，只要了解印度的历史，就会理解印度为何从政府到民间都如此积极倡办首届

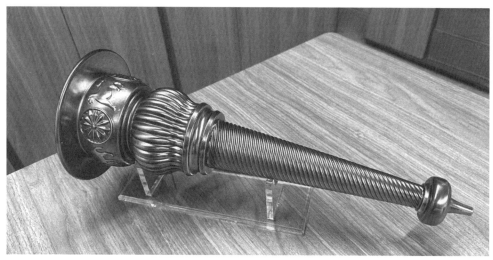

◎ 1951 年亚运会火炬

亚运会。19 世纪中期，英国入侵印度，从此开始了印度漫长的殖民地历史。第二次世界大战唤起了亚洲各国反抗殖民，争取民族、国家独立的运动，1947 年，印度宣告独立，成为英联邦成员国。1950 年 1 月 26 日，独立后的印度宣布成立印度共和国，定都新德里。

宣告独立后的印度，自认在亚洲是个大国，倡办亚运，不管在树立自己的民族自信、凝聚民心上，还是在建立与亚洲各国关系、树立自己在世界的形象地位等层面，都是能体现其国际地位和能力担当的事情。但是由于第二次世界大战的创伤还未愈合，刚刚独立的印度共和国没有足够的经济实力来支持亚运会。在这种经济拮据的窘境下，在规定的期限内，亚运会所必需的各项体育设施未能如期完工，组委会在欧洲订购的比赛器材也没能按时送到新德里。于是，亚洲运动会联合会同意将运动会向后顺延一年至 1951 年举行，印度也为成功举办首届亚运会竭尽所能，拨专款修建体育场馆和设施，总理贾·尼赫鲁亲自督战，首届亚运会终于成功举办，共十一个国家和地区出席，分别是：阿富汗、缅甸、斯里兰卡、印度尼西亚、印度、伊朗、日本、尼泊尔、菲律宾、新加坡和泰国。

为配合奥运会，亚运会每四年轮流在亚洲各大城市举办一次，与奥运会间隔两年。每届会期和奥运会一样，不得超过十六天。

亚运会从此成为规模最大的洲际综合性运动会品牌矗立于亚洲、矗立于世界。那么，亚运会的"品牌价值"何在？换句话说，亚运会的意义是什么？领导了印度民族独立并担任了印度第一任总理的贾·尼赫鲁在首届亚运会开幕式上的讲话提供了最好的答案，他说：亚运会必将对促进亚洲各国政治、经济、文化等方面的友好往来，加强亚洲地区国际合作，维护亚洲地区永久和平发展发挥积极而巨大的作用。

◎北京亚运会城市雕塑

很可惜，中国未派运动员参加第一届亚运会，仅派了中华全国体育总会筹委会国际联络处处长吴学谦为团长的中国体育观光团赴印度新德里观摩了亚运会。当时中国不派运动员参赛的原因在一定程度上既跟朝鲜战争的爆发有关，也因中华人民共和国刚刚成立，百废待兴，群众性体育活动普及水平有限，运动水平也不高，对综合运动会的了解太少。而从第二届在日本举办的亚运会开始，由于 1954 年台湾"代表"非法挤进亚运会联合会，并在第二届亚运会时受邀参加，企图破坏中华人民共和国一直坚持的"一个中国"立场，我们拒绝了亚运会的参赛邀请以示抵制，亚运会与中国的关系也因为政治因素遭到破坏，从此中断联系 20 年。1962 年时，第四届亚运会在当时与中国友好的国家印度尼西亚的雅加达举行，印尼想方设法阻止了台湾地区选手前往参赛，但却因此受到国际奥委会的制裁，可见当时国际政治环境对体育活动影响之深。

直到1971年，中国利用"乒乓外交"之机恢复了我国在联合国的合法席位之后，1973年，借伊朗的提案，亚奥理事会举行了一次全体会议，讨论中国的代表权问题，正式表决通过中华人民共和国为亚奥理事会的正式成员组织，中国得以重返亚运大家庭，在1974年参加了在伊朗举行的第七届亚运会，从此携手亚运会。1990年北京承办第十一届亚运会，续写亚运辉煌。

就像中国奥委会前主席何振梁所说，中国整整奋斗了24年，才取得了一个中国在世界体坛上的合法席位，又整整奋斗了16年，才取得了一次由中国举办亚运会的权利。花了40年时间，中国利用体育这个人类共同的舞台，向世界证明自己承办大规模洲际运动会的能力，有接待五湖四海兄弟姐妹的友好态度和胸襟，有为世界和平贡献自己力量的实力和担当。

北京，古老的皇城，也是中华人民共和国的首都，因为举办亚运会，又一次为亚洲、为世界所瞩目，城市品牌与亚运会品牌得到了相互提升和加持。城市和体育，其实都是人类文明发展的产物，在世界城市发展史上，体育盛事促进城市发展，推动社会文明，增加城市美誉度、知名度的例子比比皆是。在这个维度上，每届亚运会的品牌价值与每个具体举办城市之间，有着相互加持、水乳交融的共生关系，也即是说，亚运会可能给城市品牌加分，举办城市（国）本身也可能会给当届亚运会加分。就像1990年前后的北京，因为亚运会的举办而焕然一新，不管是从城市绿化、场馆建设，还是交通通信、旅游服务等城市基础设施各方面，都得到了极大的提升，北京成为中国向亚洲、向世界展示改革开放形象的代表。北京亚运会，也使亚运会这个品牌真正开始走进中国的千家万户，收获了亿万中国人民的关注。据资料统计，在当时电视机尚未普及每家每户的中国，全

◎北京亚运会——亚运快报

国收看 1990 年举办北京亚运会开幕式现场直播的观众达到了惊人的五六亿。现在讲品牌都会讲品牌关注度、讲粉丝、讲流量，1990 年的北京亚运会，如果当时有对这几项指标数据做统计和量化，肯定十分惊人。

如果说品牌的发展过程一般可以分为种子期、发展期、成熟期、衰退期的话，那么"亚运会"这个品牌在中国也是经历了从唤起、熟悉，到成熟、再造（创新）的几个阶段。粗略套用一下，我觉得直到 1990 年北京亚运会举办之前，都是亚运会在中国的"种子期"；1990 年北京亚运会之后，中国人民开始对"亚运会"有一定的了解和熟悉，到 2010 年广州举办亚运会时，"亚运会"这个品牌在中国可谓进入了"成熟期"，大众都普遍知晓，不需要多加介绍；及至 2022 年杭州亚运会时，"亚运会"这个牌子在中国既是其"成熟期"，也因亚运会自身发展的规律、迭代的要求正在进入一个创新期、再造期。

1984 年，中国获得北京承办 1990 年第 11 届亚运会的机会。虽然当时普通中国人对亚运会并不知晓其历史价值和意义，但在举国办亚运的氛围下，也感受到"为了共和国的荣誉"办亚运的慷慨豪迈之情。就像当时为亚运捐款 1 亿元港币的爱国港商霍英东说的："每一个中国人，每一个炎黄子孙，都期望北京亚运会成功。"1990 年北京亚运时，作为东道主的北京人的口号就是："在外地人面前，我就是首都；在外宾面前，我就是中国；在世界面前，我就是亚洲。"

人民日报祝贺亚运会开幕的社论《燃亚运圣火　展亚洲雄风》里说："就在四十多年前，我国同胞还一直被视为'东亚病夫'。那时，多少志士仁人向往着祖国的体育繁荣，希望看到中国人扬眉吐气。"对于成为举办亚运会的东道主，人民日报评论："这种变化，从一个侧面反映了中国人民社会主义建设的成果，反映了改革开放给我国带来

◎北京亚运会时期城市景观

的昌盛，表现了中华民族自立于世界民族之林的决心和能力。"

闭幕式时，人民日报社论《北京亚运精神光耀神州》写道："北京这次亚运会堪称我国体育史上的杰作，振兴中华大业的丰碑"。

也正是1990年前后，经过在全国范围、海内外华人群体的广泛动员和宣传，作为综合性大型洲际赛事的亚运会，在中国的知名度、政府支持力度、全民参与度急剧飙高，仅次于奥运会。

亚运会品牌价值几何？这是个迄今为止没有一个准确答案的问题。事实上，就算相对成熟的某个企业或商品所谓的"品牌价值"的计算，也是各家有各法，制作或参照的指标体系也是各说各话各行其是，计算出来的结果，信不信，由你。

亚运会的品牌价值，可以粗略地由品牌知名度、参与度和品牌黏性所决定。2010年广州亚运会时，已经是亚运会这个"品牌"在中国发展的"成熟期"。亚运会品牌在中国，当然离不开"在中国"的加持。事实上，我们所讨论的亚运会品牌，既有不同届次之分，更要区分在中国举办和不在中国举办两种不同情况，而不同情况下，其品牌价值也会有一定差异。负责当时广州亚运会市场开发、担任市场开发部部长的方达儿，就曾认真计算过广州亚运会的品牌价值。他参考了北京2008奥运会品牌价值的评估指标，引用了同期深圳举行世界大学生运动会时对深圳大运会品牌价值做估算的指标体系和计算方式，以赛事本身、品牌形象、城市影响、政府支持和文化活动为一级指标，再在一级指标之下设立二级、三级指标，并各自赋予相应的权重，参照计算出来的结果是广州亚运会品牌价值可达到2000亿元人民币左右。当然，对于这个数字，有人会认为高估了，但同样也会有人认为是低估了，事实上，就像我在本文开头就提过，亚运会从一开始，就不是一个纯商业意义价值上的"品牌"，所以几乎无从计算，精准计算更是徒劳，数据仅供参考。试问1990年北京亚运会的品牌价值多少？这个价值放在当年估算和多年后的今天再回头估算，价值又是多少？大国崛起的民族精神和自信心的提升，能量化成人民币或美元欧元吗？

但是，话说回来，如果要做亚运会的市场开发，要做亚运会的营销，那么，有个品牌价值数据的参考总是好的。就像方达儿当年在负责广州亚运会的市场开发做亚运会的赞助营销工作时所悟到的：市场开发部赞助营销在卖的东西不是卖实物产品、卖有形资产，而只是卖"名"、卖无形资产。这就涉及这些"名"、这些无形资产的价值问题。所以，从这个角度上来说，曾作为广州亚运会市场开发部部长的方达儿，为亚运会品牌在中国的营销做了一件十分有意义的事。

但是，不管套用什么估算方法和指标体系，与市场化更彻底的某些国际单项体育赛事相比，对亚运会品牌价值的认定始终是个见仁见智的问题。抛开亚运会品牌价值具体数字上的争议，就我长年的市场开发实践经验和理解，具备全球影响力的奥运会无疑更高大上，亚运会则相对更"亲民"，对于有意向参与体育营销、赞助综合性运动会的企业来说，参与门槛相对低一些，尤其适合中国或者说亚洲众多中小企业的参与、共建和共享。换句话说，适配程度更高。

1990 年第 11 届北京亚运会时，中国改革开放时间不长，后来闻名全国的许多知名企业当时还都在初创期。北京亚运会时，当时的亚组委都不设市场开发部，仅以"集资部"之名行市场开发之事，亚运会的营销就是口号宣传和广告。即便如此，还是吸引了许多有远见卓识、有品牌意识的企业参与。其中经典之一就是健力宝。生产健力宝的是广东三水一家小厂，原来籍籍无名，生产的这款饮料也不见多畅销。但是，健力宝在 1990 年 4 月 28 日，以 600 万元人民币被选为北京亚运会中国体育代表团专用运动饮料，加上实物，以及后来 250 万独家赞助火炬传递"火炬之光"接力活动，健力宝共赞助亚运会 1600 万元，成为国内第一家赞助亚运会且赞助额最高的企业。亚运会成就了当年的健力宝，其"中国魔水"的招牌一时风头无两，风靡神州，闻名世界。在全国历时一个月的火炬传递，让亚运会也让健力宝走进了每个中国人的视野，除了巨大的品牌宣传效应，健力宝也有了销量翻倍额的收获，亚运会举办当年的 10 月，在郑州订货会上，健力宝取得了 7.5 亿元的订货额，创下当年全国同行业的最大成交额，占整个大会合同金额的四分之一。企业更是借势做大做强，在很长时间里成为广东改革开放的一面企业旗帜。

　　2010 年广州亚运会，不管是在赞助金额还是企业数量上，均以本土企业特别是广东、广州本地的企业为主，这既是 2008 年世界金融危机造成的负面效果，但客观上却也为中国、广州本土企业起舞走秀搭建了一个闪亮的 T 台。广州亚运会 52 家赞助企业中，第一层级 7 家高级合作伙伴除三星一家外都是国内的；11 家第二层级合作伙伴和第三层级赞助商，没有一家外企；第四层级独家供应商、第五层级供应商共 34 家，其中 30 家都是本土企业。赞助企业呈本土化的特征，实际上也是近二三十年来，包括中国在内

◎健力宝——北京亚运会指定专用运动饮料

◎广州亚运会申亚成功

亚洲各国经济发展、企业壮大的反映。就像广州亚运之前的韩国釜山的亚运会、中东地区多哈的亚运会，其赞助商也多是其本土企业，不足为奇。正是亚洲本土企业的快速成长和竞争实力，推动其品牌成长动能，驱动其与亚运会品牌合作并相互提升。总的来说，亚运会的赞助商企业获得或巩固了其作为同业龙头的地位，展示了企业实力和社会责任形象，提升了品牌美誉度。除了这些"虚"的，有些企业还获得实实在在的可统计的销售回报。据方达儿在其《亚运掘金》一书中所做的不完全统计，2009—2010年，广州亚运会共35家民企中，企业产品销售额提升25%—30%的，有5家；提升15%—20%的，有6家；提升5%—10%的，有24家。他还列出了好几个详细的企业案例，感兴趣的读者可查阅到。

延迟至2023年举办的2022年杭州亚运会，在企业赞助方面，也延续了以中国本土企业为主的特点。截至2023年3月，共计超过96个类别、157家企业参与，其中，浙江企业在所有赞助企业中占有六成之多。杭州亚残运会也已签约了59个类别共80家企业。杭州亚运会累计赞助协议开发总收入44亿元，其中不乏吉利集团、中国电信、中国移动等世界500强企业，以及安恒、娃哈哈等优秀浙江民营企业，赞助招商实现亚运历史突破。此外，杭州亚运会的捐赠总额也创历届亚运历史新高。

除了适配性，体育营销在中国也是潮流和趋势。当今中国，娱乐休闲体育大文娱中，娱乐营销"破圈"，体育＋娱乐成了优选。在中国，这几年影视娱乐明星翻车事故频出，一出事就给代言的企业品牌带来重击；在社会文化管理及顶层政策方面，对娱乐明星的饭圈文化的管理，也使体育明星成为新顶流，一夜成名、靠脸吃饭、装疯卖傻的娱乐营销不利于引领健康的社会风气，逐渐让位于健康向上、拼搏进取的体育精神营销，并为大众所乐见。据新浪科技 2020 年 1 月发布《体育明星微博年度报告》指出，就微博平台统计的体育运动员累计粉丝增量达到 2.31 亿，运动员相关话题先后 5865 次登上热搜榜，相关博文总互动量为 2.1 亿次。也因此，亚运会这个独特的品牌 IP 焕发新彩，亚运会上争金夺银的体育明星也将获得更多的关注和机会，成为正能量的引导者。优秀国家队、明星运动员，自带粉丝与社群号召力，本身也是亚运会品牌的组成部分，其励志的成长故事和赛场英姿，有助于与企业目标人群构建独一无二的情感共鸣和品牌链接。据第一财经数据统计显示，2021 年全国共有 161 起运动员代言，几乎是 2018 年至 2020 年运动员代言数量的总和。

作为一个大型综合性赛事品牌，亚运会也一样面临世界大型综合性体育赛事普遍面临的年轻人离开赛场的问题，甚至连已经享誉世界过百年的奥运会品牌，都一样面临困扰和潜在危机。

有观点认为，奥运会、亚运会等国际运动赛事近年来收视率下降，受众范围大大缩水，迫切需要新的亮点来提高其在年轻一代人中的收视率。电竞入亚对项目本身和亚运会乃至奥运会都有着极大的利好，能够丰富和扩展消费群体，吸引用户人数，有助于提高民众尤其是年轻人对亚运会、奥运会的关注和参与。

亚运会既有在时间上沉淀了 70 多年的积累，也在时代浪潮中不断自我进化。引入街舞、滑板、电竞，吸引年轻人，引领年轻人的时尚，在这方面，亚运会的"身段"显得更灵活。

在 2018 年的雅加达亚运会上，《英雄联盟》、《Arena of Valor》（王者荣耀国际版）、《皇室战争》、《实况足球》、《炉石传说》和《星际争霸 II》等六个电竞项目作为表演项目亮相，为电竞项目进入亚运探路。在这次表演赛上，中国取得 2 金 1 银的佳绩（不计入总奖牌榜）。

2020 年 12 月，在阿曼苏丹国马斯喀特市召开的第 38 届亚洲奥林匹克理事会全体大会，批准电子竞技和霹雳舞作为正式项目入选 2022 年杭州亚运会。2022 年第 19 届杭州亚运会成为首届将电子竞技作为正式项目并记入国家奖牌榜的亚洲运动会。《王者荣耀》《炉石传说》《梦三国》《DOTA2》《FIFA》《和平精英》《英雄联盟》《街霸》被正式确定成为 2022 年杭州亚运会的 8 个电竞项目。（注：因《炉石传说》制作公司与中国代理运营公司商务合作到期，导致该项目运营团队及服务器处于终止状态。2023 年 3 月 16 日，经亚奥理事会第五次协调委员会会议审议决定取消《炉石传说》项目设置，杭州亚运会电子竞技将设 7 个比赛项目。）

客观上来讲，电竞进入了亚运会，会使看亚运会的人更多，特别是年轻人。2021 年，中国的英雄联盟战队（EDG）在英雄联盟全球总决赛中夺冠，刷屏朋友圈、互联网，搞得上了年纪的叔叔阿姨们一时摸不着头脑，四处打听"EDG"是啥？孩子们的欢呼雀跃说明了一切，电竞比赛的商业价值自不待言。以国内英雄联盟职业联赛为例，目前联赛

里共有 17 支战队，这 17 支战队在 2021 年的赞助商总数达到 68 家。

电竞项目进入亚运会，究竟会给亚运会带来哪些影响和变化，在亚运会品牌的创新、发展史上，将留下什么印记，尚有待观察，但在数字化大潮中，保持与时俱进的态度和姿势，也是品牌避免老化或衰退的必然。

当然，离百年品牌尚有距离的亚运会，目前就谈论其品牌老化或衰退为时尚早，但创新是品牌发展过程中应有之义。亚运会的品牌价值、亚运会的品牌文化和个性，都将在一届又一届的亚运会举办过程中不断加强、发展和变化。科技革命、亚洲乃至世界体育产业的进步必将影响亚运会的发展，大众休闲体育文化和观念的变化也必将影响亚运会的竞赛安排和组织。在我的眼里，希望未来的亚运会，既能继续保持竞技体育的对抗性带来的观赏性和冲击力，同时还能增强娱乐性和欢乐度、参与度，能办得越来越像一个亚洲人民的大 PARTY，使亚运会这个品牌历久弥新。

近十年间，世界发展趋势从全球化走向逆全球化，地球村的村民从曾经相信"世界是平的"到发现巨大的数字鸿沟，西方和东方，亚洲和世界，价值观的碰撞、文明的冲突再起，和平与动荡周期性、地区性交替变幻，二战结束后人类共享和平的愿望被蒙上阴影。

当今世界，正经历百年未有之大变局，习近平总书记提出了"要牢固树立人类命运共同体意识"，他指出"亚洲是世界的亚洲，亚洲要迈向命运共同体、开创亚洲新未来，必须在世界前进的步伐中前进、在世界发展的潮流中发展"。在庆祝中国共产党成立 100 周年大会上，习近平总书记指出要"以史为鉴、开创未来，必须不断推动构建人类命运共同体"，他说，要推动各国与中国携手走构建人类命运共同体的人间正道，为世界和平发展、人类文明进步不断做出新贡献，"通过迈向亚洲命运共同体，推动建设人类命运共同体"。

在积极建设人类命运共同体的时代背景下，亚运会这个反映亚洲各国追求独立自强和平发展、体现亚洲人民大团结的体育舞台，无疑值得我们无比地珍惜、更多地热爱。维护好亚运会的品牌，保护好这个舞台，是亚洲各国也包括中国的义务和责任。

亚运会品牌在中国，既是一个体育盛会品牌，也是反映一个城市文明（社会发展）的品牌，是反映人类精神文明的品牌，是彰显一个国家（民族）自信的品牌。

中国亚运市场开发 30 年

亚运会中国市场开发与创纪录的杭州亚运

　　11 岁女孩邵蕾在信上写："我是四川綦江区石壕中心学校 5 年级的学生,抚养我和弟弟的外祖父刚刚去世,家里没有钱,可是我想给亚运会做贡献,我和弟弟每天都去捡垃圾,一个月才卖得一元五角八分钱,还不够一人捐一元,于是我把我心爱的辫子剪掉了,卖了五角七分钱,现在把二元零八分交给亚运会……"

　　"火箭轰隆一声巨响,把我给镇住了。"来自四川广元市朝天区沙河镇小学的王崇浩非常兴奋,他参加了"寻找 2022 个亚运梦想"活动,在西昌火箭发射基地亲眼见证了"吉利未来出行星座"首轨九星发射升空。他的梦想是"要在太空开一场亚运会"。这次运载发射的九颗卫星中,就有一颗"亚运中国星"。

　　北京亚运会和杭州亚运会的这两个故事的小主角,前一个经历了中国改革开放的飞速发展,后一个正走在中国创建"世界命运共同体"复兴中国梦的征程上。

　　30 多年后,憨态可掬的北京亚运吉祥物"盼盼"被戏称为火爆全球的北京冬奥吉祥物"冰墩墩"的"爷爷",但很多人不知道,"爷爷"当年在办北京亚运时的许多"英雄"往事。如果没有当年办亚运会的成功,也就未必能成功迎来 2008 年北京奥运会(夏季奥运)和 2022 年北京冬奥会的承办机会。

　　30 多年前,北京亚运向亚洲、向世界展现了一个改革开放的中国,"盼盼"的命名蕴含了中国追求和平发展的朴实愿望;20 年后,广州又承办了一届亚运会,承 2008 年奥运之势,经济开始发展起来的中国向世界着力呈现"和谐亚洲"图景;2023 年,杭州举办第 19 届亚运会,一组名为"江南忆"的机器人造型吉祥物,活力灵动、复兴传统、面向未来,致力于向世界诠释"中国新时代"。

　　"后新冠疫情"时代,全世界都不容易。面对抗疫防疫的重大压力,面对世界性经济整体下行等种种不利条件,杭州亚运会的筹备工作压力空

◎北京亚运会纪念品

宸宸
Chenchen

琮琮
Congcong

莲莲
Lianlian

◎杭州亚运会吉祥物

前，尤其是在 2022 年 5 月，因新冠疫情影响，经亚奥理事会同意，确定了延期一年举办，杭州亚运会成了自亚运会有史以来首次由于疫情原因延期的先例。

不过，虽然亚运会还没举行，但是从市场开发营销的角度，截至本书撰稿的 2023 年 3 月初，距离杭州亚运会举办还有半年的时间，杭州亚运会、亚残运会市场开发协议总收入累计达 44 亿元，创下了亚运会历史上赞助金额、赞助企业数量、质量等多维度的最佳纪录。

一、亚运会市场开发"简史"

亚洲奥林匹克运动会，简称"亚运会"，前身为远东运动会和西亚运动会，是国际奥委会所承认的洲际大型综合性运动会，由亚洲奥林匹克理事会（亚奥理事会）主办，和奥运会一样，也是每四年一届。它是亚洲地区（2022 年杭州亚运会原来准备接受大洋洲国家报名后因故未报）规模最大、水平最高的体育盛会，代表了整个亚洲的最高体育水平。亚奥理事会的前身则为举办远东运动会、成立于 1949 年的"亚洲运动会联合会"，于 1982 年在印度首都新德里成立。

作为占世界人口半数以上的亚洲地区，在体育运动传统和实力上，都曾经大大落后于欧美地区。亚运会开始于 1951 年。当时亚洲国家各自刚从二战及争取殖民独立后走上发展道路，可谓一盘散沙，各个亚洲国家之间关系错综复杂，不少国家和地区间矛盾重重，甚至紧张对峙，没有外交关系和往来。正是亚运会的举办，通过运动场上的角逐，借着体育精神，打破各种政治壁垒，团结起亚洲各国，增进各国人民之间的友谊和了解，推动友好往来和进步。

第 1 届亚运会在印度新德里举行，当时才 11 个国家参加。作为亚奥理事会前身的亚洲运动会联合会，只是一个松散的组织，其任务就是每四年找到一个城市举办亚运会，至于具体怎么办就由负责举办的城市去实行了。无疑，松散的组织架构难以保障长久的权威和影响力，亚洲运动会联合会亟须进行一场改革。1980 年，国际奥委会委员、科威特国家奥委会主席法赫德亲王在莫斯科奥运会期间，响应当时亚洲运动联合会酝酿已久的改革计划，提出拟定新的亚洲体育组织章程建议并付诸实施。他主张亚运会应向奥

◎ 1982 年亚运会吉祥物

运会学习，不能空设组织实际没人管，要像办奥运一样来办亚运，使亚运会成为在亚洲推动奥林匹克运动发展的力量。所以，在得到亚洲各国和地区奥委会首肯后，1982 年 12 月 5 日，第 9 届亚运会结束后，亚洲奥林匹克理事会（亚奥理事会）在亚运会联合会举行的最后一次理事会上宣布成立，取代亚运会联合会。亚运会联合会即刻解散。亚奥理事会与国际奥委会挂上了钩，法赫德亲王也顺理成章当选为亚奥理事会主席。

后来两伊战争爆发累及科威特，1990 年伊拉克侵占了科威特，法赫德亲王为抵抗侵略壮烈牺牲，儿子艾哈迈德亲王接替其位当了亚奥理事会主席。后来，艾哈迈德亲王为了加强管理，通过直接领导提高效率，在科威特由政府拨地拨款，建了亚奥理事会总部大楼。

纵观亚运会历史，可以说各届亚运会的举办，都颇具波折、各有难处，但每届亚运会基本都在举办国政府财政及社会的大力支持下，成功举办了。资金方面，如果不计入举办城市为此直接或间接投入的基础设施建设（包含新建体育场馆等）费用，单就运动会本身筹备、举办、开闭幕式等比较直接的举办费用，按国际一般惯例，主办国政府出资三分之一至三分之二，其余通过各种市场开发方式募集。亚运会的举办虽然间有波折，但在发展趋势上还是参与国家和地区及运动员人数越来越多、规模一次比一次大。

其实，不仅是亚运会，就是奥运会，也一直有关于奥运的商业开发是否有违公益性的争议，所以真正实现全面的市场开发，也是从 1984 年洛杉矶奥运会开始，美国人尤伯罗斯，开创了举办一届奥运会大赚 2.5 亿美元的成功先例，从此给后继者带来启发和经验，并延续下来。包括亚洲国家在内的世界各国，在申办和主办大型综合性运动会时，从此愈加重视相关的市场开发工作，同时也更加重视和强调举办大型运动会对主办地城市建设、推动各行各业乃至整个国民经济发展的作用。

客观来讲，从品牌价值和影响力的角度，亚运会的价值无法与奥运会相提并论，而且亚奥理事会没有像国际奥委会那样的赞助商"TOP 计划"类似的固定的全球合作伙伴，没有稳定的高额收入来支撑自身机构运作和扶持承办国家和地区的组委会，所以，要让一届又一届亚运会能够成功举办下去，对于亚运会的组织机构来说，也是相当有挑战性的任务。

比如 1978 年原拟在巴基斯坦举行的第 8 届亚运会，因为巴基斯坦的财政困难办不了，临时决定由泰国顶上。紧接着 1982 年的亚运会，则仍由印度举办。

作为最大洲际综合性运动会，亚运会既要降低成本，同时又要保持一定规模。亚奥理事会既要确保亚运会及时举办，又不能让组织者花费太多。因此，从保障每一届亚运会都能够顺利举行的角度，亚奥理事会也希望能像国际奥委会一样，有一个专业的代理机构来维护和提升亚运品牌，规范开发市场，保障赞助商权益，吸引更多长期赞助商、合作伙伴。

亚奥理事会最早指定亚运会市场开发代理商，是在1998年的泰国曼谷亚运会。这里不能不提到当时的大背景：在席卷亚洲、波及全球的亚洲金融危机中，泰国首当其冲。时任亚奥理事会体育委员会主席的魏纪中后来在他的《我的体育生涯》一书中对此有较详细的回忆：在1998年曼谷亚运会筹备热火朝天的时候，亚洲爆发了金融危机，曼谷首当其冲。

◎ 1998年亚运会吉祥物

亚运会的初始预算被泰国政府大幅削减。在建的亚运会工程都因资金不能按时到位而降低了建设速度，亚运会准备中的各种潜在问题露出了水面，面临着危机。据说，为了推进泰国亚运会顺利筹办，他"先后去了曼谷20多次"，协调各种场馆建设等问题，包括直接出谋划策，发动社会资源，给组委会出主意减少新建场馆压力，利用非体育设施如会展中心之类进行体育活动等等。最后，在举办亚运的预算一减再减，政府至少削减了1/3的预算的情况下，泰国亚运会还是出乎意料地成功了，而且用魏纪中的话来说是办得"皆大欢喜"。

究其原因，就是当时亚奥理事会推行的市场开发代理机制发挥了重要的保障作用，曼谷亚运会的市场开发意外取得了成功，筹得1亿多美元资金，帮助组委会及泰国政府渡过了难关。

在曼谷亚运会后，亚奥理事会开始特别重视市场开发，规定亚运会市场开发由其指定代理商来进行，举办国组委会配合。市场开发包括但不限于赞助营销和特许商品经营两大项。全部收入中，首先要按比例分配给代理商，余下三分之一归亚奥理事会，其他再按相应比例给亚洲各国和地区奥委会，剩下的才归组委会。

简单来讲，就是一个代理商主导、主办国组委会配合的联合开发模式。这种模式对于缺乏市场开发资源或不具备市场开发能力的主办国组委会来说，是个相对省事省力的安排，对亚奥理事来说，也是一个保障收入、保证可持续办赛的好安排。当然，这样一来，也就难免会出现亚奥理事会与主办国组委会之间的博弈或分歧。有时候，这个安排也一样会出意外。比如，在筹备2002年韩国釜山亚运会过程中，因市场开发代理商国际体育娱乐公司（ISL）中途倒闭，导致市场开发半途而废，一切重新开始，而举办时间只剩一年了。最后主办国组委会因此取得了部分产品类别的开发权（21项），亚奥理事会则损失巨大。要知道，鼎鼎大名的国际体育娱乐公司（ISL）注册于瑞士，国

际奥委会原先也是委托其作为它的商业代理公司做市场开发起家的。还是萨马兰奇厉害，为了降低对代理公司依赖的风险，在该公司倒闭的 4 年前，奥委会就解除了与该公司的合作合同，成立了自己占有 25% 表决权的梅里迪安公司（LG MEREDIAN）。

后来到了 2006 年多哈亚运会时，亚奥理事会指定由日本某知名广告公司作为代理商，仍旧沿用了曼谷的全权代理市场开发模式，多哈的亚组委也完全接受该模式。因为对于当时"富得流油"不差钱的卡塔尔来说，作为第一个在海湾地区申办亚运的中东国家，亚运会是其难得的向世界宣传自己的机会，几十亿美元筹办资金本来就在其开支预算内，而且其人口规模、市场资源有限，经济结构单一，所以对市场开发热情不高，直接由某知名广告公司全权负责。

亚运会规模越来越大，也变得越办越难，因为承办城市需要付出的财力、人力、物力都在逐届增加。2018 年雅加达亚运会，原本是越南河内拿到的亚运会的承办权，后来临到头却因越南单方面宣布不办而"还给"了印尼办。

为什么说是"还"呢？因为当初在 2012 年，越南河内是击败印尼泗水才获得 2019 年亚运会主办权。和许多国家一样，越南也有个"亚运梦"，它的申亚之旅并不顺利。2005 年，时任越南奥委会副主席阮洪明（Nguyen Hong Minh），在亚奥理事会代表们面前许下"我们有能力举办亚运会"的承诺，却输给了韩国仁川。

但 2012 年申亚成功后，越南各界反应并不非常热烈——他们吃不准在河内举办亚运会是不是好事。特别是 2008 年金融危机以来，越南经济走入困境。2011 年，越南人均 GDP 不到中国的四分之一，全国的财政收入甚至没有深圳市的三分之二。

申亚成功后，越南文体旅游局宣布，为了节省开支，要办一场"最节俭的亚运会"：越南亚运会计划支出 1.5 亿美元，远低于其他国家，甚至少于广州亚运会支出的十分之一。但即便如此，在越南国内各种质疑、反对声中，2014 年 4 月越南总理阮晋勇正式宣布，放弃承办将在 2019 年举行的第 18 届亚洲运动会。

越南"临阵脱逃"撂挑子，也让亚奥理事会措手不及，只能赶紧寻找替代城市。后经多方斡旋，雅加达方面最终接了手，但亚奥理事会也在举办时间上做了让步，同意按印尼的意思提前到了 2018 年。亚运时隔 56 年再次回到雅加达。

◎作者参加 2018 年亚运会火炬传递

　　两次申办亚运，印尼前总统苏西洛无疑是最大的幕后推手。在苏西洛的两个任期内，他一直强调印尼需要复兴和崛起，自然将举办亚运会当成提高印尼国际地位和国际声望的重要机会。"通过举办国际赛事来提高印尼的影响力，这是苏西洛的愿望。"在雅加达顺利获得 2018 年亚运会举办权后，印尼当地媒体曾作出这样的分析。

　　"虽然印尼是东南亚最大的经济体和人口最多的国家，拥有丰富的资源，但是外界对印尼的了解很不全面，举办亚运会对于一个急需外界全面了解的国家来说非常重要。"印尼奥林匹克基金会总主席卢迪·哈尔托诺认为，举办亚运会这种国际赛会是一种非常直接有效的推销活动，不需要做任何宣传，全亚洲和全世界的目光都会通过电视直播集中到印尼，这将极大提升印尼在世界舞台上的形象。

　　印尼国家计划部部长班邦认为，印尼举办该次亚运会，政府在公共投资新建和改善体育基础设施、包括各国代表团在内的外国游客增加等，可以直接刺激经济扩张。同时，就业增加、产业附加值和居民收入提高等将间接带动经济持续增长。据印尼国家计划部预计，亚运会可直接为雅加达国民生产总值贡献 22 万亿印尼盾，其中，基建投资、各项活动运营和游客消费 3 个领域将分别收益 13.7 万亿印尼盾、5.8 万亿印尼盾和 2.4 万亿印尼盾；为巨港贡献 18.5 万亿印尼盾。其中，基建投资、各项活动运营和游客支出分别收益 15.4 万亿印尼盾、2.1 万亿印尼盾和 0.97 万亿印尼盾。班邦指出，如果将筹备和后续运营也计算进来，2015 年

◎ 2018 年亚运会吉祥物

至 2019 年间，亚运会有望为雅加达和巨港分别创造 40.4 万亿印尼盾和 39.6 万亿印尼盾的国民生产总值。

雅加达亚运会也进行了积极的市场开发营销，成功收获了 49 个赞助商，包括其国内和国际公司，获得赞助总价值约为印尼盾 2.36 万亿。

二、何振梁：为办亚运我们奋斗了 40 年

说回中国。第 1 届亚运会从 1951 年印度新德里举办开始，当时中华人民共和国成立没多久，不管是从国际环境还是经济实力各方面都不具备参加第 1 届亚运会的条件，所以仅派两个代表以观察员身份参加。第 2 届亚运会开始，因为政治问题，我们被排斥在国际体育组织之外，没有参加亚运会。一直到"乒乓外交"成功并恢复我国在联合国的合法席位之后，1973 年亚奥理事会（时为亚运会联合会）才正式表决通过中华人民共和国为其正式成员组织。1974 年，中国参加了在伊朗的第 7 届亚运会。实际上，1978 年原拟在巴基斯坦举行的第 8 届亚运会，因为巴基斯坦的财政困难，许多亚洲国家已经开始建议由中国承办。但由于当时中国刚刚结束"文革"，经济实力和社会发展都元气大伤，无力承担。

到第 10 届汉城亚运会之前，面对众多亚洲国家希望中国牵头办亚运的"殷殷期望"，我们还是实事求是考虑到自己不具备办亚运的条件，再次放弃了。但是，偏偏在中国开始自信并向亚奥理事会申请要办第 11 届亚运会的时候，却出来了竞争对手：日本广岛。因为 1990 年将是广岛建城 100 周年，所以日本人对于举行这届亚运会特别积极。为此，1984 年亚奥理事会为了公平起见，使双方都能满意，专门举行全体会议，并用了一个过去未用过的无记名投票表决办法，最后确定了 1990 年第 11 届亚运会在中国举行，4 年后的第 12 届在日本广岛举行。

用已经去世的时任国际奥委会副主席、中国奥委会主席何振梁的话讲：我们整整奋斗了 24 年，才取得了一个中国在世界体坛上的合法席位，又整整奋斗了 16 年，才取得了一次由中国举办亚运会的权利。整整 40 年，我们才在中国体育发展履历表中填上了：中国有能力举办较大规模的洲际运动会！

当时何振梁还没讲出来的话应该就是，中国举办亚运会也是奔着以后能够申办奥运会的梦想迈出的第一步。实际上，在 1990 年初，江泽民总书记在一次

◎北京亚运会吉祥物景观

接待外宾时就直接说了，中国"办好亚运会，就是为办奥运会打下一个很好的基础"。

要办亚运、办好亚运，举办国的经济实力很重要。1984年，中国的GDP总量是7208.1亿元人民币，排第一的城市是上海，GDP是390.8亿元，北京排第二，为216.6亿元。申办之初有关方面就分析过，在中国之前的10届亚运会举办国家，印度、菲律宾、印尼、伊朗、泰国、日本、韩国，其中除了日本和韩国经济实力强于中国，其余的国家和地区跟中国大体处于相近水平线上。既然别人办得了，那中国也一定行。

第9届在印度举行的亚运会，有33个国家和地区4000多名运动员参加，花了10亿美元。第10届汉城亚运会，因为当时汉城是

◎北京亚运会纪念品

把举行亚运会和紧随其后（2年后）的汉城奥运会合在一起筹办的，所以花费更大，大概33亿美元。而中国举办第11届亚运会，规模比第9届大1/3，但花费只有约5亿美元，是印度的一半。

三、北京亚运的"集资往事"

也正是在以上的历史背景和环境下，和后面的广州亚运和杭州亚运相比，"打头炮"的北京亚运会可以说是举全国之力、众志成城，是带着"为祖国争光"的英雄色彩的一届亚运会。

不管是1984年申办之初，还是后面几年的筹办过程中，"中国该不该办亚运"本身都是一个有争议的话题。20世纪80年代的中国，百废待兴，正在进行艰难的改革。有人说，这个时候，正是大家该为国家多挣钱的时候，而不是为了好面子花钱的时候。

当然，时光匆匆来到今天，我们已经知道，当年和日本广岛竞争得来主办权的这届北京亚运，其开创性的历史意义和价值，绝对不是一个肤浅的"面子"问题。改革开放中的中国，迫切需要向世界敞开国门，体育交流的背后，是经济文化发展的需要，是为了展示中国的实力和信心。所以，中国要以众城之中最具代表性的首都北京作为举办城市来申办亚运会。在亚运筹办因经费缺乏而成为社会关注的热点问题时，时任总理李鹏在七届人大二次会议上回答记者提问时说，"我们没有别的出路，只有克服困难，把亚运会的准备工作做好"，"中国有再大的困难，也要实现我们的诺言"。

北京的这届亚运会，不仅是集全中国之力办亚运，而且还唤起和团结了海外华侨华人之力一起办亚运。

与中国当时社会主义市场经济改革刚开始的历史阶段相对应的是，与20年后广州筹备亚运会时的组织架构相比，北京第11届亚运会组委会办公机构设置里，并没有"市场开发部"，只设立了"集资部"。

　　当时，举办北京亚运所需的资金总额为25.2亿元人民币，其中，建设比赛场馆及其配套工程需21.9亿元，开办经费3.3亿元。这些经费，主要靠国家拨款11.8亿元，余下部分由北京自筹和社会集资，其中需要由社会集资6.4亿元。

　　对于当时刚从计划经济中转型的中国，老百姓早就习惯了什么大事都由政府大包大揽，为了办一个亚运会进行"社会集资"，本身就是个新鲜事，而且也引起更多关于中国举办亚运就是"打肿脸充胖子"的非议。针对此，从中央到北京的领导，不停地通过各种场合，向大众宣讲：采取集资办法筹办国际性运动会，是一种国际惯例。许多主办国，不管是穷国富国都这样做过。这样做不仅有利于解决资金问题，也有利于吸引更多人关注和支持，从而使运动会更具广泛群众性。特别是，对中国来说，这也是一种改革，就是改变计划经济时代大事小事都由政府包下来的做法。当时的集资部部长王志良在接受记者采访时也一再强调，要解放思想，转变观念，要认识到我们应当遵照"国际惯例"来办国际性的事情，他说："从某种意义上看，不搞集资还有可能被人认为是闭关锁国。"从当时中国国情实际出发，集资部一开始就坚决否定了原来设想的委托外国公司搞"集资"的计划，提出了六种集资办法，而这些办法，在某种程度上，其实即是以"集资"之名行市场开发之实，进行了初步的市场开发探索。当然，在中国成功借助大型国际体育赛事进行全面市场开发的历史，应该是从2008年举办北京奥运会开始，这是后话了。

　　北京亚运的六种集资办法中第一是专利产品销售，就是出售亚运会会标及吉祥物专利给企业，生产指定产品；第二是广告，主要是体育场馆内的广告、户外广告、电视广告等；第三是国家为支持亚运批准的一些专项经营，主要是从国外进口一些国内短缺的

◎北京亚运会纪念品

原材料和商品，组委会为此专门成立了一个企业型的服务总公司，在国内外负责销售获得收入；第四是发行纪念邮票和纪念币；第五是发行纪念奖券，像有奖彩票销售等；第六是开展社会捐赠工作。为了接受国内外的各种捐赠，1987 年 9 月成立了第 11 届亚洲运动会基金会，规格非常高，由时任全国人大常委会副委员长荣毅仁担任基金会会长，下设 38 个遍布海内外的地区基金会（联络处），募捐工作遍及境外 22 个国家和地区和境内 30 个省、自治区、直辖市。

据资料报告，从 1987 年 3 月收到第一笔捐款以来，3 年多一点的时间里共收到捐款 3.4 亿多元，占亚运会集资 6.4 亿元的一半以上。在和平年代中举办的这届亚运会，翻看当年的亚运宣传报道和各级领导讲话，会发现经常出现"国家兴亡，匹夫有责""我不图什么，我只希望中国强大"这些让人热血澎湃的话语。在这些捐赠里，最大的一笔是香港知名爱国人士霍英东，捐了 1 亿港元。海外有不愿透露姓名的香港人士捐款 100 万美元；有远在美国的留学生寄来 100 美元；国内有个体出租车司机一个人就捐了 10 万元人民币；有小学生把自己省吃俭用的几十块钱零花钱寄给组委会；有教师、有工人，把自己省下的几块钱都捐给亚运会。

就这样，在没有市场开发部只有集资部的情况下，在东欧剧变、苏联解体、西方制裁等各种不利于中国的国际环境下，举全国之力，中国办了规模上、影响上都远超历届、享誉世界的第 11 届亚运会，向世界成功展示了一个改革开放、稳定发展、欣欣向荣的中国。

1990 年之后，在之前几年 GDP 增速连续低增长之后，中国的经济发展又开始进入高速增长的快车道。

四、广州亚运的买断之争

到了 2010 年广州亚运会时，历史车轮滚滚向前，中国的经济发展、经济实力早已今非昔比，相应地，在这次亚运会的举办过程中，在市场开发上，中国又做了一个创新之举：买断市场开发权。

广州申办亚运的年代大背景是当时中国 2001 年刚刚"入世"，即加入了世界贸易组织两年后，中国已经成为仅次于美国的世界第二大吸引外资国。2003 年国务院批准广州市申办 2010 年亚运会时，当年中国的 GDP 已经达到 13.66 万亿元人民币。

广州是中国古代丝绸之路的起点、中国的南大门，也是改革开放以后、入世以来中国经济最繁荣、最发达的现代化大城市之一。

在这次申亚过程中，广州面临的主要竞争对手分别有马来西亚首都吉隆坡、韩国首都首尔以及约旦首都安曼。最后，广州胜出。

如果说北京亚运是以举国之力办亚运，到了广州亚运时，就是在国家支持和帮助下，广州依靠自己作为广东省会城市的独特行政、经济地位和优势，凭着自己的经济实力咬咬牙使使劲就把亚运给办了。

在给亚奥理事会提交的申办报告中，广州描述彼时经济状况是"最近20年，广州经济年均增长率达到14.1%。2003年实现GDP418.8亿美元，人均5793美元。预计到2010年，广州人均GDP将比2002年翻一番，达到1万美元，完全具备成功举办亚运会所需的经济实力"。实际上广州2010年的人均GDP超过了1.2746万美元的世界银行所定的"高收入"标准，回头看申办报告里的预测还"谦虚"了。申办报告在涉及"市场开发"中写道，"2003年进入广州的世界500强企业有115家。投资项目204个，投资总额为58.2亿美元"，"广州亚运会组委会市场开发计划有能力创造可靠的收入。我们承诺遵循亚奥理事会的市场开发指导，进一步加强亚运会作为区域内顶级体育赛事的地位，给亚运会的商业合作伙伴提供允诺的回报"。

因为在广州之前的曼谷、釜山和多哈几届亚运会，市场开发的模式都是当地组委会与亚奥理事会指定的代理商联合开发，并以代理商为主进行。特别是2006年多哈亚运会，精彩纷呈，被誉为"历史上最成功"的亚运会，所以从一开始，亚奥理事会就决定将此代理模式沿用在广州亚运会，将多哈亚运会的代理，日本某知名广告公司介绍给广州，并指定继续由其代理广州亚运会的市场开发。

虽然广州当时作为国内群众体育和竞技体育开展得最活跃的城市，也举办过20多项大大小小的各种国际、洲际级别的大型单项赛事，但毕竟是第一次举办亚运会级别的这种综合性大型洲际赛事，所以没什么经验，一开始也接受了这一安排，并在早期的新闻发布会、对外媒体宣传上公布：广州亚运会的市场开发将采取代理公司和亚组委共同开发的模式。

但是，在广州亚组委与代理商进行初步接触之后，发现在有关主导权以及对于开发前景市场规模乃至具体细节处理上，双方分歧很大，协调成本太高。合作还未正式开始，就已经出现诸多问题。当时负责亚运会市场开发的市场部部长方达儿在后来所写的《亚

◎广州亚运会开幕式

◎广州亚运会市场开发让渡协议签字仪式

运掘金》一书中专门回顾了这段历史。他认为，与四年前的多哈亚运会相比，广州在亚运会市场开发中文化差异、市场资源差异巨大。多哈亚运会时，卡塔尔不差钱，政府投入几十亿美元筹办，加上卡塔尔国家市场容量有限，所以他们不把主要精力放在市场开发上，市场开发全由日本公司去搞。最后按比例分成，多哈组委会获得实物为主的8000万美元还认为是好事。而在广州亚组委看来，广州亚运会市场开发前景广阔，远非多哈亚运能比。另外，广州人是最讲实在的，花钱讲实惠，要勤俭节约，绝不能像多哈那样"烧钱"，所以要重点投入市场开发，力争收益弥补多一些财政支出。

广州亚组委的领导在回忆当时的情况时都提到，由于该日本代理公司对中国、特别是对作为将要举办亚运的东道主城市广州的情况不熟悉、不理解，在前期由亚奥理事会撮合的三方会面谈判中，沟通进行得十分艰难甚至很不愉快，而且，由于大家一直未能达成共识，实际上已经拖慢了亚运会市场开发的脚步。

发现指定代理的模式并不适应广州的具体情况之后，当时负责亚运会的广州市领导及相关负责人，通过与亚奥理事会不断地努力沟通和谈判，在 2008 年 2 月，广州亚组委终于获得亚奥理事会支持并同意，花巨资买断了市场开发权，甩开指定代理商，完全由亚组委主导市场开发。这也是亚奥理事会首次把市场开发权全部让渡给主办城市，在亚运会市场开发历史上，极具创新意义和价值。

亚奥理事会也为这一创新之举在广州隆重举行了市场开发权让渡协议签约仪式，已经被耽误了不少时间的广州亚运会市场开发计划也随之全面启动。

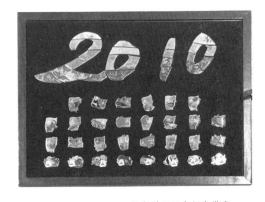

◎广州亚运会纪念徽章

◎广州亚运会特许商品专卖店

　　和北京办亚运时亚组委组织架构里连个"市场开发部"都没有的情况相比，广州亚运会搞市场开发已经名正言顺、"市场部"人员各有分工、工作更加有章可循了。自2008年北京奥运会以来，我国大型体育赛事基本形成了组委会主导的，以奥运模式为基础的，由赞助计划、特许计划和票务计划三大主要板块构成的市场开发模式。广州亚组委单独设立市场开发部，其主要职能就是实施亚运会市场开发计划，负责亚运会赞助商、供应商、特许经营商等的联络、服务和权益保护，以及票务、纪念币、邮票的发行等各项工作。

　　广州亚运的赞助体系分为四个层级，第一层级为高级合作伙伴，即"金牌赞助商"，享有最高级别的尊贵礼遇和最丰富权益回报。第二层级是合作伙伴，即第二层级的赞助商，被喻为"银牌赞助商"，享有高级别的礼遇和丰富的权益回报。第三层级为赞助商，被喻为"铜牌赞助商"，享有较高的礼遇和较多的权益回报。第四层级是供应商，分为独家和非独家，其中独家供应商表示在同一产品／服务类别只有一家供应商，享有排他性市场营销权。

　　在2008年亚洲金融危机的不利条件下，在取得开发权以后时间已经很紧迫的情况下，广州亚组委优先开发本省内部市场。利用当地丰厚的政经关系，展开了公关，从"搞定"广汽集团开始，到南方电网、中国电信、王老吉、健力宝……

　　广州亚运会后总结，这届广州亚运会赞助总金额创下历史纪录，远超历届，总赞助金额是多哈亚运会的5倍、韩国釜山亚运会的3.5倍。赞助商数量也达历届之最，共52家。具体合同收入约人民币29.4亿元，其中现金14.36亿元，VIK（现金等价物）收入约15.04亿元。在这52家赞助企业中，大部分为广东省乃至广州本地的企业，譬如广汽集团，一家就赞助了6个亿。TCL赞助超过8000万元人民币，三星电子、361°的赞助费用也在2亿元人民币以上。

特许经营方面，广州发挥自己千年商都的优势，与往届相比，开拓了更多的生产与销售渠道。经广州亚组委正式授权的特许企业共60家，建立销售专卖店53家，开发了包括贵金属、徽章、工艺品、珠宝、玩具、服装服饰、箱包、文具文体用品、日用品、茶叶等13大类别、2000多款的亚运特许商品。

2010年广州亚运会后，仁川亚运会组委会也向广州亚组委学习，于2012年向亚奥理事会（OCA）支付6000万美元，以此买断赛事市场开发权，自己进行全品类的独立自主开发。

五、杭州亚运创新纪录

2022年杭州亚运本来要在虎虎生威的虎年举办，后因新冠疫情，OCA和杭州亚组委共同决定延期一年举办。

"人间天堂"杭州，作为浙江的省会城市，近些年来风头正劲，以至于"北上广深"中国四大一线城市也屡屡被"北上深杭"的提法所挑战。

2016年国家发改委发布《长江三角洲城市群发展规划》，明确提出构建"一核五圈四带"。浙江省杭州市作为五大都市圈之一，将联结湖州、嘉兴、绍兴三市为节点打造长三角的"金南翼"。除此以外，长江三角洲城市群是我国经济最具活力、开放程度最高、创新能力最强、吸纳外来人口最多的区域之一，是"一带一路"与长江经济带的重要交汇地带，在国家现代化建设大局和全方位开放格局中具有举足轻重的战略地位。国家"一带一路"和长江经济带战略的实施，为长三角城市群充分发挥区位优势和开放优势，更高层次更高水平参与国际合作和竞争带来了新空间，吸引全球各行业、企业在杭州立足，为浙江中小企业走出去参与国际竞争构建发展平台。

◎杭州亚运会第一次世界媒体大会

◎市场开发启动线上发布会

在申办报告中，杭州特别介绍了"经济结构以民营经济、中小企业为主，中国500强民营企业中杭州占50位"，经济发展充满活力，曾被世界银行评为"中国投资环境最佳城市第一名"，完全具备成功举办亚运会的经济实力。"杭州有信心、有能力把2022年亚洲运动会办成一届令人难忘的、智能的体育盛会。"

关于市场开发，报告称"杭州的资源多样，适应性强"，杭州亚组委将"以积极稳健的收入和务实有效的支出争取社会各界的广泛支持"。

客观分析，杭州亚运会的市场开发相当不易，距北京亚运32年后的今天，这届亚运会是在中国市场已经成为众多体育资产竞争的市场环境下展开的。因为中国早已不是当年需要通过"办亚运"来证明自己实力的中国，我们已经举办了太多世界级大型体育比赛，世界级、洲际大型综合赛事我们也办了不少，北京还成了世界上独一无二的"双奥之城"。其次，中国最国际化的"魔都"、也是这届亚运会市场开发主要覆盖地的江浙地区代表城市上海，就在杭州边上，包括F1赛车、世界游泳锦标赛、国际田联等各种大型国际体育赛事连年不断。在经济越发达、赛事资产越集中的地区，相对也就越不容易提高公众对亚运会的关注度，亚运会的品牌价值体现及相应的市场开发难度自然也就更大。

2022年还是一个国际综合赛事品牌在中国曝光特别集中的一年，其中尤以北京冬奥会最具影响力。北京冬奥会的市场开发周期为2017—2024年，覆盖两个奥运周期，基本涵盖杭州亚运会的市场开发周期，且冬奥会启动招商的时间早于杭州亚运会，抢占了先机，对同期开发的杭州亚运会产生较大冲击。

◎公益捐赠晚会

最后，是巧合，也是历史对中国的考验，就像中国举办前两届亚运会面对了各种不利因素，2022年的杭州亚运，也额外面临着人类历史进入史无前例的"后新冠时代"的挑战，要直接面对在疫情下搞市场开发、可能要在疫情环境下办赛的困难。

面对这些困难和冲击，杭州把它们看成挑战和机遇。冬奥会开幕式选在了"龙抬头"的日子，亚运会开幕之日是中国传统上的中秋佳节。体育是跨国界的语言，举办体育盛会也是向世界展示中国社会主义建设伟大成就最好的方式。

在中国全面建成小康社会的背景下，举办2022年亚运会对于杭州来说，具有特殊的意义。中国从20世纪80年代改革开放以来，就一直备受世界的关注，在改革开放取得重大的经济发展成果以后，更加受到全世界的瞩目。特别是在"中国是姓社还是姓资"的问题上，也曾经引起中外不管是民间还是理论界一时的疑惑。当然，在这个问题上，当年邓小平就已经铿锵有力地回答了，中国走的是"有中国特色的社会主义道路"。杭州将通过成功举办亚运会的机会，再次向世界表明中国在共产党的领导下，坚持走社会主义道路的信心和决心；同时，也通过让亚洲各国乃至世界看到杭州的发展、浙江的发展、中国的欣欣向

◎公益捐赠晚会

◎特许商品订货会

荣，在中国全面建成小康社会背景下，响亮地告诉全世界：贫穷不是社会主义。让全世界都看到中国人民坚定的道路自信。

　　杭州没有辜负期望。作为筹备工作中最重要的市场开发，已经交了一份优秀答卷。

　　在市场开发模式上，这届亚运会同样延续了之前的"买断"代理方式。杭州亚运会组委会市场开发部的负责人在接受笔者采访时坦承，在杭州亚运会市场开发工作过程中有很多向广州亚运会学习的地方，但就像这届亚运会的口号"中国新时代，杭州新亚运"一样，杭州亚运会也有很多新的突破，在赞助工作、市场开发工作过程中有更多创新。实际上，这届亚运会的市场开发，不仅仅是赞助金额上的突破，从赞助类别、赞助企业的构成等方面，也颇具江浙特色。

　　杭州亚运会在 2018 年正式启动市场开发工作，由赞助、特许经营、市场运营和票务四大板块构成市场开发体系。具体赞助企业分为官方合作伙伴、官方赞助商和官方供应商三个层级，其中官方供应商分为独家和非独家两类。特许经营主要包括特许商品、纪念币（纪念钞）及纪念邮票三项内容，其中参与特许经营的企业主要分为特许生产商和特许零售商。

　　杭州亚运会官方赞助序列共分为三个层级，截至 2023 年 3 月，共计超过 96 个类别、157 家企业参与，其中，浙江企业在所有赞助企业中占有六成之多。杭州亚残运会也已签约了 59 个类别共 80 家企业。杭州亚运会累计赞助协议开发总收入 44 亿元，其中不乏吉利集团、中国电信、中国移动等世界 500 强企业，以及安恒、娃哈哈等优秀浙江民营企业，赞助招商实现亚运历史突破。同时，公益捐赠方面，已有超过 120 多家企业、团体及个人通过现金、产品、技术及服务等多种方式捐赠支持杭州亚运会、亚残运会，捐赠款物价值累计超过 1.07 亿元，其中现金捐赠总收入 1.055 亿元，捐赠总额亦创历届亚运会历史新高。

从北京亚运走到杭州亚运，不管是经济水平还是社会发展程度，中国今非昔比，正如市场开发部某负责人所说，从某种意义上来说，因为举办亚运会是一个上到党中央、国务院，下到省委、省政府，市委、市政府，甚至区委、区政府，都支持举办的国际大型赛事，所以，以浙江的财力，可以说已经不像30多年前还存在需要"筹钱办亚运"的问题，积极进行市场开发，更多的已经是在节俭办赛、为亚运会减负，为企业赋能方面的思考。

改革开放40多年来，浙江省本地企业发展迅速，以阿里巴巴为代表的浙江企业在全国具有良好的口碑与品牌形象。当地企业，尤其是中小企业的支持成为亚运会成功举办的重要助力。看看这次杭州亚运会的赞助企业，既有中国电信、中国移动、阿里巴巴、太平洋保险、工商银行、娃哈哈、吉利汽车、圆通速递、海康威视、361°运动服装等大牌名企，也有类似作为"非独家供应商"的浙江艾力斯特、森山铁皮石斛等本土产品品牌企业。

据介绍，这次杭州亚运会的赞助企业，就是这样既有"顶天立地"的大企业，也有"铺天盖地"的"小"企业，这样的市场开发特色，既反映了地方（区域）特点，也正是亚组委有意为之的结果。一般来说，不管是从筹措办赛资金的角度，还是赞助的总金额来说，大企业无疑历来是大型运动会赞助的主力和首选。但是杭州亚运会赞助为什么有很多"铺天盖地"的小企业？最根本的还是杭州亚运会市场开发过程中贯穿了上面提到的理念：市场开发不仅仅是为了亚运会办赛筹措资金，还希望为企业赋能，也即助力亚运会，赋能赞助企业。

简单比较一下广州亚运与杭州亚运的赞助企业群，就能看到，时代在进步，中国在发展。广州亚运，就像方达儿在自己书中总结的：是"市长开发＋市场开发"的结合。最典型的比如广汽，6个亿的赞助说让它扛它就扛了。虽然在广州亚运会的52个赞助企业中，民企占了35个，34个供应商中民企27个，数量最多，但"国企数量和收入比重在最主要的赞助商中仍然很大"。

◎杭州亚运会赞助企业大会

◎阿里巴巴——云栖·迎亚运数字嘉年华特色活动

　　而杭州亚运会则在市场开发的顶层设计中坚持以中国市场特点为出发点，寻求市场开发计划的差异化定位，形成独具特色的市场开发模式。当然，这个开发模式的成功跟长三角地区民营经济特别发达、浙江优秀民企众多的背景分不开。在赞助企业分类一览中，除却银行、电信、保险等几大国企赞助商之外，不管从赞助金额上，还是赞助企业数量上，民营企业，特别是民营上市公司企业，明显地占了更大比例的特点更为突出，这也是这次杭州亚运会市场开发的本土特色。实际上，针对杭州、江浙地区民营经济活跃，中小企业众多的特点，为了吸引更多的本土企业参与亚运，分享亚运红利，在具体开发策略上也采取了有针对性的措施，比如赞助类别的更加细化，和有创造性地增加全新类别，比如类似"香薰""黄酒""铁皮石斛"这些之前闻所未闻的品类。另外，在市场开发中特别是对非独家供应商层级的，也有意降低了进入门槛。这些举措，无疑照顾到了本土大量中小企业参与杭州亚运的热情，也给它们借助杭州亚运的平台提升自己的国际品牌和实力创造了千载难逢的机会。

　　即便在疫情之下，中国的民营企业从来不缺乏主动性和积极性，借助在家门口举办的国际赛会，抓住品牌国际化、增加品牌美誉度的大好机会，这就是一众赞助企业的想法，也正是杭州亚运市场开发喊出"赋能企业"的初衷。

　　"赋能企业"还体现在积极借助各种互联网营销的方式和手段，找到更多符合年轻人习惯的玩法。比如搭建 APP 的营销平台，联合赞助企业搞各种营销活动，扩大亚运营销的触达面。

　　按杭州亚运会市场开发部负责人的提法，在整个亚运市场开发过程中，他们主动运用一个大市场开发的概念，就是把赞助特许，包括票务、公益捐赠这几大板块作为一个整体进行市场开发。特别是打造一些公益活动，为赞助商企业提供独具特色的专属平台，比如大型公益活动"寻找 2022 个亚运梦想"。

在特许这一块，组委会连续几年在杭州最热闹的商业区湖滨步行街举行特许游园会。除了特许零售企业和生产企业进行摆摊售卖等活动之外，还邀请了亚运会赞助企业去搭台，搞展示。虽然可能有很多企业没有办过赛事赞助，经验也不是很丰富，但是有组委会带着他们把握营销的节奏，同时不断开发出新的营销热点，共享和互动的效果就很好。

亚运会对中国来说，从来就不仅仅是一个简单的运动会。从 1990 年北京亚运开始，我们就一直在通过亚运会这个特殊的载体，向亚洲、向世界不断地展示中国改革开放的态度、展现改革开放的成果、表明中国走中国特色社会主义道路的信心。特别是，2022 年杭州亚运在全球新冠疫情的背景下，中国在抗击新冠疫情的斗争中取得了令世界瞩目的成绩，这也进一步从上到下提升了全民的道路自信，更进一步增强了中国未来发展的信心。成功举办杭州亚运，就像中国面向亚洲、面向世界吹响了实现"十四五"规划 2035 年远景目标的号角，宣布中国在中国共产党的领导下，正在向第二个百年奋斗目标进军。

古代的奏乐高手演奏美妙的音乐往往是"余音绕梁三日不绝"。杭州举办亚运，也一样要做好"后亚运"时代的文章。"后亚运"时代的市场开发，既要充分利用好亚运会期间建设起来的体育场馆等硬件设施，也要创造性地做好做足对亚运遗产的市场"软开发"。

◎ "寻找 2022 个亚运梦想"公益活动

亚运场馆方面的市场开发，之前北京亚运、广州亚运也都先例在前，有失败有成功，其中的经验和探索都值得借鉴。比如要研究场馆的多功能化，做到一场多能，一馆多用。对于赛后的场馆，尽量避免闲置，多从商业角度考虑，灵活运营，如举办演唱会、体育比赛又或者举办车展等商业活动都是不错的选择。具体可由政府主导，多层次发挥组织引导作用，积极联合利用各种社会力量，举办各类体育赛事、展览展示、大型音乐文化演出或社区文化活动等。赛后场馆运营要充分市场化，招标有能力有经验的运营团队，特别是有引进、举办、运营赛事和文化活动经验的企业和团队，政府通过在一定时期补贴资金等方式进行大力扶持。

亚运遗产市场的"软开发"方面，不管是北京亚运还是广州亚运，成功经验相对比较欠缺，或因为经验的缺乏，或因为环境各方面的条件制约，探索得不够。而这，恰恰为杭州"后亚运"时代的市场开发留下了更大的想象力和空间。特别在体育文旅、促进国际交流、国际贸易、国际教育各方面，杭州或可结合自身国内外领先的"数字城市"、国际旅游城市特点，联合更多的企业主体，做更多的市场开发探索尝试，延续杭州亚运的创纪录之路。

◎亮相第五届上海进博会

亚运会市场开发：要提倡企业的社会责任

——魏纪中谈中国亚运市场开发及历史

魏纪中，亚奥理事会终身名誉副主席、全球电子竞技联合会副主席（原中国奥委会副主席、秘书长，国际排联主席，中体产业董事长），被誉为"中国体育产业第一人"，江湖尊称"魏老"。

作为亚奥理事会终身名誉副主席的魏纪中，也是2030年亚运会评估委员会主席，参与了2020年亚奥理事会在阿曼首都马斯喀特召开的第39届全体代表大会，确定多哈为2030年亚运会举办地、利雅得成为2034年亚运会举办地。也就是说，2022年杭州亚运会、2026年日本爱知·名古屋亚运会之后的两届亚运会举办城市已经早早确定，未来十几年的亚运会举办地已经排好了队。

现年86岁的魏纪中与亚运会、亚奥理事会的渊源很深。早在1984年，魏纪中就作为体育委员会委员进入亚奥理事会，1986年通过选举成为体育委员会主席并进入亚奥理事会执委会，为亚奥理事会工作奔波多年，后被授予"亚奥理事会终身名誉副主席"，一直"退而不休"活跃在体育圈里——不止于国内，而是全球的体育大世界里。

魏老在中国体坛的地位，原北京奥组委体育部部长、中国足协副主席张吉龙2008年时曾做评价："奥运百年，魏纪中亲身经历了50年。这50年，从抵制，到参与，再到申办奥运会，在中国崎岖的奥运之路上，能清晰地看到魏纪中的足迹。"

实际上，不管是谈亚运会的市场开发还是探讨在中国的几届亚运会的市场开发，魏纪中都有着自己切身的经验体会和深入思考。1990年北京亚运会时，作为亚组委副秘书长的魏纪中，不仅仅是参与者、亲历者，还是组织者。魏老曾经回忆，筹备北京亚运会最开始有两个人：他代表国家体委，另外一位同志代表北京市政府。筹备亚运会第一件事，就是基础建设，摸底搞规划，要建多少场馆，怎么改善交通，怎么提升城市服务设施，完全不是体育赛事本身。考虑体育赛事怎么组织，项目怎么设置、运动员服务接待这些，是倒数最后两年的事。当年的魏纪中，其实按传统的中国观念来看也已经不年轻，已过"知天命"之年。但作为筹办委员会秘书长，在北京举办亚运会的那些天，他都忙到每天只能睡3个小时。那是一段虽然身体很累，精神却非常振奋的光辉岁月。

◎作者与魏纪中合影

◎北京亚运会开幕式

　　从 1990 年北京亚运会到现在 32 年过去，2022 年 3 月底，笔者专访魏老，请他围绕中国举办三届亚运会、中国亚运的市场开发话题，畅谈了他的宝贵经验、体会和思考，辑录如下。

一、办亚运会是赚是赔？

　　访谈开始，魏老就开篇明义地说，谈亚运会市场开发的话题，首先要澄清一个概念，因为现在社会上总是喜欢讨论说办运动会是赚钱还是赔钱。他认为，要讨论这个话题首先就先要把亚运会、奥运会这种综合性大型运动会做一个明确定位，它是什么性质的东西？是纯商业性质的还是公益性质附带商业性质？

　　他指出，目前世界上有的地方，特别是美国，它们办运动会都由私人团体、企业办的，就是一个纯商业活动。但也有其他很多地方，包括日本办奥运会，它主要是政府办的，它就不是一个商业的活儿，就不是一个纯经济的活动。所以首先要把这两种模式搞清楚，不能把运动会都看成一个经济活动。

　　商业性的经济活动讲求投资回报，而且其投资回报往往很直接。虽然政府办亚运会、奥运会从某种意义上讲也是个投资，但是这个投资不是纯经济性的，它有社会性、有公益性，因此所求的投资回报也自然不同。虽然政府也必然要考虑经济成本的问题，但其想要的回报的目的主要不是经济上的，而是有社会性和公益性的综合的方面，这是第一个要澄清的关键。

　　第二个有待澄清的概念就是运动会它本身的收益未必是最大的，而在于举办运动会所产生的溢出效应。溢出效应有正面也有负面。在国际上，奥运会发展历史上最有名的有所谓"蒙特利尔陷阱"一说，实际上魏纪中认为这个"蒙特利尔陷阱"就是论者只看到它的负面的效应，而且夸大了它的负面效应。

他说，其实很简单，就是个怎么看问题的不同角度的问题。所谓"蒙特利尔陷阱"，是指加拿大城市蒙特利尔1976年举办了第21届夏季奥运会，这届奥运会出现了10多亿美元的巨额亏空，这里面造成财政亏空的原因有很多，例如工程延迟、工人罢工、鲜见的官僚腐败等因素。但要说"蒙特利尔陷阱"如何如何大大增加了老百姓的负担、致使该市的纳税人直到20世纪末才还清这笔债务之类的说法，魏纪中完全不认同，他说蒙特利尔的确是增税了，但是它加征的是烟酒税，而且烟酒税所加的成数很小，因此可能拖的时间比较长，但这个税对普通人民的生活没有很大的影响。

"因此我们谈奥运会、亚运会，要先从它的正面的溢出效应来分析，首先它的社会效益，包括政治上的考虑，还有它的公益性：推动体育运动发展的贡献。比如像刚刚结束的北京冬奥会，让3亿人上冰雪，这对于冰雪运动是一个多大推动？这种积极推动作用发挥了对全世界层面的影响。国际奥委会说这将对世界的冬季运动有一个很大的改观。这个就是正面的溢出效应。这种正面溢出效应，能够被简单货币化吗？"魏纪中动情地说。

第二从它的经济溢出效应来看，就是说在一个国家或地区筹办奥运会、亚运会的几年里，会对国家的经济增长产生影响。

魏纪中拿日本东京举例。2020年东京奥运会是日本第二次举办奥运会。

1964年日本东京成功举办了第18届奥运会，当年的奥运会让日本经济腾飞了10年。统计显示，从1964年到1973年，日本每年GDP增长都超过了10%，一跃发展成为当时的世界第二大经济体和亚洲第一经济强国。

2013年日本再次成功申办奥运会，日本政府原希望借助东京奥运会帮助日本摆脱持续15年之久的通货紧缩和经济低迷的困境，激活日本经济，疫情前，各界对此也反响热烈，据统计，东京奥运会的国内赞助商多达68家，东京奥组委通过国内赞助商拿到了33亿美元，约合人民币213亿元，是伦敦奥运会的3倍左右，创下奥运东道国有史以来企业最高赞助总额。所以，魏纪中认为，东京奥运会筹备了7年时间，前面6年里，它对经济是有助推作用的，只是最后那一年因为突发疫情，导致延期举办造成了巨大损失。"但是我们不能够就拿这一年抵消它前面六年对经济的拉动。"他说。

另外，溢出效应里面还包括我们所谓经济上的"搭便车"。当然，"搭便车"这个

◎北京亚运会圣火

也有正面效应和负面效应。任何事物都有两面性，从正面理解的"搭便车"，就是说政府可以利用运动会来解决平常不能解决的问题。

魏纪中举 1990 年北京亚运会为例。他认为，北京亚运会对于北京发展的最大的贡献就在于解决了中轴路建设的问题。中轴路是使得北京的南部和北部得以实现连通的一个大功能。他说，过去北京在交通上的大问题，就是南北没有动脉，东西很多，南北没有，所以交通上必须要绕行，要打通中轴线就穿过总政的机关部门，这是过去无法想象的。因为要在人家机关总部宿舍中间打出一条路来，但是通过北京亚运会的举办，因为办亚运的需要解决了这个问题。所以亚运会对促进基础设施建设的贡献非同小可。各种围绕亚运举办而进行的市政配套系统的建成，使当时北京薄弱的城市基础设施面貌大大改观。别的不说，就算是一个简单的绿化工程也使北京的市容市貌变得更漂亮了。为了办赛而进行的各种电子服务系统的建设，更是促进了北京的邮政、通信、广播电视事业等方面的快速发展。

因此，举办大型运动会的筹备过程，对促进民生、对城市建设等大问题的解决发挥了积极作用的。但这种"搭便车"，普通群众看不到，或者看不出来，和亚运好像没什么很大的关系。但是，魏纪中说："我们很清楚，我们一定要看到这种溢出效应。所以我们要谈就要全面地谈，举办一个大型综合性运动会的社会效益和经济效益，也就是运动会本身你看不出来的其他方方面面。"

他又再举 2008 年的北京奥运会的例子。当年的北京奥运会，为了解决环境的问题，把首都钢铁厂从北京搬出去了。首钢是北京财政收入一个很大的来源，可想而知，把它搬出去之后，北京的财政收入就受到很大的影响。但是好的结果就是，首钢一下子搬出去了，雾霾的问题也得到了很大程度的改善，特别是，逼着北京市在经济结构上进行转型，这是一种倒逼——逼着北京市的经济发展特点转成服务型经济了。

这种正面的倒逼效应可以说在奥运会开始之前就已经呈现出来，2008 年前，北京服务型经济就开始占到整个北京市经济比例的接近 70%。70% 的比例就是一个转型升级的概念，这么高的比例都接近纽约了，这就很厉害。

"因此说我们看待一个运动会，也就是要看看国家为什么要举办运动会，就必须先澄清以上两点，才能看很清楚问题的本质。否则，光讨论表面上'赚不赚钱'的问题，无异于舍本逐末，讨论来讨论去都流于表面，问题怎么理解都弄不清楚。"

魏纪中又拿广州 2010 年亚运会做例子，说到了广州亚运结束后曾经在媒体上和市民中引起热议的预决算问题。老广民风一向以"实际"著称，从普通市民到地方政府，对于面子工程之类的东西尤为"无感"甚至很"不受落"，因此当时甚至在广州市政协开会时，政协委员们对迎亚运搞建设颇有微词，主要意见就是集中在市政府花钱太多，会因此影响民生投入。当时广州本地媒体也紧随反对声音做了报道，一下子搞得政府很被动。"所以后来他们组委会找到我，说这个问题该怎么解释清楚？我就跟他们说这个问题要从两个方面来看，一方面你们广州'搭便车'有过头的现象，该改进的改进；但我当时主要是替广州发声，肯定了广州的建设既是为了亚运，同时也有利于提高市民生活质量，不是面子工程。"魏纪中说。而且，除了硬件，魏纪中认为，举办亚运，对广州这个城市"软件"建设的促进也很重要。所谓"软件"就是现代城市服务，因为各国运动员和代表以及观众（游客）参加亚运会到广州来，他们主要享受的是广州的社会服务，所以也会自然倒逼城市的服务升级，和世界接轨。但是，因为这个是相对隐性不容易被看到的，可是所谓"过度"建设之类的这种现象是显性的，很容易被人们看到。所以，自然容易引起误解或非议。说到底，任何溢出效应的负面影响是很容易被看到的，而正面的影响一般人则是看不到的。通过一段时间的解释性报道和舆论引导，一些不利于工作推进的杂音才得以消除。

所以，魏纪中认为，对于这种大型综合性运动会，亚运会也好，奥运会也好，它们对于一个国家和城市的影响，必须从以上这些方面来看，才是全面的。

话题回到1990年北京亚运会，魏纪中认为，虽然当时中国的经济确实不是那么强，但办亚运会，仅仅就花钱这个事情对于国家来讲还是个小事。因为从国家整体的经济力量来看，举办一个亚运会并不至于伤筋动骨。关键是，它所产生的效率是长期的。现在几十年后回头再来看，就看得更清晰了。因此说到底首先要对举办运动会的认识清楚，

◎广州亚运会时期城市景观

它不是一个经济活动，特别不是一个私人的经济投资的经济活动。

既然是政府投资，那么就要从政府投资的特点来考量。政府投资要考虑两方面：一方面主要考虑社会效益，另外一方面，从经济上当然也可以考虑谋求一定回报。

魏纪中说，从国际奥委会来讲，他们对这个问题实际上是很早就看得很清楚的。"但是我们没理解，比如国际奥委会就强调：办一个运动会的开支分成两笔来算账：一笔是基建投资各方面的账，另外一笔就是组委会的账。两者得分开算。因为基建投资这些东西都留在举办国那里，它不是一种消耗，是一种投资。组委会围绕举办赛事那个账，主要是消耗，有支出有收入，钱进来又花出去了。"

所以国际奥委会就强调，对于主办国或地区，不能把什么基本建设都算到运动会组委会的账里，因为基础建设本身是城市建设的一部分，建完留在本地、服务本地市民，国际奥委会也拿不走，所以别算到奥运会账上。

魏纪中说，这个道理他是逐渐通过多年实践才理解的。就是说办一个运动会，经济账当然要算，但是经济账问题怎么算，关键就是回到一开始他就澄清的概念上：不能把一切都货币化，因为有些东西是不可能货币化的。但是，这个东西要让老百姓明白确实是比较难。

魏纪中说，通过 2022 年这次北京冬奥会，可能老百姓就容易理解了。北京冬奥会的成功得到了国际奥委会的高度评价，冬奥会让冰雪运动真正在中国得到了极大的开展和推广。"一般讲奥运会遗产、亚运会遗产，都是运动会以后才能完成的，但是我们 3 亿人上冰雪的目标，冬奥会还没开就完成了。而且，这一点大家都看到了。因此，从这一个突破口，我相信我们可以把这个问题给大家解释清楚，老百姓就容易理解了，因为有事实在那儿摆着了。"魏纪中感概说。疫情期间北京冬奥会的成功举办，也使人们的体育运动观念有了新的提升。将来群众性体育运动仍然是中国体育产业发展的稳固基础，我们的眼光始终不能离开群众的需求。而且这样的消费需求会不断提升，我们要准备满足人们多方面的需求。体育消费有比较大的空间，问题在于适当的挖掘，这里面就包括了群众性的竞赛需求。

二、关于亚运会的市场开发

谈到亚运会市场开发，不能不提及奥运。但很显然，亚运会跟奥运会品牌价值无法相提并论：奥运会是世界性的，亚运会是洲际运动会。从这个角度，可比之处很小。

但从市场开发的角度，不管是什么赛事，既然是市场开发，也就会具备市场开发本身的一些共性，比如涉及一个商业营销模式的问题，而商业营销模式多种多样。魏纪中说，对于营销，他比较接受的一个基本概念就是，所谓营销，就是品牌在人们头脑中的存在。而人们头脑中的记忆是有限的，他不可能容下那么多的品牌。一般来说人们头脑中能记住的最多同类产品是 7 个，其中印象深的主要有 3 个。如果亚运会的营销仅仅只是给企业提供 1 个广告牌，广告牌只是提醒人们这个品牌名字，它并不说明它内容是

◎北京亚运会纪念品

什么，这和电视还不一样，电视广告还有一定内容来告诉受众这个品牌有什么好的或者好在什么地方。这种简单的营销模式自然是不行的。因此，魏纪中说，当年他在北京奥运会做市场营销的时候，就思考过这方面的问题，"所以就特别强调赞助企业在做赞助时回馈社会的功能"。魏纪中认为，在运动会市场开发过程中，强调企业回馈社会的功能，而不是过度强调营销的功能，这样才能更好地契合亚运会、奥运会本身的公益性特质，要更多强调和突出企业回馈社会的出发点和行动。

他举了当时自己在做北京奥运会市场开发时的一个例子。当时国家奥组委给市场开发部门规定开发100个主要企业，当时的任务都完成了，突然又来了一个国家电网。众所周知，国家电网可是不需要营销的。魏纪中就问他们："你们又不需要营销，为什么也要争取做这个赞助？"国家电网的回答是："如果我不在赞助奥运会的队伍里面，就表示我们作为国企，没有尽到我们的社会责任。"他们为了能进入已经基本"满员"的赞助商队列，直接"霸气"地表示："别的企业出多少钱，我们就出多少钱，不一定要给放个什么广告，主要就是要让社会知道，我们也为奥运会出力量就行！"这个案例给了魏纪中很大启发，对此，他总结说，对于做奥运会、亚运会的营销，重点还是要提倡企业的社会责任，通过赞助运动会，表现企业有诚信、有担当的品牌特点和社会形象。魏纪中认为，对于企业品牌来说，首先最重要的一点就是诚信，脱离了诚信品牌就不存在。

抓住以上的核心，运动会的营销，还要根据不同的情况，根据不同国家、不同城市的特点，进行多样化的营销。有时候，更是要根据各自特别的情况采取某些特殊的形式。

从1990年北京亚运会到2010年广州亚运会，再到现在2022年杭州亚运会，魏纪中认为，我们的市场开发，或者说整个运作的模式各方面也是在不断摸索、创新。奥运营销是一种专门和特殊的营销路线和手段，因此，也是一种专门的知识和技巧。从营销模式上来说，实物生产企业的产品是一种做法，高科技企业的产品又是一种做法，现代服务性企业为社会提供服务则是另一种做法。虽然彼此间会有些共性的规律，但是在具体的操作上没有"万灵的药方"。只是可以肯定，奥运会的市场开发建立在奥运会和参与企业双方优质的无形资产互动和增值之上，同时，它不是单纯经济层面的考虑，还包含着承担社会责任的考虑。亚运会的市场开发也同理。

因此，在中国市场做开发，要懂得面对国企和私企的不同：国企的宣传主要在于它的品牌以及承担的社会责任；私企相对更注重营销，注重市场的实际收益，当然，市场营销也脱离不了品牌本身。对于这两种不同的企业，市场开发在营销方面也应该采取不同的模式。由于它们的需求不一样，如果市场开发的营销一刀切，都是一个模式的话，即使不说开发会失败，但是至少也不会有很大的成功。"因为你对于这些企业的帮助有限。只有分类处理，按照需求量身定做，才能起到效益，而这种效益的产生对将来的运动会的市场开发也会有借鉴作用"，魏纪中说，这样可能对组委会来讲需要很多的人才，需要很大的投入，但这样做是值得的，因为这样就会吸引更多的企业进来，可以提高边际效应。

但事实上，出于认识局限或贪图便利等种种原因，现实中很多市场开发政策都是统一的，给企业回报的条款设定各方面都差不多，并没能做到量身定做，一企一策。

针对这种现实情况，魏纪中提到了中介机构的重要性。他认为，在市场开发过程中，第三方中介机构的介入和服务也很重要。一般作为组委会的市场开发部，其实不管是在专业能力上还是视野、服务能力各方面，都有一定不足。而市场上成熟的中介机构，因为直接面对市场、面对企业，也习惯了针对不同的企业客户需求做各种形式的服务，所以在经验上更丰富，思路上会更宽。另外，在帮助赞助商、做好赞助商服务上，中介机构也比市场开发部门更有服务经验和优势。

说到底，市场开发还是要有不断的创新。现在，也能看到各种营销模式的变化，比如现在的网络营销，要比电视的营销效果好多了，这也是未来中国体育市场、体育产业发展的趋势。但是，在说到网络营销的作用时，魏纪中表示，在利用其好的一面的同时，也要注意防止其负面的影响，注意防止其负面溢出效应把对未来的中国体育市场的正面的发展趋势效应给抵消了。

三、关于电竞入亚和争议

在 2018 年的雅加达亚运会上，《英雄联盟》、《Arena of Valor》（王者荣耀国际版）、《皇室战争》、《实况足球》、《炉石传说》和《星际争霸 II》等六个电竞项目是作为表演项目亮相。中国取得 2 金 1 银的佳绩（不计入总奖牌榜）。

2020 年 12 月，在阿曼苏丹国马斯喀特市召开的第 38 届亚洲奥林匹克理事会全体大会，批准电子竞技和霹雳舞作为正式项目入选 2022 年杭州亚运会。2022 年第 19 届杭州亚运会将是首届将电子竞技作为正式项目并记入国家奖牌榜的亚洲运动会。

◎杭州亚运会电竞小项公布

入选 2022 年杭州亚运会的 8 个电竞项目已正式确定为：《王者荣耀》《炉石传说》《梦三国》《DOTA2》《FIFA》《和平精英》《英雄联盟》《街霸》。（注：因《炉石传说》制作公司与中国代理运营公司商务合作到期，导致该项目运营团队及服务器处于终止状态。2023 年 3 月 16 日，经亚奥理事会第五次协调委员会会议审议决定取消《炉石传说》项目设置，杭州亚运会电子竞技将设 7 个比赛项目。）

关于电竞项目进入亚运会这个颇具争议性的问题，魏纪中一直都是公开的"支持派"。

第一，他认为电子竞技是现代化过程中的产物，在数字化高科技中不断完善，快速发展。其产生就是国际化的，是数字化时代在运动竞赛和文化创意上相结合的必然产物，有一定的时代合理性。第二，电竞具有广泛的普适性。参加电竞的阶层要比传统体育大得多，人群覆盖基础更广泛，在世界和中国的受众不断增加。因为参与电竞并不要求具备某些特殊的天赋，因此参与者以及电视或网络传播的观众，不说超过传统体育，至少也可以说已经和传统体育参与人数平起平坐一样高了。

确实，就以 2020 年王者荣耀、英雄联盟总决赛为例，前者创造了微博话题阅读量 5.8 亿的顶峰，后者则是刷新收视纪录，同时观看人数峰值超过 4595 万，这都是传统国际赛事望尘莫及的数据。

从产业效应上，仅举腾讯为例，其 2020 年财报显示，腾讯全年收入为 5728 亿元，净利润达 1899 亿元，其中，网络游戏贡献了 1561 亿元的营收，在总营收中占比达 27.3%。中国电子竞技战队近年来也开始在国际赛事中崭露头角，辐射的群众越来越多。据《中国游戏产业报告》数据显示，中国电竞用户规模已达 4.84 亿人。

魏纪中认为，电竞丰富了竞技活动的多种业态，也满足了人们业余生活兴趣的多样性。电竞比赛的效应，有正面有负面，只是负面的社会问题表现是显性的很明显，而正面的效应"我们没有去给它发掘",其实就是看对待电竞产业发展怎么做。国际奥委会经过多年的研究观察,对电子竞技有了正面的认定。同时在奥林匹克大家庭中也增添了电子竞技和传统体育项目结合的一种新业态,称为模拟运动竞赛,并且2023年3月在新加坡举办首届体育电子模拟运动会。

魏纪中说,电竞作为一个跨领域的行业,它牵涉的知识要比传统体育多,很多参与电竞后退役的运动员很好找工作。据人民日报报道,之前根据人社部统计的数据,未来5年内,关于电竞方面的就业人数,每年至少20万。新华网也曾做类似报道称,2020年我国电竞行业人才缺口达到了50万,2020年毕业的第一批电竞专业本科毕业生供不应求。魏纪中反问:"传统体育有这个拉动作用吗?"实际上,这几年随着电竞产业的迅速发展,部分高校甚至已经专门开设电竞、直播等专业,但市场对人才的需求愈加迫切。

至于负面影响方面,魏纪中认为传统体育同样有负面的影响,关键是要注意去化解;正面的溢出效应,需要政府去发扬,跟传统体育一样。在数字化时代的虚拟化现实中,包括元宇宙的高科技创新组合,手脑并用都逐渐成为一种基本的技巧。例如远程医疗的电脑手术,现代化信息战争的快速反应能力都可以通过青少年时进行培养训练。而电子竞技可能成为一种手段。电子竞技健康而有序的发展,可以参照传统体育多世纪来积累的成功经验和方法结合科技技术的应用,这样就有可能使电子竞技也发挥传统体育的作用,这也是大家共同努力的方向。

魏纪中还举例,连外界眼中比较封闭的中东国家沙特,也在通过体育来搞开放,也在大力发展电竞赛事,希望通过电竞比赛把年轻人和外界沟通起来。沙特正在准备2024年办世界电竞运动会。

除了2022年杭州亚运会把电子竞技作为正式比赛项目,英联邦电子竞技锦标赛也被列为英联邦运动会的组成部分。这两年举行的泛美运动会、南美运动会、非洲运动会以及欧洲的欧运会也都决定以这样或那样的形式把电子竞技作为运动会的一个正式组成部分。电子竞技成了国际奥林匹克大家庭的成员。

对于亚运会来说,电竞项目能够进入亚运会的比赛,对亚运会的吸引力也会有一个提升。不过,电子竞技和传统体育是两个不同的业态,魏纪中认为,如果把它们硬捏合在一起,恐怕有问题,因为不同的业态对于基础设施、基本建设的要求不同,杭州亚运会作为电竞入亚第一届面临的问题,就是杭州亚运会有一些基本的服务设施,跟电子竞技不兼容。

他说,电子竞技要另搞一套,比如2022年8月份英国举行的英联邦运动会,也把电子竞技项目列进去了。但是他们的模式和杭州亚运会的不一样,他们是举办一个运动会,把传统体育项目和电子竞技分别对口两个不同的组委会。也就是说,我们相当于是同一个组委会搞传统体育项目和电竞两大赛事,市场开发也是统一的一个市场开发;而他们则是同一个运动会两个组委会分别针对两大不同领域赛事来做市场开发。从商业上来讲,它是两个市场开发。魏纪中认为,两个市场开发,就会有两个收入来源。因为传统体育的市场开发和电子竞技市场开发，是两个不同规则不同玩法，所以不能融在一块。魏纪中称，作为全球电子竞技联合会的副会长，其实这个创新想法和做法也是他自己给英联邦运动会提出来并得到接受的。其他几个电竞项目，也采取了类似做法。魏纪中认为，从发展的角度来看，这种尝试将会成为一个模式。"两个不兼容的东西，把它放在一块会有矛盾，就没办法很有针对性地去做市场开发。另外从获得金牌、奖牌数上也要分开来算，本来它就不是一个类型的东西，所以应该分开算。"魏纪中说。

目前，电竞项目已经进入亚运会，但是还没有进入奥运会。魏纪中说，现在不提倡入奥，但其实也正在探讨如何在奥运会期间让电子竞技出现。比如探讨用展示的方式，因为奥运会举行期间本来就有体育展示和文化展示的内容，而电子竞技既是文化的项目，也是运动的项目。

客观上来讲，电竞进入了亚运会，会使看亚运会的人更多。有观点认为，近年来奥运会、亚运会等国际运动赛事近年来收视率下降，受众范围大大缩水，迫切需要新的亮点来提高其在年轻一代人中的收视率。电竞入亚对项目本身和亚运会乃至奥运会都有着极大的利好，能够丰富和扩展消费群体，吸引用户人数，有助于提高民众尤其是年轻人对亚运会、奥运会的关注和参与。

所以，魏纪中说，他也在跟国际奥委会探讨，表达的观点就是：奥林匹克大家庭里的人应该越多越好，年轻人越多越好。

电子竞技这个群体不小，就中国来说，据北京的一个调查，比如说农民工，这个庞大群体的主要消遣方式就是电子游戏和电子竞技。因为这种消遣不需要他花费什么，只要有手机就能玩。其他各个消费阶层也一样，特别是年轻人群。所以电子竞技的人群触及面算起来可能要比传统体育更大。

所以从这个角度，魏纪中认为，提倡电子竞技和贯彻奥林匹克精神并不矛盾，因为提倡电子竞技本身可以让奥林匹克精神的覆盖面更大。

但是，魏纪中也承认，电竞入奥确实有更大的困难，除了观念上的争议性还未达成统一，还有其他现实的比如奥运会统一的市场开发原则不适用于电子竞技领域，电子竞技的资源进不去等等问题，这些都有待慢慢探索。但不管怎样，体育赛事业态的多元化是网络经济时代的必然产物。电子竞技，无论是模拟式的，虚拟化的，甚至是元宇宙的 3D 业态的，都会有所发展。它和传统体育业态可能会平行发展，谁也取代不了谁。

四、亚运会的未来

那么，如果中国接下来还有机会办亚运、奥运，中国还应该办吗？魏老觉得办亚运会这个机会中国已经享受过了，也办了三次，已经受益了，今后应该把这个机会让给其他亚洲国家和地区。

对于亚运会越来越不好办的说法，魏老不以为然。他说，现在在亚洲想办亚运会的国家和地区是多了，而不是少了。现在是杭州亚运会，然后日本名古屋，再下届就是沙特，然后是卡塔尔。沙特和卡塔尔后面，还有印度也在那等着。他认为，其实很多有实力的亚洲国家也想模仿中国，包括中东的一些国家，还有其他像哈萨克斯坦、土库曼斯坦这些国家，也等着办亚运会的机会。他认为，其他国家的老百姓，从旁观者的角度，他们看到了举办亚运会对中国经济和社会的发展起到很大的作用，只是我们中国人自己身在其中看不见，或者看不清楚，可是人家外国人能看清楚，所以现在都争先等着。

作为最大洲际综合性运动会，亚运会既要降低成本，同时还要保持一定规模。亚奥理事会既要确保亚运会及时举行，又不能让组织者花费太多。

"当然，从我们中国来讲，我们已经享受到这种好处了，现在的这种好处已经被更多的人认识了，那么中国作为一个国家，我们就应该把这个机会更多地让给它们，而且我们还可以通过知识和经验的输出来帮助它们实现这样的目标。"魏纪中说。

对于新冠疫情以后，世界出现"逆全球化"的现象，魏纪中认为，这对亚运会、奥运会来讲，只是向前发展大趋势里的一股小逆流，全球化的趋势是无法改变的。虽然逆流存在，但它不会改变人类大的发展趋势。逆全球化对世界体育运动的影响是有，但是很微弱。因为体育本身就是一个国际化的东西，如果把国际化给去除掉了，体育还剩什么？

有时候出现抵制这个抵制那个的事情或现象，这是某些政治化的意识扩展到了体育界，但是从体育界整体来说，不存在这种抵制。从体育的发展规律上来说，有一条基本的规律，第一就是乐趣。人们喜欢玩某种运动，比如喜欢踢足球，喜欢打羽毛球、乒乓球等。在乐趣的基础上，有一部分人玩着玩着慢慢变成兴趣，兴趣就比较专注了。在兴趣的基础上，少数人又变成志趣，就变成职业了。因此，建立在志趣和兴趣基础上的这种体育爱好，是与政治无关的。魏纪中风趣地说，"我喜欢打乒乓球，你也喜欢打乒乓球，所以我们来比个赛"，就这么简单，一定程度上可以不管我们是"志同道合"还是不"志同道合"。

"所以这一点我们应该看清楚。政治化只是少数人的事情，整个的体育界和运动员他们不会把任何问题政治化的。"魏纪中说，大家场上是对手，场下是朋友、老师和学生。

◎杭州亚运会亮相第四届上海进博会

反过来，在体育交流的过程里，人们就会产生友好的感情、美好的东西。在友谊的基础上大家就会加深了解。在了解的基础上，对于有些不同的意见就会产生理解。因此，体育永远是一个人类沟通的有效工具。

特别是现在，通过网络双向的沟通互动，更容易增进双方感情，增加了解。"因此我就说，解说员的作用是很大的。将来电视或网络转播进一步发展之后，观众会选择解说员。选自己喜欢的解说员。比如我喜欢听他的解说，凡是他来解说我都去看。解说员在一定程度上是个明星。"魏纪中认为，以后同一场比赛，应该有 100 个甚至 1000 个不同的解说员，因为现在的网络直播，就是靠解说在吸引观众。观众的需求高了，选择性也高了。

五、中国体育产业的未来

作为"中国体育产业第一人"，魏老又是怎么看未来中国体育产业的发展的呢？对于中国体育产业的发展，魏纪中提醒一定要有一个冷静的分析："不能说我们办了亚运会了，亚运会的市场开发很好，就说明中国体育产业发展了，这是两个不同的概念。"不要把企业做做广告，运动会有个什么赞助商就看成体育产业，这只是体育商业，体育商业发展的进一步才是体育产业。

1990 年北京亚运会时可以说当时没有什么体育产业。广州的亚运会可以说我们刚刚开始踏入体育产业发展的阶段。对于中国的体育产业，他认为很重要的就是要把体育的各项功能分成两个部分，一部分是公益事业，另一部分才是体育产业，也就是交给市场的那部分。而对于公益部分和对于产业的部分，国家是有不同的政策的。

虽然说中国体育产业的发展不能代表整个亚洲体育产业发展的未来，但中国体育产业的快速发展还是有目共睹的。魏老感慨地提及在 1990 年北京亚运那一年，如今赞助中国代表团运动装备的安踏，还只是一家制作皮鞋的小工厂，而今已经是运动体育界知名品牌、大企业。

当时，国产品牌还没有体育营销的概念，全靠北京亚组委"强推"。后来名声大噪的健力宝，正是凭借北京亚运中国代表团指定饮料名噪一时。但是，尽管当时国产品牌还没有体育营销的概念，日本相机品牌佳能却看准机会，成为北京亚运会的赞助商，借机宣传自己的品牌，为后来大规模进入中国市场铺路。

对于中国未来体育产业的发展，魏老风趣地说："我看不了那么长，因为这个事物发展太快了。我没那么大本事。"话虽如此，他还是跟笔者分享了以下几个观点。

他认为，正如习近平总书记所说，当前世界处于"百年未有之大变局"中；基辛格先生也说，这次的世界变局难以回到危机前的原点。所以，可以肯定地说，体育产业的变局在所难免。但变局并不意味着就一定没有好日子了，而是社会的发展进步必然会找到新的方向。

魏纪中说，新冠疫情在全球的蔓延只是引发产业变局的一个触发点，而不是原因，是世界逆全球化和资本主义社会无法调和的多种矛盾，经济、政治、社会、文化等因素的综合作用。因此，危机后不可能回到原点，人类必须探索新的发展方向，体育运动领域也不例外。

体育竞赛，重大的国内或国际体育赛事承办成本有可能提高。因为一方面在非传统安

◎杭州亚运会官方店上线天猫

全因素上又加上了防控疫情因素。正如伟大的物理学家霍金所预见的：病毒是将来对人类安全的一大威胁。这样赛事可能是买方市场，供大于求。另一方面，竞赛的市场开发也可能有变化，网站平台的转播将与电视转播竞争，这也许会影响到广告的投放。所以说体育赛事的热潮在今后几年内会有所回落，难以回到原点，简约办赛可能是一个方向。

魏老坚信，中国要建设世界体育强国的目标不会变化。举国体制仍然是我们在竞技体育中的优势所在。他说萨马兰奇主席生前一直告诫他不能让资本统治着健康的体育，体育则要用好可用的商业资源。在这方面不能完全依靠市场，政府要发挥引导和监管作用。体育产业中的中介机构要发挥好的作用，不可误导牟利。

魏纪中简介

魏纪中，男，毕业于南京大学法国文学专业。

1986—1997年，担任中国奥委会秘书长。

1986年，担任中国排球协会副主席。

2004年，担任中华全国体育总会名誉委员。

2002年，担任北京2008奥组委执行委员。

2019年，担任全球电子竞技联合会副主席。

广州亚运"掘金"回忆

　　曾经的广州亚运会市场开发部部长方达儿退休已经几年，还坚持打网球、游泳等体育锻炼的好习惯。说起亚运会市场开发的"前尘往事"以及自己的工作，本来就善于思考和总结的方达儿侃侃而谈。

　　以下为访谈记录。

　　问：对于即将举行的杭州亚运会，您有什么期待？

　　答：毕竟长江后浪推前浪，世上今人胜古人，历史总是在不断进步。从1990年北京亚运会，到2010年广州亚运会，再到2022年杭州亚运会，从亚运会三度在中国举办的这个历史，可以看到中国的体育事业在不断发展，而且也取得了前所未有的进步。

　　听说2022年杭州亚运会仅市场开发这一块已经取得巨大的成功，开发金额达到了40多亿元。

　　当年我们广州亚运会开发的时候是30多亿元，当

◎方达儿

时也是取得空前的成功，因为广州亚运会市场开发所得是前面釜山亚运会的3.7倍，多哈亚运会的5倍。现在，杭州亚运会又把这个高峰超越了，在疫情期间杭州亚运会市场开发能够取得这样的成绩，真的难能可贵！

　　作为广州亚运会市场开发的过来人，真心希望他们能够大大超越广州亚运会，而且杭州亚运会能够取得圆满的成功，也是展示中国在改革开放四十多年以来的伟大成就，尤其是我们中国在世界大变局以及疫情横行中，能够行稳致远的伟大成就之一。

　　问：现在回忆起2010年广州亚运会的话，您印象最深刻的事是什么？

　　答：作为广州亚运会组委会市场开发部的部长，我当年在组委会的正确领导下，在各个部门的协同支持下，在部里同事们的努力下，也取得了一定的成功。

　　现在还记忆犹新的，首先就是把亚运会的市场开发权全部买断下来。

　　原来亚奥理事会是委托日本某公司作为前几届亚运会市场开发的总代理商来开发市场，一开始我们也同意了。但后来由于种种原因，他们开发得不太理想，而且当时我们充分分析研究过，作为组委会这一方，可能最后的利益非常微小，不利于发挥组委会的主观能动性，所以最后我们决定还是要买断市场开发权。

　　这件事的结果大家后来都知道了，据说这个买断的做法在亚运会举办历史上是首次。所以后来杭州亚运会组委会市场开发部的同行来广州向我请教的时候，我说："你们一定要买断市场开发权，不然的话束手束脚，而且你们不能够得到理想的利益。"他们也觉得应该是这样，所以他们也是力争买断，最后成功了。

◎广州亚运会开幕式

第二件事可能是关于赞助商服务的问题。企业赞助工作不仅仅就是赞助商跟组委会签订一个赞助协议那么简单，其实是包括很多前前后后的服务。包括在筹备亚运会之前、亚运会举办期间和亚运会开完之后三个阶段，作为市场部也好，组委会也好，一定要做好服务和管理，要以最大的诚意和努力来保障亚运会赞助商权益的落实。

第三件事就是赞助商的 VIK 赞助产品这一块该怎样来核价，组委会方面怎么样来使用？这一块工作非常头疼，涉及专业性、管理的问题、协调的问题。既不能完全按照市场价来定，也不能由赞助商自己说了算，所以就难免有很多争拗。老实说，这方面费了我非常多的时间和精力，感觉很不值。如果让我现在再做选择，宁可不要 VIK，就算因此赞助商少给点赞助费都无所谓。

所以如果要说在广州亚运会做市场开发经历中有什么记忆难忘的事，就是买断市场开发，保障赞助商的服务和协调利益的问题。

广州亚运会市场开发赞助营销做到了几个"第一"：第一次买断市场开发权；第一次各层级赞助商门槛价达到新高；第一次单个赞助商赞助额达到新高；第一次所有赞助商的赞助总额达到新高；第一次由组委会赞助商赞助亚奥理事会，成为后者的赞助商；第一次以政府文件方式出台规定使用赞助商 VIK，定向采购赞助商产品的优惠政策；第一次组建赞助商俱乐部并开展了 12 次俱乐部活动。

◎广州亚运会纪念章

问：1990 年办北京亚运的时候国家经济比较困难，社会上会有人觉得哪有能力办亚运？为什么要去搞这种打肿脸充胖子的事。但其实到了广州亚运会时，我们经济实力上来了，也一样存在不同声音反对办亚运的问题，认为浪费钱之类的。您怎么看？

答：确实，亚运会相对于奥运会来说，它的品牌价值低很多，即使是和一些国际单项体育比赛相比，比如足球篮球或者游泳等，它的影响力、关注度，包括品牌价值都会低一些。但是，亚运会毕竟是亚洲最盛大的体育盛会，亚洲有四十几个国家和地区，人口多，占世界总人口的分量很大，所以在区域性的洲际运动会里，它的影响力也还是很大的。

而且，从区域性运动会的角度，举办综合性运动会的意义并不仅仅在于赛事本身，它的带动力、辐射力、影响力不可忽视，作为举办国，往往也可借此体现其在亚洲甚至世界的担当力。

从体育产业的角度，亚运会也可以被视为一项体育产业，有经济学家匡算过，据说投资体育产业 1 块钱可以带动产出 7 块钱的效益。其实，这也是亚运会的溢出效应和边际效应。

办亚运对举办城市的经济、城市环境、生态绿化等，特别是人的精神观念，都有看得见和看不见的带动力。而且这种带动力甚至还辐射到周边城市。比如广州亚运会的时候，广州市作为华南的都会、南大门，它就辐射到了珠三角，比如在佛山设分赛区，到香港、澳门办活动并拉动来自港澳的赞助等等。现在我们中国、包括中国体育，已经是大国了，所以大国担当也是要体现出来，这种担当也是为亚洲体育发展做贡献。另外，亚奥理事会跟中国奥委会的关系也非常好。这种友好关系很值得珍惜。所以我们看问题要从广泛的视野来看问题。

从广州市民的角度，现在十几年后回头看，当时迎亚运提出了城市建设"一年一小变、三年一中变"，城市面貌大大改观，实际上等于市民提前享受了十年八年的城市建设成果。

具体成果其实大家都看得见摸得着，像广州包括整个的南中轴线建设往南延伸，建了亚运城、亚运村，路网一直接驳到南沙。

从广州到亚洲，通过办亚运，广州就是这样给自己找到一个拓宽空间的理由。记得广州当年申办亚运的时候，是我国的宏观经济管理收缩的时期，广州的很多建设项目都开展不了。正是借着承办亚运会的机会，我们就把地铁、机场要新建的跑道、一些大型供电的设施等捆绑在一块报批。当时我是跟着省发改委一个领导去到国家发改委，把这些项目捆绑成一块去申请，后来国家发改委真的批了。如果不是承办亚运会，绝对不会开绿灯。所以后来我记得张广宁市长还专门把我们喊了去，说你们体育局为市政府做了很大的贡献，帮助解决了阻碍广州城市发展的基础设施建设问题，把那些原来不可能展开来建设的大项目都让国家发改委批了。

所以说亚运会还是整个翻天覆地变化带动起来了。这是亚运会留下的丰富的有形遗产。

从无形方面来说，我们当时广州亚运会的理念——"激情社会和谐亚洲"，还有亚运精神——"敢想会干为人民，和谐包容共分享"，这些都形成了广州人的精神。或者换句话说，其实跟广州人的精神相融合在一块，让全亚洲起码重新知道广州、认识广州。

其实这还只是简单的几个例子，真要列举，其他无形的有形的各种影响应该还可以延伸很多，那就该是一篇论文了。

另外从体育发展的角度，这10多年来，我能看到的是广州的全民健身运动迅猛发展。以前是"我们要你锻炼"，现在是"我要去锻炼"，主体诉求都不同了。其实这也是亚运遗产，因为大家会被这些运动员精彩的表演、奋勇搏击的精神所感染，全社会关注的体育运动会也会推动群众性的体育运动开展。特别是这几年疫情以来，大家都知道防病于未然，肯定是锻炼好，不锻炼不好。

问：如果中国十几年后还有机会办亚运会的话，还要不要办呢？

答：我觉得粤港澳大湾区中广州承办过亚运，深圳承办过世界大运会，香港、澳门承办过亚洲室内运动会，在这个基础上大湾区不仅要申办亚运会，还应该要申办奥运会。

◎广州亚运会时期城市景观

大家都知道，下一届全运会就是由广东省以及粤港澳大湾区来承办，所以有全运会、亚运会的成功经验，大湾区应该联合起来申办奥运会。如果国家有关部门允许，形势环境也允许，就应该要申办奥运会，而不要仅仅盯着亚运会，就等于我们尝过了馒头，可以尝试包子了，可以尝试更高层次。

其实广州亚运会举办之后，后来陈建华接任当市长时，他也曾经说过广州也要申办奥运。当然那时候从我们搞体育的角度来说，不可能 2008 年奥运会刚刚举办，中国又申办奥运会。而且广州亚运会举办的时间间隔那么短，时机也不一定对。但是现在过了十几年了，完全可以提出来，因为其实即便是现在申办、人家给你办，也不是说马上四五年后能办，起码排期都得十年、二十年后了。

问：市场开发要讲需求基础，有需求才销售得出去。您认为亚运会市场开发的需求基础是什么？

答：我觉得亚运会市场开发需求基础首先要体现亚运会品牌价值。一方面作为亚奥理事会，需要通过举办亚运会来体现亚运会的品牌价值，它本身有这样的需求。

另一方面是要给赞助企业提供宣传推广与发展的平台和机会。因为这两个在实践方面来说，通过举办亚运会，有这样的载体，亚运的品牌价值不断地提升，确实是这样。

另外就是说通过赞助亚运会的很多企业也有较大的发展。比如我们广州办亚运会的时候，有些赞助商上市了，它们的收入、利润、效益都翻番了。这些都是当年我做过一定市场调研了解到的情况，相信杭州亚运会也一样。

所以我认为，亚运会市场开发是既有现实基础，也有实际需求的。

另外一方面，我觉得还是要创新。创新有几个层面。作为亚奥理事会，起码在赛事、在项目的设置上要不断创新；在市场开发权的让渡方面要创新。

特别是市场开发权，要看到像我们中国这样的大国，或者经济发展比较好的国家，一定要让给人家，作为亚奥理事会，本身拿到一定的利益保证维持组织良好运转就可以了。不必把市场开发权牢牢抓实，因为这样不利于组委会方面的积极性，不利于双赢。

所以其实像广州亚运会、包括杭州亚运会这样子做市场开发，大家就能够双赢。

除了市场开发权创新，在营销模式上也应该多创新。要更加灵活多变，就是要多样化和差异化。

市场开发不要一刀切，政策要灵活，可以体现有力出力、有钱出钱的合力效果。特别是疫情环境

◎广州亚运会火炬

下办赛，要企业掏钱，真金白银它没有，但是它可以出力，那就让它出力好了。广州当时也是很灵活的，比如南航，不用出钱，它就提供礼仪小姐，提供飞机航班，服务。这也是市场开发的一种变现。

现在几年疫情下来，国内三大航空公司，亏损了几百上千亿元，估计这个时候要它们掏钱赞助这个赞助那个也是不太可能，但提供服务应该还可以。所以市场开发要审时度势，灵活营销。

问：这一届亚运会电竞将正式成为奖牌项目，由于奥运会还未对争议性很大的电竞比赛敞开大门，所以电竞入亚关注度很高，您怎么看？

答：我们说某些项目是不是奥运项目，跟亚运会项目我觉得关系不大。奥运项目是怎么样来的？是欧洲人多年的传统的体育项目，所以现在能够进奥运会的，28个项目都是西方白种人设定的，我们东方黄种人能够拿到冠军，真是很不容易。

所以从这个角度，我们亚洲人根据形势、时代发展的需求，新设一些我们自己的项目绝对没问题。具体到电竞项目，尝试一下无所谓，至于怎么样更加完善，这是下一步的问题。不能因为电竞没入奥运会就连想都不敢想，做也不敢做。

我们国家对电竞这一块它不是属于体育部门管理，它是属于文化部门来管理，当然现在文体旅一家。当时作为体育部门来说也不想管那么多，因为它负面的影响，不知道深浅。

但体育的主体毕竟在青少年这一块很重要，青少年是主力军、生力军，如果没有吸引他们这一块的生力军来参与的话，开什么体育运动会？即使你包装得再好，如果没有青少年感兴趣的内容，肯定不会受欢迎，慢慢失去它的魅力。所以从这个角度，不管是办赛方还是管理者，就是要顺应潮流。所以电竞入亚也有正面的推动，只要尝试一下在管理方面加强，我觉得完全可以。

顺之者昌，逆之者亡，时代就是这样不断地进步。

问：亚运会赞助企业很多都是本土企业，跨国公司相对少。这个情况怎么改变？

答：广州亚运会时，由于金融危机影响，当时在赞助商里，客观上确实比较欠缺外国知名品牌企业赞助商。当然，这里面也涉及亚洲各国的经济发展情况都不同，而且跨国公司对亚运会的看法不同，也会影响到企业的赞助行为。但是我觉得作为亚奥理事会，市场开发这一块应该要由专业型、国际型的人才来负责，因为只有这样才能拓展得更好，才有别于承办国亚组委在国内市场开拓，形成互补。原来亚奥理事会把市场开发代理交给某公司，本身可能也有类似的初衷，但是我觉得十几年过去了，这一块好像也搞得不太好，我也不知道是什么问题。

杭州亚运会的市场开发，目前看也是浙江本土的企业多，很少跨国企业。当然，换一个角度看，实际上现在我们中国的很多企业，本身也已经成长为国际品牌。

从北京亚运到广州亚运到杭州亚运会，这几十年来中国的体育产业快速发展，作为工业制造大国，我们的体育装备，很多都可以跟国际的品牌相比，像361°就很国际化了。在年轻人当中，他们对安踏、361°、李宁这些牌子都已经很认可了，而它们的款式也确实不错，适应中国青少年的需求，从价格上来讲，它们也已经不便宜。

问：作为市场开发的"前辈"，您对杭州亚运会的市场开发工作有什么好的经验建议吗？

答：我觉得第一个还是要以终为始，要做好赞助商的服务，确实落实他们的权益，不能忽略权益保障问题。千万不要认为是一锤子买卖，要完完全全站在他们的立场上来考量，这样市场开发就会做得很好。

第二个就是比较令人头疼的 VIK 这一块，最好能尽快出台政府的相关文件，为 VIK 的定价、议价做到位，铺好这条路。

第三就是确切做好反隐性市场的工作，因为这一块确实很难避免，中国的市场秩序还不是那么稳定，那么发生之后要专门有团队跟赞助商进行很好的沟通或者补偿，不然的话赞助就容易变成一锤子买卖，赞助商心都凉了，就会很受伤。

从政府的角度，作为有形之手要抓好这一块，总体上我们广州亚运会当时做得还可以，但是做的还是不够，也有很多教训，这方面的教训和不足希望杭州能吸取。

具体来说就是要下力气打击一些侵权行为，广州亚运会时也出现很多侵权，当时的做法就是由人大出台了一些相关的文件，由工商局牵头，会同相关部门去打击市场隐性侵权这些行为。但是在实际执行过程中还是很棘手，因为像工商管理部门会觉得这是你们组委会的事情，你们自己应该去干，但是组委会不管从人力还是能力各方面，都鞭长莫及。

所以杭州亚运会的同行前两年来广州取经的时候，我就跟他们说了这方面的事情，他们可能也注意到这一块，希望他们有更好的办法或者说执行起来更得力吧。

◎广州亚运会开幕式

◎广州亚运会开幕式文艺表演

问：对赞助企业来说，怎么争取做到对亚运会品牌利用的最大化？

答：这个就看每个赞助商企业自己了。比如我举个南方航空的例子。南方航空当时是专门搞了自己一个"亚运号"飞机，机身按照广州亚运会的色彩、设计重新喷涂一新，非常亮眼。还有香港的港九直通车，也专门有一个"亚运号"。港九直通车还通过自己的赞助商围绕亚运会搞一系列的活动，它们自己的上下游企业跟组委会合作搞很多活动，把宣传推广声势放到最大，宣传效果非常好。

所以对于赞助商来说，如果仅仅是赞助了100块钱，不再投入另外100块来搞活动，那就是浪费了。说到底，企业不能是为了赞助而赞助，要主动、积极利用亚运这个品牌价值来宣传推广，把亚运会和企业品牌价值联动起来。当然，这些策划往往是做在前面，在企业决定赞助亚运之初就有所设想，然后再根据运动会举办前筹备阶段、赛时、赛后的时间节点做相应计划和安排。

问：您一直都是做体育工作的，对未来这10到20年或者就更长期的中国体育市场的发展趋势有怎样一个研判？

答：在中国面临百年未见的大变局和实现伟大复兴这样的一个大局的大背景下，我相信中国的经济还是会不断地平稳发展。

中国的经济发展，肯定能带动体育产业，包括人们体育锻炼的观念，对体育的爱好和兴趣度逐步增长。从经济规律来说，当国民收入达到4000美元和8000美元这两个点都会产生体育产业快速增长的过程。现在我们人均GDP水平已经达到了这个水平，所以发展就会很快。特别是像广州上海这些大城市，像广州的人均GDP早就超过1万美元，所以体育产业快速增长。

我对未来体育产业的发展充满信心，美国的今天就是我们中国的明天，因为美国体育产业是全球最发达的。

问：您怎么看体育发展所面临的所谓"后新冠疫情时代"？

答：这个问题太大了，不好回答。单说运动会吧，所谓"后新冠疫情时代"可能会给运动会的举办带来一些困难，包括增加防疫成本之类的，但也不是不可克服的。就像新冠疫情之下，我们北京成功举办了冬奥会，包括冬残奥会。作为承诺，中国要办就要尽力做好，做到让来参赛的运动员和客人都舒舒服服，展示我们大国的风范。

所以关键就是疫情下要做好风险控制，探索怎样来在风险控制下更好地做好赛前、赛时的准备和管理。

我们中国人喜欢讲化危为机，危中有机，不管是新冠疫情本身还是面临新冠影响的体育运动都是一样的。

对于中国体育来说，不管是运动会，还是全民健身，都不会因为疫情停止。

特别是全民健身，疫情之下，大家会更觉得健康、运动的重要，我要锻炼，而不是说政府要我去锻炼，锻炼身体完全成为个人自觉的行为。而且这十几二十年来，我们政府在类似大众体育社区或锻炼小区的体育配套设施方面也加大了投入，全民健身绿道骑行马拉松活动等等，都已经深入到普通人的日常生活里。国家体育总局和国家发改委推出促进全民健身的有关文件，要大力建设老百姓就近可达的体育设施，使其更多、更普遍，老百姓自愿自发组织的体育活动也会越来越蓬勃。我们这一代人比我爹妈那代人好得多，相信我们儿孙辈的必将比我们更好。

方达儿简历介绍

1955 年 9 月 13 日生于广州，博士，副高职称。曾任广州市现代体育报社社长兼总编辑、广州 2010 年亚运会组委会市场开发部部长、广州市体育局党委副书记（正局长级），2015 年 9 月退休。

杭州亚运会市场开发的创新之路

杭州亚运会的市场开发工作非常成功，据统计，截至 2023 年 2 月，杭州亚运会、亚残运会市场开发协议总收入累计达 44 亿元，赞助金额、赞助企业数量、质量等多维度均实现亚运会赞助招商效益历史最佳。

一、疫情对举办亚运会的影响

2022 年杭州亚运会的举办时间因为疫情延期一年，这为亚运会的举办带来了一定的影响。杭州亚运会延期举办，是因为考虑到新冠疫情影响，由亚奥理事会和杭州市政府共同作出的决定。延期带来的影响，不管是对组委会还是对企业端，可以一分为二来看。

对赞助企业来说最直接显性的影响，就是既定的一些计划、目标可能发生一些变化，相关的营销节奏、预算安排也要相应调整。特别是对很多为杭州亚运会提供技术和服务为主的赞助企业，在人员投入、成本控性方面，可能影响更直接。因此某些赞助企业，考虑到延期后可能会增加的大量成本，就会做一些是否要继续赞助的相关评估。这个是给企业端带来的一个比较显性或者说负面的影响。

第二个负面的影响，就是企业对于赞助亚运会的信心会受一些打击。因为疫情影响，"闭环"办赛的管理，会给赞助企业在营销上带来很多限制或困难，客观上也会出现赞助权益受损的情况，这些不确定性都会使企业产生很多困惑。当然，随着全国落实防疫"新二十条"以后，这些困惑会得到解决，企业信心也会恢复。

对组委会层面，就市场开发部来说，延期一年，他们的工作量不但没有减少，反而增加了。比如说赞助，本身市场开发部签订的各类合同加起来有近千份，光是因为延期需要处理的，包括票务等需要重新处理的合同有 700 多份。这些补充协议的签订耗费了大量的时间和精力，相当于又征集了一次。

延期一年举办也有正面效应。对于特许经营来说，增加了特许商品的销售期限，相当于延长了一年对亚运会知识产权的利用，额外增加的销售时间和机会，对特许零售商和特许生产商来说，无疑带来直接利润的可能性更大。同时，对于赞助企业来讲，多出来一年时间，也就是把赞助回报的营销周期拉长了。

当然，不管正面负面，实际上亚运会延期造成的影响还有待观察，而且讨论的维度也很多。

◎杭州亚运会赞助企业大会

二、亚运会延期对亚运市场营销带来良性影响

杭州亚运会延期了以后，外界看到有更多的赞助商、供应商在不断签约。所以，站在营销的角度，延期以后几乎没有受到什么影响，而且在一路高歌。这和亚运会市场开发"要做市场开发，先要开发市场"的思路有关系，同时也和地域较好的经济发展基础和条件有关系。

（一）"要做市场开发，先要开发市场"

在2016年11月市场部人员到岗，2017年请第三方的机构评估杭州亚运会的市场价值。当时第三方做出来的评估不太乐观。原因也很简单，2022年是一个体育大年，既有在我们中国举办的冬奥会，同时有像卡塔尔世界杯这样的一级赛事举办的竞争，感觉很容易就会瓜分掉市场蛋糕。所以最早时整个市场开发所做市场容量预估的数字是很低的。

市场开发工作有一个观点：要做好"市场开发"，先要做好"开发市场"。这就是指杭州亚运会要做好市场开发，要懂得从企业端出发思考：企业觉得值不值得来进行这样一个体育营销事件的投入？衡量"值不值得"这个问题，就跟杭州亚运会本身的品牌价值、知晓度、影响度、传播度有直接关联。

所以市场开发工作在怎么样去开发市场上做了大量的工作。第一，杭州亚运会很早就在策划做一个APP，那个时候组委会里面正式的小程序中都还没有赞助进来，也没有所谓的一些宣传的点或爆发点，但先把能让公众参与的一些营销活动在APP上做起来，借力打力。同时跟很多外界的一些体育赛事结合等等，做了大量的公众能够参与的活动，扩大宣传。第二，还搭建了很多公益平台，目的不是简单地为了公益而公益，而是为了给企业端构建一个共享的营销平台，能够提高声量、叠加分量。

"开发市场"可以总结为两件事：一是搭建了一个APP平台；二是构建了一个大家都能够共同来参与的、以组委会为主体的公益营销平台。这两个平台形成互动，把活动放在里面进行拓展。触角还延伸到了像阿里这样的很多赞助企业自己的平台里，延伸到赞助商俱乐部的各个高低层级的很多企业，形成良性互动。

尽管亚运会延期了，但企业还是要来参加赞助，是因为它们看到除了亚运会在比赛（赛时）15天或者前后的几个月里面带来的营销价值和营销机会以外，还有更多能够参与到营销活动中的机会。

这也可以说是"开发市场"的结果。把亚运会的影响周期从赛事的半年的爆发期拉长到前面的三四年。

（二）较好的地域经济发展基础带来良性影响

现在进来的赞助商、供应商企业，更多的是以江浙沪这一带、特别是以浙商私营企业为主的。浙商有个特点，一方面很讲政治，另一方面对营销也很敏感。

江浙这一带除了上海，包括杭州在内的城市基本上都没有举办过大型的赛会，G20峰会是难得的一个，综合性大型赛事——就连全运会这种都没举办过，所以本地企业会觉得举办亚运会是个千载难逢的机会，在家门口的机会不容错过。

特别是当企业看到亚运会的推介宣传、营销活动搞得很不错，更会觉得作为企业公民，应该在家门口露露脸、出出声，表达对这个城市的情感，或者说表达作为主人翁的一种姿态，做点贡献。所以还陆陆续续有企业希望赞助亚运会。当然，也是因为之前在杭州召开过G20峰会，给很多赞助企业带来了一些很好的营销机会，让它们尝到了甜头，觉得杭州亚运会应该也有这样的包括后亚运的营销效应。

杭州市亚运会的市场开发金额刷新了亚运会的历史，这个创纪录的市场开发成果既有亚运会本身品牌的价值体现，也有上面讲到的杭州地处江浙一带的"地利"因素。

很多人可能觉得，从亚运会本身来看，亚运会品牌落地中国举办已经是第三次了，在中国价值也不一定那么高。但是亚运会这个品牌除了其本身的内在价值之外，具体放

◎杭州亚运会特许商品零售店

在中国哪个城市来举办也会影响其价值的体现。假如说现在北京开亚运会，可能吸引力就不大，毕竟北京已经是"双奥之城"，也举办了各种国际赛事和活动，自然会摊薄关注度和吸引力。但是，把亚运会放到杭州来开，对于江浙这一带的企业来讲，吸引力还是很大的。

江浙、长三角一带，本身经济比较发达，企业数量多、体量大、质量高，所以有这样的一个市场开发氛围和基础，一些企业都愿意主动参与一些政府主办的或是社会公共的活动和事件。

三、杭州亚运会市场开发的创新

杭州亚运会市场开发没有刻意去追求创新，第一种做法是注重早期预热，多做"开发市场"的工作。如果只是单靠体育赛事本身的品牌价值和吸引力，不去做前期的赛事推广宣传运作，市场开发很难突破。需要以组委会作为一个主体，统一进行各种主题营销，包括打造营销事件和热点。

第二是借助各种互联网营销的方式和手段。比如搭建 APP 的营销平台，在支付宝上搭建一个借助于组委会支付宝来赞助的小程序：智能亚运一站通。这些互联网平台、板块上的一些营销活动的触达面非常广，玩法也更符合年轻人的习惯。在亚运会还没有真正进入到实质性赛时阶段，这些活动就能快速提升公众参与度，通过互联网营销的玩法把亚运会热度先炒起来。

第三是运用一个大市场开发的概念，也就是把赞助特许，包括票务、公益捐赠这几大板块作为一个整体进行市场开发。

举例来说，成为官方合作伙伴的赞助商，可以不用通过征集，直接就享受到成为特许生产企业或者特许零售企业的资格。这个做法很受欢迎，除了一两家之外，几乎所有的官方合作伙伴都申请成为特许生产商或者零售商。显然，这种灵活性会给它们额外带来一些直接的经济效益。

还有捐赠和公益——特别是一些公益活动的打造，也为赞助商企业提供了独具特色的专属平台。比如"寻找2022个亚运梦想"的大型公益活动，到目前为止都只允许赞助企业参与，这也是通过营造公益品牌给赞助企业一个额外的权益回报。

再比如在特许这一块，组委会连续在杭州最热闹的商业区湖滨步行街举行了两年特许游园会。除了特许零售企业和生产企业进行摆摊售卖等活动之外，组委会还连续两年邀请了亚运会赞助企业去搭台搞展示。也就是说把展示权益从赛时拉到了前面三年做倒计时活动的时候。企业的

◎杭州亚运会数字火炬发布

场地由组委会统一进行对接，免除费用，企业只需自己出点搭建费，就可以把企业自己的营销真正融入亚运赛事筹办的每一个环节当中。虽然可能有很多企业没有办过赛事赞助，经验也不是很丰富，就由组委会带着这些企业把握营销的节奏，同时不断开发出新的营销热点，大家进行共享和互动。

比如支付宝发了一个"亚运中国芯"的NFT（非同质化代币）商品。这个NFT发的是吉利汽车前几个月打到天上去的那颗卫星，这个卫星主要是吉利做车联网用的。相当于以组委会的名义，把那颗亚运中国芯——第一次以亚运命名的一颗卫星做成了NFT商品，由支付宝来负责生产，同时在它的平台上售卖，取得了很好的效果。这就是一个典型的案例，像支付宝作为亚运会官方合作伙伴，通过亚运会的平台，申请成为数字产品的生产商和零售商，这个受益也是比较直接的，每一款亚运会相关商品发出来基本上是秒杀，有一些10万份的也在两三分钟之内卖完，一些1万份的基本上要限流，几秒钟就结束。

当然，支付宝受益了，组委会同时也受益，在一个新的数字藏品领域，这些发售活动是杭州亚运会品牌很好的宣推。吉利汽车也很受益，因为在宣推的文章里面也会讲到吉利汽车发射的亚运星背后的故事，介绍吉利汽车发射的这颗亚运中国芯的卫星，连带着介绍了这颗卫星今后在吉利汽车的车型上怎么应用，怎么为亚运会做一些车联网这种智能化的保障。所以这是一个三方都受益的案例。

作为示范，其他企业看到这样一种联合营销联合宣传的方式，可能也会效仿，不一定在支付宝，可能会跟其他企业一起做一些联合的营销，这种方案还是比较多的。毕竟，江浙企业本身的整合营销能力也很强，如果说组委会一开始作为主体帮助企业做一些联合促销之类的资源整合，那么现在很多企业自主意识已经非常强，越来越多的联合促销、营销活动都很出彩。

数字藏品创新同样出彩。在跟支付宝合作推出数字藏品的时候，它是通过国家审批的合法合规的数字藏品发出平台产生。而发售的内容，作为亚运会的特许商品，是严格报组委会审批的，只是说它的形式是以数字产品的NFT这种技术来表现。这也是杭州亚运会的首创，历届亚运会没有这样的特许商品。

数字藏品作为特许商品的创新，契合杭州打造数字第一城的城市气质。在倒计时一周年的时候又推出了数字火炬，也火了一把。这也是一个特许商品助推亚运品牌价值或者提升知晓度一个很好的例子。

这是对推动数字经济很有好处的事，市场开发部还思考如何把NFT商品更好地与宋韵文化结合，探索、创新、设计并计划推出一些更具杭州地域特色、宋韵文化特色的产品进行发售。

四、举办亚运会的意义

1990年北京办亚运会的时候，社会上很多的疑问是关于国家这么困难，为什么还要办亚运会。当年广州办亚运会的时候，也有舆论说广州办亚运会是劳民伤财，说我们这么强大了，为什么还要办亚运会？

但到了杭州亚运会，听到的所谓负面的声音、不同的声音比较少。可以从几个方面看待这个问题。

第一，杭州开亚运会是杭州市作为一个城市的担当作为，同时也是国家的一种认同，是把杭州作为现在我们中国式现代化建设最重要的一个展现窗口。通过举办亚运会的形式，能让大家看到中国改革开放以来，特别是近 10 年来发展的一个最新成果，这是属于国家层面上办亚运会的其中一个需求。

第二，像杭州或长三角这一带的居民，在达到了小康以后，对于美好生活的一种向往和需求在不断增加。这个主要跟经济社会发展有关系，一个地区如果没有达到一定的经济社会发展程度，大家对于生活品质的要求没到达一定高度，可能对此的看法就会有不同的声音。

这种需求从很多方面能够看得出来。比如现在每一年运动的人数和人次大量增加，健身房的生意很好，比如说杭州马拉松参加人数越来越多，每年都要摇号，十分火爆……以上种种，都体现了经济社会发展到一定的程度以后，公众对于健康，对于提高生活品质的追求，这是内生需求存在的基础。

第三，从杭州市、从市民的角度来讲，也是受益的。2022 年 9 月份时，杭州市交通好了很多，主要的原因就是 2022 年 9 月 10 号原来是要开亚运会的，所以很多的轨道交通像地铁站这些，包括马路、隧道等，都已经开通了，也就是整个基础设施建设，借着亚运会的东风前进了很多年。而对于一个城市来说，在公建的配套和基础设施的发展上本来就有需求存在，这也是杭州市申办亚运会的原因之一。

作为老百姓来讲，在包括像道路交通、体育场馆等公共设施建设上都是受益的。虽然亚运延期了，但这些场馆都已经向老百姓开放。另外，周边的企业也一样享受到杭州亚运会带来的各种红利。

◎杭州亚运会 & 阿里巴巴数字嘉年华

五、杭州亚运会的品牌价值

当年广州亚运会的时候，曾经计算过广州亚运会的品牌价值约 2000 亿元人民币，据此就算出了广州亚运会全部的赞助商能分享到的品牌价值在 250 亿元左右。而杭州亚运会的品牌价值其实很难直接用一个具体的数字来体现。这个价值是几方面组成的，一方面本身亚运会的价值是多少？如果主办城市不做宣传，亚运会本身的价值又是多少？

其实这是个关注度的问题。举办的城市赋予该届亚运会多少加分的价值很重要，还有就是靠组委会以及亚运会的赞助企业进来以后如何运营也很重要。

亚运大家庭就是组委会的成员以及赞助企业等，走进亚运这个门的时候就是这一届亚运会的一分子，亚运会的品牌价值由每个"亚运人"一起加分或减分。

所以亚运会的品牌价值，要看这一届招进来的企业，它们本身的品牌影响力能够给这一届亚运会赋能多少？组委会层面在招官方合作伙伴 6 个类别的时候，考虑到亚运会的品牌价值，非常慎重地花了一年半时间跟很多企业谈，精挑细选。当时组委会"心仪"一定要进的几家企业，比如说像阿里、支付宝、吉利汽车等，都和亚运会品牌匹配度高，像移动、电信都属于世界级、体量大的。杭州亚运会的赞助企业，质量和数量创新高，就是因为上市公司在赞助企业当中占的百分比非常高。

组委会从一开始就明确，不能因为急着要资金量，就把跟杭州亚运会这个品牌本身不匹配的企业拉进来，因为如果这个企业进来不是加分，那么对杭州亚运会这个品牌价值就会减分。

六、亚运赞助企业多以主办国企业为主

在亚运会企业的赞助史上，每一届亚运会主要都是由主办国的企业赞助为主，亚运会本身的营销规律也是这样。每一届亚运会都有两种知晓度，第一种知晓度是通过电视转播出去的，第二种是举办地本身落地的一些活动所带来的。从这两点来讲，如果是前面一种——通过电视转播，那么要看这次参加亚运会的队伍、赛事本身的可看度、竞争的激烈程度，包括来参加比赛的这个国家的国家队夺金能力强和弱，话题性、关注度高不高。如果关注度不高，也就意味着那些企业没有必要参与在本国没有什么影响力的活动。

第二种情况就是在当地的传播。对于企业的营销来讲，由于某个具体的企业是在一个地方注册，或者在一个地方发展起来，当地的历史和背景肯定成为它的一个营销重点。

杭州亚运会的赞助商里更多的是江浙沪一带的企业多，赞助商有一定的区域性集中的特点。从微观层面，一个企业能在这一带发展，正是因为它的市场是在这一带的，当然也有很多发展好了以后走到外面去的，但它的根基和它大量的客户群，以及营销的诉求，一定是在本地的。所以杭州本地企业赞助亚运会符合企业本身的营销策略。

比如阿里，虽然它已经是一个跨国公司，是在美国上市、知名度很高的一家公司，电商平台遍布全球，但它一定会赞助杭州亚运会，因为它是从杭州发展起来的一家企业，

◎中国杭州电竞中心

绝大部分员工都在杭州，它的赞助行为发自荣誉感、参与感、社会责任感，有很重要的感情因素在里面。即便是为了给其团队、员工增加参与集体荣誉的机会，或者参与当地公共活动的机会，作为本地一家知名企业，阿里都会积极争取。只有这样做，才能增加企业对员工、对人才的吸引力。

同时，这也是它和竞争对手必打的一个"保卫战"。比如像阿里这样在杭州的知名企业，当然不希望其他区域的对手企业来赞助杭州亚运会。不然的话，在自己的家门口被竞争对手企业品牌铺天盖地做宣传，那会非常难受。

所以最开始做市场开发的时候主要都是由主办国的企业赞助为主，这也符合历届亚运会的一些基本情况。

七、电竞入亚的影响

电竞比赛从 2018 年雅加达亚运会开始作为表演赛，2022 年杭州亚运会把电竞作为正式比赛，受到年轻人的很大关注，对中国电竞发展也有非常大的影响，也引起了一些争议。

现在亚运会本身许多传统项目对年轻人的吸引力逐年下降。亚奥理事会以及电竞赛事举办组织者的一些想法和初衷，是希望通过一些创新的赛事项目，吸引更多的年轻人参与和关注。所以从吸引年轻人的角度来讲这是好的，无非是在选择什么样的电竞项目上需要再做一些评估和考量。

具体到这次亚运会的电竞项目，虽然取的是原来那些名称，但都是通过改良的亚运版本，它会更多地体现一些团队合作精神和体育精神，以及更高更强更快也要更团结的奥林匹克精神。

所谓的争议性其实跟项目的设置有很大关联，但是就赛事品牌价值本身，通过电竞项目的加入提升其在年轻人群体中的知晓度，是很有好处的。

当然，杭州本身也是一个互联网城市，包括游戏在内的电竞产业发达，所以杭州非常积极地推动把电竞作为亚运会的正式项目之一。杭州还有很多的电竞基地、电竞园区，包括打造元宇宙产业，其实都是一体的，是发展数字经济不可或缺、不可分割的很重要的一部分。宣布电竞正式成为亚运会比赛项目以后，入亚的这8个电竞项目当天半小时就上了热搜，这也足以看到大家对于电竞成为亚运会正式项目的高度关注和热切盼望。

当然这个过程当中也有很多不同的声音，特别是一些家长，可能对小孩子沉迷电竞会有一些看法。这要从后期的管理和引导教育的角度去看这个问题，做好引导。

就杭州亚运会的市场开发本身，电竞的加入是一个很好的开发点、兴奋剂。

当电竞宣布正式成为亚运会比赛项目的时候，市场开发已经基本过半，后来有很多企业是冲着电竞成为正式项目而想要赞助亚运会，比如手游成为比赛项目以后，有很多专门做手游的手机就希望成为亚运会的赞助商。在这样一个项目中，品牌的露出和展示，有助于提升产品关注度，对于企业来说无疑是难得的机会。

对于一些之前已经参与赞助进来的互联网公司，电竞入亚也有极大的利好。它们戏言，开始赞助亚运的时候以为是买了个套餐，结果后来变成买了个套娃：不断打开，每次打开都有惊喜出来，过一段时间给一个惊喜，所以觉得赞助杭州亚运会非常值。

当然，不断有创新项目，包括更多创新手段和平台，这也是组委会一直努力的方向和目标。组委会还尝试把电竞项目中的一些元素包括人物，都运用到特许商品里去，以求开发出更多爆款。

所以电竞不仅给杭州亚运会带来品牌价值提升，也会直接带来特许销售收入的增加，以及关注人群的拓展。

八、亚组委的反隐性营销行动

不管是亚运会还是奥运会，隐形广告、隐性营销一直是困扰赛事组委会和赞助企业的大问题。特别是临近赛时，隐性营销的压力会越来越大。比如杭州本地某家房地产公司，侵犯了亚运知识产权，被罚了90万元，同时也被拿来做了反隐性营销的宣传，起到很好的示范和震慑作用。

针对隐性营销，组委会方面主要做了几件事，一是通过省人大授权，杭州市政府对赛事期间的高交通流量位的相关广告位进行管控。一些主要场馆和运动员，包括教练员、媒体在赛时红线区内的可见范围内会做一些清理，只会出现一些赞助企业的品牌宣传的广告，并完全按照主办城市合同当中的要求来做好赛时的措施。法务部也做了大量前期工作，只要有投诉，组委会就会管，并且发动赞助企业自己去做一些监测，一旦发现并提交到组委会，组委会就会进行积极的反馈和处理。

◎杭州亚运会首批特许商品正式发售

另外，组委会还专门制定了一个反隐性营销手册。赛事举办会涉及很多人，场馆也非常多，非竞赛场馆有八九十个，涉及的工作人员上万，志愿者几万人，加起来可能有10万人在共同做这件事。在这个过程当中，作为筹办方自己也可能没有意识到一些隐性营销的情况出现，所以组委会就专门有针对性地制订了手册，用细致的方式来教育和告知所有的工作人员，希望从内部一端入手教育培训好，外围则主要通过一些制度性的安排，疏堵结合，来防止隐性营销，做好管控。

隐性营销防不胜防。特别是像特许商品或者有一些网络上面，借用阿里的技术、采用爬虫的手段，及时发现和处置一些假冒的杭州亚运会特许商品，包括店铺。

九、杭州亚运会在特许商品方面的创新

杭州亚运会特许商品方面的产品种类非常丰富，而且有很多的创新。特许方面的创新包括很多个层面。

首先对于特许商品有一个定位，即成为传播杭州亚运会的一个很重要的载体，这是它首先、直接发挥的作用。

第二个是能给杭州亚运会带来很好的现金、财力上的支持。

第三个是能成为城市名片一个很好的推荐的载体。

第四个是能够通过杭州亚运会活化一些浙江本地传统的技艺，同时能够带动一些本土制造。通过亚运会特许商品平台培育一批好品牌，在杭州亚运会后真正成为文创的独立品牌。

基于这几点，组委会在做特许时的很多做法和传统的做法不一样。比如说从特许产品的类别上增加了很多新类别，这些新的类别很有时代印记和地方特色。

比如食品类的细分，把茶叶、糕点这些杭州和浙江当地的特产，以及像杭州的龙井

茶，还有杭州一些小吃特产都做成特许商品。还有一些地方传统特色百年老店的产品，包括很多工艺美术大师的一些作品也放到特许类别里，这也起到活化传统技艺的目的。

还有就是像NFT数字藏品上的一些创新属于时代的印记，刚好借了"元宇宙"的东风、2022年所谓的"元宇宙"元年。NFT这两年比较火爆，组委会也乘势而为开创了一个新的特许类别。

除了类别的创新，还有就是营销上和公益联动。这也是大市场开发概念的落地。比如公益品牌"2022个亚运梦想"，其中一个圆梦的行动，是杭绣传承人张秀平递交的梦想，他希望通过亚运会让全世界知道和了解杭绣这么一门独特技艺。就在特许商品中，特意请了一家企业把杭绣做成了一个特许商品，而且把它做成了一款公益商品，这个公益商品卖掉以后，25%的利润直接捐赠到这个圆梦的公益项目中。这样把杭秀的记忆通过特许商品展示出来，也能够真正帮张秀平实现把杭秀传播出去的愿望。

类似这种联动比较多，包括特许零售店里面都会设置收集"寻找2022个亚运梦想"的邮箱，就是为了方便特许商品和梦想公益之间的互动。

还有其他很多赞助企业和特许、公益联动。比如公益咖啡，像隔田川咖啡也做公益款。也就是说它既是赞助商，同时它的公益咖啡也是特许商品，这个特许商品卖了以后，还能够反哺组委会的公益活动。当然，在这个过程中企业也进行了品宣，丰富了传播点。

同时，在营销方式上也做了很大的变革，原来只是传统的线下开店，组委会还做了线上，在线上的旗舰店中，还专门做了会员管理系统、直播等一系列的线上营销，包括快闪等营销的活动。总之，在电商非常发达的杭州，在营销端自然而然会做很多创新，例如把产品放到直播间。

特许工作还有一个核心的点，就是能带动一批品牌实现价值成长。为此，从2019年开始，组委会在每一个季度都有一个营销产品报告，这个产品报告非常详细。组委会通过大数据的统计分析，反哺给所有的特许生产企业和零售企业，包括哪些商品这个季度排进前十了，哪些商品在什么样的店里卖得比较好，都有很厚一本的几十页的产销统计报告，每个季度会给到这些特许零售企业和生产企业。组委会还会召集企业开会，对产销统计报告做一个整体性的分析和介绍。不管是生产企业还是零售企业，对此反响都非常好，因为它们从来没有拿到过相应的数据，而在杭州亚运会，组委会把这些数据都沉淀下来，并且通过数据共享和分析让它们一起做好生产和销售。

另外，市场开发部也作为主导，设计配合营销推出一些产品，效果也非常好。比如说做了一款"亚运在中国"三枚的徽章，限量2022套，这套徽章最初线上发售只卖168块钱一套，基本都是秒杀，后来市场上更是价格倍增，供不应求。市场开发部的营销的方式就是"出题"为"亚运在中国"，然后由各大特许企业、各行各业的设计师提交设计稿，如果设计不错，有爆款的潜力，市场部就集中力量用营销经费为"亚运在中国"这个商品打造爆款。

围绕"亚运在中国"品牌打造的两三个爆款效果都很好。有很多企业，特别是特许企业都在共享这个品牌，这也是营销端"集中力量办大事"的一个创新。也就是说，把原来交给企业做的零星营销和自己的零星营销，整合成了主题系列营销。有自己的slogan（口号），就是要把亚运带回家的slogan，有一套非常完整的IP授权的一个企业运营模式，不一定像真正企业运行那么完整，但是在组委会的特许经营方面，有自己的系统性谋划和思考。

十、公益捐赠行动

杭州亚组委的市场开发部有一块最重要的工作就是公益捐赠，杭州亚运会的公益捐赠做得非常出彩，总的来说，是以线下活动＋线上阵地为平台，创新打造了体育＋互联网＋公益的"亚运公益模式"。

公益捐赠是大型综合性赛事筹办的惯例。通过积极动员和荣誉激励，杭州亚运会不仅通过捐赠的方式拓宽了社会参与亚运筹办的渠道，同时也节省了办赛成本。在传统的市场开发层面之外，创新性地开拓了赞助企业触达公众的公益渠道，让亚运品牌、公益品牌和企业品牌优势叠加。

2019年正式确立以"亚运梦想"品牌IP引领全局，坚持单点集中发力，让公益品牌的号召力不断扩大，参与度、持续性、拓展性不断延伸。截至2022年，杭州亚运会的4个赞助层级都有多家企业参与到亚运公益中来，加上媒体、基金会等联合助梦方，亚运公益实现了对不同领域合作伙伴的全覆盖，形成了亚组委、合作伙伴、社会大众的三方联动。

"杭州亚运益起来"上线至2022年，线上公益阵地总参与人次达2000多万。其中，亚运林浇水总量达160吨，1090棵樟子松在"杭州亚运梦想公益林"扎根成长；3.8万人次参加了公益捐款；AI健身借助科技手段帮助残疾人居家健身、参与公益，精准助

◎杭州亚运会公益活动

力残疾人体育事业，实现"两个亚运，同样精彩"。

"寻找 2022 个亚运梦想"大型公益行动在 2019 年 12 月正式开展，在全球范围挑选出 2022 个与亚运最为契合、最具代表性的梦想，召集联合助梦方和公益圆梦大使的爱心力量，共圆 2022 个亚运梦想。行动启动后征集到全国各地，以及日本、马来西亚等国超过 20 万个"亚运梦想"，通过寻梦、助梦、圆梦三大阶段，将追梦人、亚运公益和联合助梦方紧密整合在一起，充分覆盖了多个社会群体，广泛调动了社会各界力量，形成了亚运梦想的"同心圆"。

通过亚运公益，杭州特色手工艺"杭绣"和特色小吃"片儿川"的传人将把他们的手艺介绍给全亚洲，传统文化的传承梦拥有了国际化的载体。 还有像"亚运足球梦想"公益项目，计划通过装备支持、课程捐赠、成长陪伴、公益夏令营、足球友谊赛等形式，捐赠支持全亚洲范围 2022 所"亚运足球梦想学校"，以公益之力助推青少年足球发展，点亮孩子们心中的希望。截至 2022 年，杭州亚组委收到来自全亚洲 2000 多所学校的报名申请，确认入选学校达 1482 所。该公益项目不仅覆盖了全国各省区市，也在马来西亚等国落地，显著提升了亚运公益在国际层面的公共参与度和品牌认知度。

组委会希望能够通过杭州亚运会这样一个大公益事件，提升区域的文明程度、公益指数。就像时任浙江省委书记袁家军指出，要答好"共同富裕"这份试卷，不仅要做到物质富有，还要做到精神富有。"文化工作在浙江高质量发展、建设共同富裕示范区中具有决定性作用、是关键变量；展现共同富裕美好社会的图景，文化是最富魅力、最吸引人、最具辨识度的标识。"亚运公益留下的文化遗产，将在打造共同富裕"精神力量高地""文明和谐高地"的过程中，发挥愈加鲜明的示范作用。

章 三

电子体育入亚
　　——让年轻观众回到赛场

电子体育入亚

——让年轻观众回到赛场

作为亚电数智体育（上海）有限公司 CEO，陈维力一直积极推动电子体育入亚进程。他助力亚洲电子体育联合会（AESF）成功推动电子体育成为 2017 年阿什哈巴德亚室武会和 2018 年雅加达—巨港亚运会的表演项目，以及 2022 年杭州亚运会的正式奖牌项目。同时，他主导运营了亚洲电子体育官方赛事与活动"亚运征途"，深度参与电子体育运动在全亚洲的推广和普及。

问：电竞继成为 2018 年印尼雅加达亚运会观赏项目之后，正式成为 2022 年杭州亚运会的比赛项目，您不仅参与其中，也发挥了推动作用，具体情况，请您详细介绍一下（包括缘起、争议、所作的尝试和努力、遭遇的困难、您个人的思考、业界的反应等）。

答：电竞入亚首先一个大前提就是必须得到亚奥理事会的支持。亚奥理事会的领导们，从小巴主席到侯赛因总干事，都很支持这件事。在亚奥理事会的大力支持下，AESF（亚洲电子体育联合会，以下简称"亚电体联"）2017 年在中亚的土库曼斯坦的亚洲室内和武道运动会上重新激活，亚电体联的主席霍启刚在这一年的 9 月正式当选，领导亚电体联的工作。整个电竞或者说电子体育活动项目开始得到比较快速的发展，到 2018 年初，在亚奥理事会和亚电体联的共同努力下，把电竞加入了雅加达亚运会作为表演赛项目，引起极大关注，圈内还因此有把 2018 年定义为所谓的"真正的电竞元年"的说法。

◎陈维力

在 2018 年整体发展势头很好的前提下，后续又经过包括中国体育总局、杭州亚组委等各方的共同推进下，最后促成了电竞在杭州亚运会成为正式的奖牌项目。而且在这个基础上，亚奥理事会也宣布了不单是杭州亚运，在杭州亚运之后的像 2026 年爱知·名古屋亚运会、2030 年多哈亚运会，2034 年利雅得亚运会，电竞都会是正式的奖牌项目。

这些举措无疑对促进整个电竞行业的发展会起到比较巨大的推动作用。

在这个过程中，作为负责亚电体联具体运营的亚电数智公司，包括我个人以及整个公司团队大家也确实做了大量的工作，但这是我们的本职工作，没太多好讲的。

当然，在实际工作中，我们在这个工作过程中除了对接上面提到的各方领导、组织和部门，也大量涉及来自全世界的电竞行业的厂商。令人振奋的是，这些厂商对于亚运会也都是特别支持。

具体操作层面上肯定会遇到很多困难。比如说在印尼亚运会的时候，由于电竞入亚的决定下得有点匆忙，筹备时间相对较短，主办城市在一些电竞基础设施建设、场馆方面的准备不够理想，游戏厂商方面的沟通协调也会出现困难，但最终还是一个个地解决了。

问：在雅加达亚运会的表演赛上，中国取得2金1银的成绩。您对杭州亚运会中国的电竞战队有什么期盼或预计？中国本来就已经是亚运会奖牌榜上的长期"冠军"，新增电子竞技项目奖牌记入国家奖牌榜会进一步强化这一地位吗？

答：雅加达亚运会中国其实一共是报名了4个项目，但是其中有1个项目《炉石传说》在预选赛的时候没有通过。最后到了亚运会正式表演赛的时候，原来预测要夺金的项目最终只拿银，普遍看法觉得韩国更强的《英雄联盟》最后是中国选手逆转形势拿到了金牌。对杭州亚运会来说，赛场一样不可预测。

我的判断：第一，在电子体育领域，目前亚洲各国都快速发展，相互差距肯定是在缩小。当然，中国肯定还是其中最强的国家之一。中国作为举办亚运会的东道主，肯定会具备一定的主场优势，但是包括韩国、泰国等东南亚的很多国家，它们的实力也已经提升到相当高的水平，在很多项目上并不弱于中国，甚至个别项目超过中国。

第二，如果是站在中国的角度，当然是希望赢的尽量多，相信也确实会比较多，8块正式金牌中国有可能可以拿到超过一半。但是从整个亚洲的角度来讲，反而我会更希望各国百花齐放，那是更棒的一个结果。

而且就像我前面讲的，因为不单单是杭州这一届，后面连着三届亚运会电竞都会是正式的奖牌项目。那么在杭州亚运会之后，相信各国对电竞比赛的重视程度会不断提升，以后的比赛肯定会更加激烈。

其实，中国现在基本上都是历届亚运会冠军榜的长期冠军，新增的电子竞技项目进入国家奖牌系列之后，相比中国在其他传统体育项目的优势，我感觉电竞上中国虽然也会有优势，但从比例上来讲，可能反而奖牌数比例没那么夸张，也就说，可能在电竞上的竞争会更激烈。

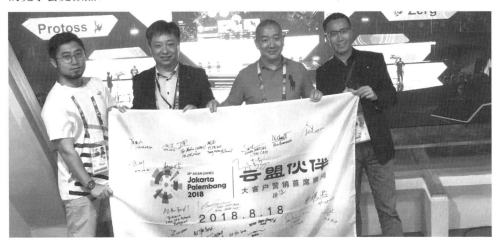

◎雅加达亚运会电竞项目比赛现场（右一陈维力，右二徐风云）

问：如果可以，请介绍一下到目前为止杭州亚运会电竞项目各国的报名参赛情况、市场开发情况、贵司参与运作的情况。

答：首先，因为现在亚运延期了一年举行，所以在报名的问题上接下来要重新报，我之前所了解到的报名情况可能有所改变。

就之前的报名情况，整体来讲我觉得还是比较理想的。所谓比较理想就是说 8 个项目基本上每个项目都有不少于 20 个国家和地区的报名，有些项目可能就更多，总体报名情况还是不错的。

至于市场开发方面，因为电竞这块的市场开发也是由杭州亚组委来负责的，我没有资格说。

从亚电体联这几年工作的角度，因为联合亚奥理事会共同推出了 Road to Asian Games（RDAG 亚运征途）的一个长期的计划项目，通过这个项目的名称就可以知道它的目的，就是说通向杭州，通向名古屋，通向亚洲的这么一个和亚运结合的长期的推广项目。我们这个推广项目里涉及大量的比赛和各种推广活动。目前这个项目已经得到了所有游戏厂商，以及很多商业合作伙伴的认可，包括奥迪、vivo 手机等这些品牌主的支持，它们都愿意深度地参与到亚洲电竞亚洲电子体育的项目里来。亚运征途将作为亚运会的一个补充，同时也是亚奥理事会和亚电体联共同打造的长期官方 IP，得到了市场的认可。

所以，总的来讲，市场对于包括电竞在内的电子体育和奥林匹克包括亚运会的结合还是非常认可的。

问：你们在里面扮演什么样的角色，做哪些工作？

答：DEA 就是亚电数智体育是作为 AESF 在具体运营上的官方合作伙伴，这是我们的官方身份。那么在这个基础上，一方面我们会负责很多 AESF 和各个厂商，包括和杭州亚组委的对接工作，包括和亚奥理事会，包括和各个国家和地区的电竞协会和奥委会的很多的对接工作。

第二就是 RDAG 亚运征途长期的官方 IP，这个是由亚电数智体育来负责整体的规划和运营的，这个是我们的身份和我们的具体工作。

问：杭州亚运会《王者荣耀》《和平精英》等被选入比赛项目。亚运会选择"入亚"项目的标准是怎么定的？

答：这个问题相对敏感。但是总的来讲有几个标准，第一个首先得符合国际奥委会的奥林匹克价值观的，比如类似不能有涉及暴力、歧视、色情之类的，这是一个最基础的标准。

在这个基础上亚电体联作为官方单项组织，也有一系列的和几个第三方的评估机构共同做出来的标准，去对所有报名的将近 40 个不同的游戏项目进行筛选。

筛选的过程，就是本着奥林匹克精神、价值观的一些硬指标，加上几个权威的第三方的综合评估指标，包括根据项目内容受欢迎的程度，市场的竞争力，当然也包括考虑东道主国家的一些涉及文化各方面的相关支持，通过综合的这些维度，最后选出了 8 个项目。

《王者荣耀》和《和平精英》，这两个项目最终入选的是修改后的亚运版本。

亚运版本可以理解为是个融合版本，就是兼顾了亚洲各国和中国玩家的一些喜好以及习惯，然后去做了一个体育赛事的综合版本。特别典型的例子像《和平精英》，它本来是一个人打人的游戏，其实它是有一点点暴力的，不那么符合奥林匹克精神。所以《和平精英》的亚运版本，有点像是现代五项、铁人三项这种运动，比如说先开车到一个地方，下来打靶，拼速度拼策略拼技能，然后通过计算最后的综合速度、命中率什么的，来决胜负。从某个角度来理解，也可以说游戏厂商被奥林匹克所改造了。

另一个例子像《王者荣耀》，本来就有两个版本，一个是对中国市场的，一个是对海外市场的。最后亚运版本就融合了一下。在这个过程中，腾讯也做了大量的投入，最终出来的亚运版本，已经完全摒弃了暴力的元素，变成了一个彻底的体育类项目。所以说为了融入奥林匹克大家庭，厂商也做出了很大的努力。

问：在中国你是电竞产业最早的一批从业者也是资深的专家了，请介绍中国目前的电竞产业发展情况（现状、面临机遇与困难）。请分别从产业政策、产业规模、运动员（战队）培养、俱乐部（体育经纪）、观众市场开发等多角度谈谈。

答：这个问题如果展开来讲就没底了，讲一天也讲不完。

简单地从大的角度来说，第一，中国的电竞产业经历了快速发展期，现在整体已经到了一定的高度，所以增速稍微放缓了一点，但市场热度不减。第二，就是整个下沉市场的广度也在不断拓宽。

圈内人都知道，早期电竞业在中国更多的是多少带有一点"玩票"的性质，有很多个人纯粹凭借个人兴趣在弄，比如俱乐部什么的。后来慢慢地许多大企业参与进来。

随着亚运会的参与，从雅加达亚运会电竞开始参与表演赛，使电竞运动的形象更加正面了，不管是游戏厂商也好，游戏的参与者也好，原来还是有很多负面的东西，随着

◎杭州亚运会电竞特许商品

亚运会的介入之后，各方看待电竞这件事情的高度也都不一样了。所以也正是从这个角度上，有人说 2018 年是电竞元年。

现在，咱们国家不少地方政府，也都先后提出了把电竞作为各地发展新兴行业和数字经济的重要抓手。后续产业的跨界融合各方面，都会成为未来各方很重要的一个发展的机遇。实际上从杭州开始，包括现在我们整个国家，都在讲发展数字经济数字企业。所以，电竞产业肯定有一个广阔的发展前景。

我们官方的名称叫亚洲电子体育联合会，为什么这么叫？其实当时也是霍启刚主席的远见，他说电子体育英文上可能跟电竞都一样，但本质上来讲，它蕴含的寓意可能更广阔。

这两年，随着数字体育这个概念大力宣扬，国家提起来讲也越来越清晰了。实际上，包括大量的数字科技技术，VR、AR 这些技术，人工智能快速的发展，实际上电竞项目发展的领域和技术也远远超越了普通人所认知的电子游戏。

就算是电子游戏，如《王者荣耀》这些 4G 时代的交互形式，进入到 5G 时代之后，可能接下来也蕴藏着巨大的变化。所以说再往后的游戏竞技，未见得就是现在推广的这种形式。

特别是更广阔的数字体育这一块，包括比如说机器人格斗、机器人编程、无人机对抗，包括 VR 的各种场景，很多新的交互形式会出现。

所以我们要能够去覆盖、引领这些方向，也就是说可能到下一届爱知·名古屋亚运会时，或者再往后，电竞里面的项目设置未见得就是我们传统意义上理解的这些游戏了。

很多更具科技元素的数字体育项目，可能占比会慢慢上升。而原来游戏本身的很多交互形式，在未来几年里可能也会发生翻天覆地的变化，所以我个人对整个电竞产业的发展非常乐观。

问：能不能介绍一些国内电竞俱乐部以及电竞职业联赛的情况？

答：俱乐部这个不是我的领域，其实我介入的不是太多，有些也不太方便说。

关于职业联赛，有几个层面，第一个本身这些所谓的职业联赛，很多其实就是每个厂商每个游戏它本身的联赛，比如像《英雄联盟》《王者荣耀》。我觉得这类联赛整体的运营方的商业化程度已经到了相当高的水平，可以类比北美的那些 NBA 之类的，虽然规模没法比，但商业化上有相似之处。

至于参与的这些俱乐部，我感觉还差点意思。当然俱乐部也有一些商业化做得好的，但大量的还是很一般。要做到像 NBA 的各支球队，或是在欧洲的英超联赛这些比较顶级的俱乐部的商业化程度，这方面还是差距太大。

另外就是我们所谓的奥林匹克体系的这些比赛，或者说这方面的商业化，现在是正在高速发展的一个阶段。

总的来讲，现在我对未来还是非常看好的，因为现在很多商家，包括很多媒体平台，都已经非常熟悉和了解电竞，也知道怎样去利用好电竞元素，不管是比赛还是选手，包括电竞队伍怎么去助力厂家，帮助平台共同成长。

从这个角度来讲，现在我们需要的是更多高质量的比赛和活动，使所有的合作方共同把劲往一处使。

问：电竞项目进入亚运会比赛，给亚运会已经带来和将继续带来哪些变化和影响？

答：电竞项目进入亚运会比赛，当然提升了整个赛事的关注度。包括 OCA、杭州亚组委对此都有官方的说法。我个人当然觉得它带来了很多积极的影响。

因为在世界范围内，对于包括亚运会在内的很多传统赛事来说，首先观众收视老龄化这个问题是客观存在的。那么现在随着电竞的介入之后，海量的青少年肯定会关注到亚运会，年轻的观众回到亚运赛场。

现在大家都在关注什么时候电竞会进奥运会，也是因为觉得它对整个奥林匹克运动会带来了很多积极的变化。

问：人们习惯说某人有"运动天赋"，但参与电竞项目似乎既不需要天赋也没多少"运动"含量，且易致青少年沉迷网络等问题。因此除了业界支持派，对电竞大张旗鼓进入亚运会的反对声音也不少，电竞"入奥"目前也还没成功，您怎么看这个问题？

答：这个问题要一分为二来看。首先关于诸如网瘾这些问题，是客观存在的，但游戏是游戏，电竞是电竞，这里面它不能混为一谈。

另一方面的客观情况，随着我们亚运会对电竞的推广，包括亚电体联的官方组织大力地开展工作之后，电竞本身的一些规则、要求在改进，它的规格、标准在不断提升。

回到电竞选手身上，我个人的看法认为，电竞选手也讲天赋的，它跟其他的比如游泳，或者体操、足球、篮球之类的这些运动，还是有非常多相似的地方，不是说投入一些时间和精力，就能达到很高的高度，这个是做不到的。电竞跟别的所有的体育项目一样，它对于一些基本的素质，比如反应、判断、记忆力等，同时处理复杂局面的这些能力要求，其实和很多其他运动项目都是相似的，这是第一个方面。

◎中国杭州电竞中心

第二个方面，很多团队作战的电竞项目，对于选手在团队合作等素质要求上和其他很多集体运动并无不同。所以说电竞选手和传统体育选手当然不完全一样，但是它在很多方面是非常相似的，它的要求也一样是非常高的。

当然，这些客观存在的负面看法，当然有它一定的道理。实际上，现在各个机构和组织，包括所有的选手和各方正在努力推进的工作，都是为了更好地去规范电竞运动，更好地体现积极、阳光、正面的东西。

关于电竞入奥，个人感觉可能这个过程会比较长。比如说，个别关键人物的态度很重要，当然这个没法展开讨论。

从另一个角度来理解，就是从奥林匹克运动的一些章程和官方流程来讲，所有单项运动，需要首先有得到官方认可的一个全球性的主体管理机构来负责申请入奥，目前电竞项目在这方面是缺失的。当然我们也看到有一些国际协会，但都没有得到公认的拥有大多数国家会员的一个统一的官方的国际组织。所以从章程和流程上来讲，只有具备了这个前提，才能去讨论这个项目能不能进入奥运会。

问：您专业判断一下，2024 年巴黎奥运会电竞有没有可能进去做个表演赛什么的？

答：就是前面提到的原因，所以我觉得电竞作为官方的表演项目，也是有难度的。

说到底就是时间和流程上我觉得都还没有到这一步。不过，据我所知，巴黎奥组委本身也在努力，不管是它还是整个法国对电竞都是非常开放的态度。实际上，各方包括我们也有在做很多的交流，在尝试看看一些什么创新的方式方法，能够把电竞也或多或少地融入巴黎奥运会中，这个我只能说确实有很多工作在做，到底怎么样不好说。

问：感觉日本是亚洲电竞产业发展最早最强的，您觉得下一届爱知·名古屋亚运会电竞比赛项目关注度、市场开发情况等方面会获更大关注吗？你们对此做了哪些预判和准备？

答：日本的电子游戏产业发展在早期确实在全世界领先，但是站在现代的电竞比赛角度，其实日本并不见得处在一个很领先的阶段。在网络游戏发展的这个阶段，其实日本是相对滞后的，他们更多的是叫"console"的，也就是游戏机里面的这些项目。

实际上，目前世界上比较流行的比如说类似英雄联盟或者其他一些大型的网络项目，日本并没有那么强。当然，另一方面，日本毕竟有大量的游戏项目和大量的相关厂商，传统的这些厂商所积累的沉淀对他们奋起直追也会有很大帮助。据我们了解，在日本有一个类似厂商联盟的组织，目前的会长应该是 SEGA 公司的会长冈村，其实这些厂家包括 KONAMI、卡普空，都是非常积极地看待电竞这件事情，也在群策群力在寻求迎头赶上的机会。

随着杭州亚运会比赛完，就进入到爱知·名古屋亚运会周期。实际上据我了解，他们亚运会的准备工作非常充分，可能早在 6 年前，申请举办亚运会之后，很多的准备工作已经走在前面了，在电竞方面同样如此。所以，对于届时亚运会上的电竞项目到底是哪些，哪些项目不那么重要，交互形式到底会怎么样，我觉得值得期待。

问：亚奥理事会成员有 45 个国家和地区，据您了解，这些不同国家和地区对电竞、

◎杭州亚运会电竞小项

对促进数字体育发展方面的态度和政策有哪些异同？在电竞产业发展水平上，亚洲和美欧之间有哪些异同（或差距）？

答：每个国家和地区的经济发展不同，比如说网络运营商等这些基础设施的成熟程度，都不一样，所以各个国家和地区对电竞发展的态度和政策有一定差异。

有些国家比如说韩国，把电竞产业提升到一个基本国策之一的一个支柱产业的地位，大部分国家肯定做不到。但总体来说，我深切地感受到过去这几年电竞业的加速发展，45个国家和地区的奥委会对电竞的重视程度也在快速提升。

从国家的政策的角度来讲，在亚洲包括韩国、中国、新加坡、泰国等，都是从国家层面对电竞的重视程度提的很高。

就行业发展目前来说，可能有超过30个国家和地区，现在都已经建立了官方的电竞队和电竞系统，或者类似国家和地区电竞协会这种机构。实际上这也意味着大部分国家和地区都已经下决心要长期发展电竞产业。

在这一点上，亚洲应该是走在整个世界前面的。从亚洲参与的人口基数来讲，大量青少年对于电竞的关注度是非常高的。

从水平来讲，在很多比较重量级项目在亚洲参与度、参与水平很高，包括中国、韩国，水平也是顶尖的。那么所以综合来讲，我个人感觉就是亚洲当然不能说在所有方面都是顶尖的，但是在电竞产业的很多方面，在全世界，亚洲电竞跟很多别的奥林匹克运动一样，正好是处于前列的一种状态。

问：电竞比赛项目的市场开发和传统体育市场开发有什么异同？请从市场开发基础、到基础设施配套、市场开发理念及方法、包括您的工作实践等多方面多角度谈一下。

答：第一，电竞比赛项目跟传统体育市场开发有很多共性，这一点我觉得所有的厂家所有的赞助商都不傻，他们也是充分地感知到电竞对于年轻人群的冲击力

相比传统的一些赛事、传统的项目，电竞在交互形式、交互效果上天生更有优势。因为现在已经进入到数字时代，大量用户的交流形式和习惯，都和网络息息相关。

从这个角度来讲，电竞有它的天然优势，尤其在未来，可能更多的交互发生在VR这些设备里面，这更是它天然的优势之地。

第二，从厂家或商家的角度来讲，他们对电竞的认知也在不断地提升，实际上他们

也在不断地寻找跟自身的业务发展能够产生互动、产生结合的一些点。

举个例子，比如说很多大型的跨国集团，觉得电竞可能对提升员工与员工之间的合作、团队的凝聚力有帮助，可以促进部门效益的提高，促进跨部门、跨国家的团队融合的作用，而且投入产出比非常高。

进一步延展，跨国企业与其上下游的合作企业的互动，有很多也可以通过电竞的形式来实现。

其实我上面举例的还是相对比较传统的行业，连他们也已经充分意识到这里面很多的便利性，所以说我感觉再往后，就是说电竞赛事的组织方，我们包括大量的厂商赛事，包括通过亚运会这种周期性的比赛，大家对于赞助商的需求也会越来越有经验；从企业从商家的角度来讲，他们对于如何更好地运用电竞比赛去和自己的用户进行更深入、超凡的链接经验也会越来越多，所以这块我个人是非常看好的。

问：请谈谈您对电竞、数字体育、元宇宙的发展及相互关系的思考。

答：这块说实话，我也在学习当中。我们之前也做了一些尝试，比如说亚运征途项目，我们是在国内和支付宝合作，推出了一个数字藏品"亚运征途之匙"，它也是非常快被秒光了。

对这些尝试，我们都是持非常开放的态度，而且也是在组织、学习过程当中。因为现在技术的发展非常快，事实上现在很多的比如说 VR 设备已经很厉害，在技术上基本能做到虽然远程，但大家就像身处在一个房间之内进行交流的效果。有些设备从价格上也已经非常亲民，可能最终融入我们生活的速度，比我们想象的要快得多。所以回到所谓的电竞这些项目，借助技术的进步可以怎样更好的运营，非常值得期待。

陈维力简历介绍

陈维力，亚电数智体育（上海）有限公司 CEO，浙商总会体育产业委员会副主席，英国利物浦大学足球 MBA。致力于推动数字体育产业的多元发展。

2006—2008 年，就任于亚足联，担任亚足联市场部负责人，深度参与亚冠体制改革，主导亚足联"亚洲展望计划"。

2010 年起，积极推动中国各行业开展与奥运相关的合作，为中国品牌以及国际体育组织的双向联结架起桥梁。

2015—2017 年，担任多家中资投资欧洲顶级足球俱乐部的顾问。成功运作中资入主英超南安普顿足球俱乐部，并负责南安普顿在中国区的运营及推广工作。

2017 年至今，积极推动电子体育入亚进程。助力亚洲电子体育联合会（AESF）成功推动电子体育成为 2017 年阿什哈巴德亚室武会和 2018 年雅加达－巨港亚运会的表演项目，以及 2022 年杭州亚运会的正式奖牌项目。同时，主导运营亚洲电子体育官方赛事与活动"亚运征途"，深度参与电子体育运动在全亚洲的推广和普及。

第四章

亚运营销之杭州实践

杭州 2022 年第 19 届亚运会市场开发指南

一、亚运会介绍

◎亚运会举办地

亚洲运动会，简称"亚运会"，是国际奥委会所承认的地区性大型综合运动会，由亚洲奥林匹克理事会（亚奥理事会）主办。它不仅是亚洲地区规模最大、水平最高的综合性运动会，同时也代表了整个亚洲的体育运动水平，是亚洲地区的综合性运动竞赛会，也是亚洲体坛最大的盛会。

亚运会的前身是远东运动会和西亚运动会。亚运会每四年一届，与奥运会相间举行，会期不超过 16 天。

二、杭州亚运会介绍

1990 年北京亚运会

1990 年 9 月 22 日，第 11 届亚运会在中国首都北京隆重举行，这是中国首次主办的规模最大的国际综合运动会，也是中国第一次主办亚运会。

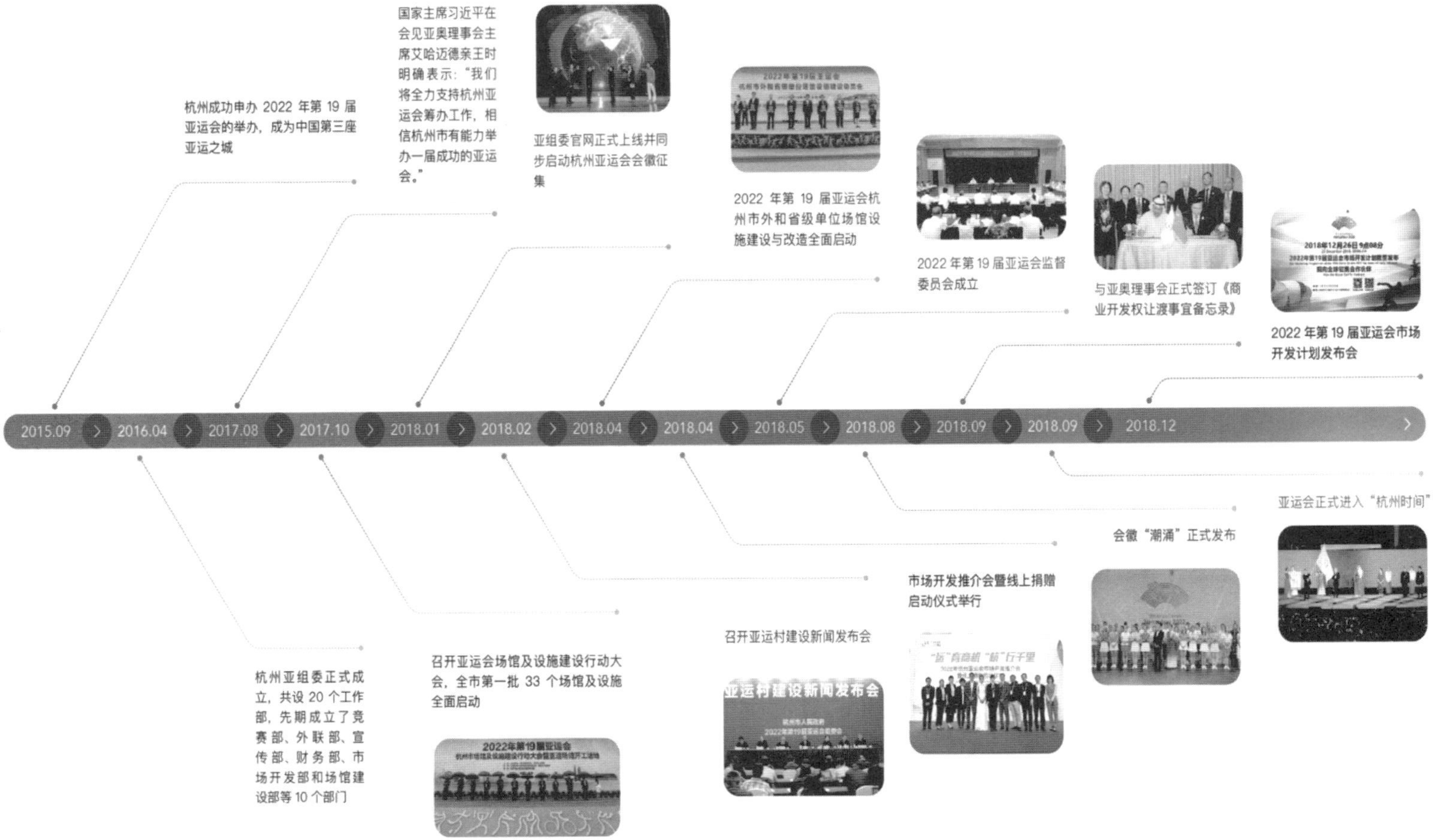

2015.09
杭州成功申办 2022 年第 19 届亚运会的举办，成为中国第三座亚运之城
2016.04
杭州亚组委正式成立，共设 20 个工作部，先期成立了竞赛部、外联部、宣传部、财务部、市场开发部和场馆建设部等 10 个部门
2017.08
国家主席习近平在会见亚奥理事会主席艾哈迈德亲王时明确表示："我们将全力支持杭州亚运会筹办工作，相信杭州市有能力举办一届成功的亚运会。"
2017.10
召开亚运会场馆及设施建设行动大会，全市第一批 33 个场馆及设施全面启动
2022年第19届亚运会
2018.01
亚组委官网正式上线并同步启动杭州亚运会会徽征集
2018.02
召开亚运村建设新闻发布会
亚运村建设新闻发布会
2018.04
2022 年第 19 届亚运会杭州市外和省级单位场馆设施建设与改造全面启动
2018.04
市场开发推介会暨线上捐赠启动仪式举行
2018.05
2022 年第 19 届亚运会监督委员会成立
2018.08
会徽"潮涌"正式发布
2018.09
与亚奥理事会正式签订《商业开发权让渡事宜备忘录》
2018.09
亚运会正式进入"杭州时间"
2018.12
2022 年第 19 届亚运会市场开发计划发布会
2018年12月26日 9点08分

◎杭州亚运会阶段性工作

2010 年广州亚运会

2010 年 11 月 12 日，第 16 届亚运会在花城广州隆重举行。

（一）办赛理念

1. 绿色

积极倡导在场馆设计、建设中体现绿色、低碳节能、环保及可持续利用。

2. 智能

充分运用云计算、大数据等信息产业优势，以"互联网 +"推进智慧场馆设计、建设和运行，全面提升场馆及设施建设智能化、自动化、精细化水平。

3. 节俭

强调最高标准与节俭办赛的有机统一，做到"该花的钱一分不少，不该花的钱一分不花"，亚运会场馆及设施尽量做到能改不建、能修不换、能租不买、能借不租。

4. 文明

注重功能性与人文性的统一，着力把"中国风范、浙江特色、杭州韵味、共建共享"融入场馆及设施的设计、建设每一个细节，让前来参加亚运会的各国代表品读"中国故事"，品味"杭州文化"，展现杭州的独特韵味和别样精彩。

（二）会徽的诞生

会徽是亚运会重要的视觉形象标志，也是展示杭州亚运会理念和中国文化的重要载体。亚组委于 2018 年初面向海内外公开征集杭州亚运会会徽。会徽征集活动得到了全国各地和日本、韩国、新加坡等亚洲国家，部分欧美国家设计爱好者及热心人士的积极响应，共收到来自海内外应征作品 4263 件。经过一系列严密的工作程序，公开征集和多轮评审，选定"潮涌"为杭州亚运会会徽设计方案，2018 年 8 月 6 日在杭州隆重发布，艾哈迈德亲王发来亲笔贺信，亚奥理事会重要官员及国家体育总局、省市领导等共同发布。亚奥理事会第 71 次执委会对杭州亚运会会徽予以充分肯定和积极评价。会徽发布被央视评为 2018 年度经典体育事件之一。

（三）会徽的解读

杭州 2022 年第 19 届亚运会会徽"潮涌"的主体图形由扇面、钱塘江、钱江潮头、赛道、互联网符号及象征亚奥理事会的太阳图形六个元素组成，下方是主办城市名称与举办年份的印鉴，两者共同构成了完整的杭州亚运会会徽。扇面造型反映江南人文意蕴，赛道代表体育运动和竞技，互联网符号契合杭州城市特色，太阳图形是亚奥理事会的象征符号。钱塘江和钱江潮头是会徽的形象核心，绿水青山展示了浙江杭州山水城市的自然特质，江潮奔涌表达了浙江儿女勇立潮头的精神气质。整个会徽形象象征着习近平新时代中国特色社会主义大潮的涌动和发展，也象征着亚奥理事会大家庭团结携手、紧密相拥、充满活力、永远向前。

（四）场馆介绍

根据目前确定的 37 个竞赛项目，杭州亚运会确定了全省 55 个场馆及设施的布局安排。按照"杭州为主、全省共享"和"以运动员为中心、以赛事为主体"的原则，全省 55 个场馆及设施中，杭州市 34 个，杭外和省级单位 21 个。杭州市场馆主要集中在杭州奥体中心场馆群，包括主体育场、网球中心、体育馆、游泳馆、综合训练馆和杭州国

◎杭州奥体中心

◎杭州奥体中心体育馆、游泳馆

◎淳安县场地自行车馆

◎中国浙江海洋运动中心（亚帆中心）

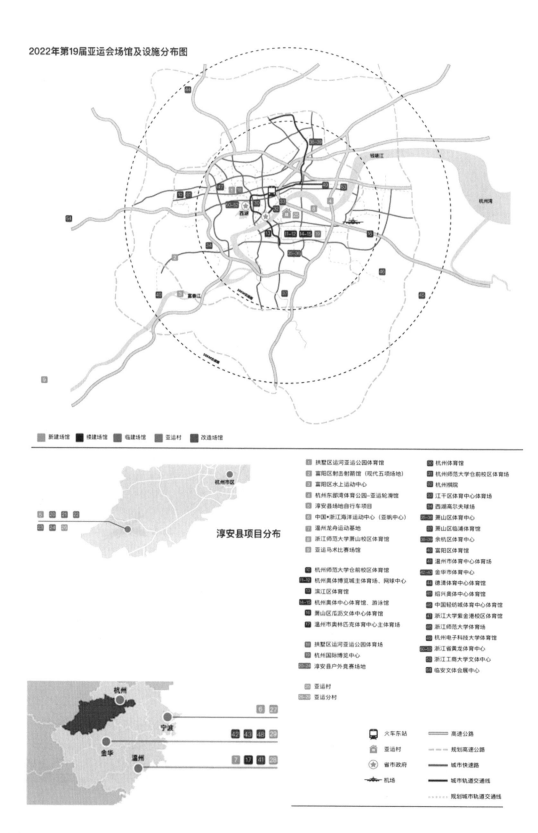

2022年第19届亚运会场馆及设施分布图

新建场馆　续建场馆　临建场馆　亚运村　改造场馆

淳安县项目分布

中国

1 拱墅区运河亚运公园体育馆	10 杭州体育馆
2 富阳区射击射箭馆（现代五项场地）	37 杭州师范大学仓前校区体育场
3 富阳区水上运动中心	38 杭州棋院
4 杭州东部体育公园-亚运轮滑馆	39 江干区体育中心体育馆
5 淳安县场地自行车项目	40 西湖高尔夫球场
6 中国·浙江海洋运动中心（亚帆中心）	30-32 萧山区体育中心
7 温州龙舟运动基地	33 萧山区临浦体育馆
8 浙江师范大学萧山校区体育馆	38-39 余杭区体育中心
9 亚运马术比赛场地	45 富阳区体育馆
	43 温州市体育中心体育场
10 杭州师范大学仓前校区体育馆	42-43 金华市体育中心
11-12 杭州奥体博览城主体育场、网球中心	44 德清体育中心体育馆
13 滨江区体育馆	45 绍兴奥体中心体育馆
14-15 杭州奥体中心体育馆、游泳馆	46 中国轻纺城体育中心体育馆
16 萧山区瓜沥文体中心体育馆	47 浙江大学紫金港校区体育馆
17 温州市奥林匹克体育中心主体育场	48 浙江师范大学体育馆
	29 杭州电子科技大学体育馆
18 拱墅区运河亚运公园体育场	50-52 浙江省黄龙体育中心
19 杭州国际博览中心	53 浙江工商大学文体中心
20-26 淳安县户外竞赛场地	54 临安文体会展中心

25 亚运村
26-29 亚运分村

🚄 火车东站　━━━ 高速公路
🏠 亚运村　　- - - 规划高速公路
★ 省市政府　　━━ 城市快速路
✈ 机场　　　━━━ 城市轨道交通线
　　　　　·········· 规划城市轨道交通线

际博览中心；杭外和省级单位的场馆主要分布在宁波、温州、金义三大都市圈和黄龙体育中心以及部分高校场馆。

杭州亚运会充分利用现有场馆，尽量做到能改不建、能修不换、能租不买、能借不租，整合资源。在所有场馆及设施中，新建场馆仅 9 个，占所有场馆及设施的 16%，续建场馆 8 个，临建场馆 8 个，其余均为改造提升场馆，充分体现了"节俭"的办赛理念。"节俭"这一理念，不仅是指"省钱"，更是能"赚钱"，从目前赛后利用的情况看，现有 55 个场馆中已经确定赛后运营单位达 80%，其中杭州市属的几个新建项目都采用 PPP 模式进行建设运营，极好地避免了赛后浪费现象的出现。

（五）亚运村介绍

杭州亚运村位于萧山区钱江世纪城，杭州"拥江发展"的核心区，规划中的杭州城市新中心。周边交通发达，赛时可实现 5 分钟至奥体博览城主体育场，15 分钟至火车东站，25 分钟至杭州分赛区所有训练场馆，30 分钟至萧山国际机场和西湖风景名胜区，45 分钟至杭州分赛区所有比赛场馆。

亚运村由规划经一路—飞虹路—环路围合而成，总面积约 113 公顷，包含运动员村、技术官员村、媒体村、国际区和公共区，赛时可同时容纳 20000 余名运动员、随队官员、技术官员和媒体人员。其中，运动员村位于地块的东北区域，占地 30.4 公顷，总建筑面积约 86.21 万平方米；技术官员村位于地块的西南区域，占地 16.4 公顷，总建筑面积约 74.99 万平方米；媒体村位于地块的西北区域，占地 19.6 公顷，总建筑面积约 62.14 万平方米。国际区和公共区分别位于三村的中部和南侧，总占地约 8.89 公顷，赛时为参赛人员提供行政管理、商业商务、康乐休闲、医疗卫生、抵离办证、餐饮等服

◎亚运村鸟瞰图

务。在设计理念上，亚运村按照"绿色、智能、节俭、文明"的办赛理念，努力打造一座绿色、生态、低碳、健康的现代化新城。在功能定位方面，满足参赛人员的生活、娱乐、康体等"一站式服务"要求，兼顾赛时赛后住宅、公寓和办公等的功能转换，实现节俭办赛。在绿色生态方面，积极推动绿色健康建筑、海绵城市、装配式建筑等要求的落地实施。在人文展现方面，通过建筑与环境的设计，营造出形式多样、尺度宜人、富有活力的城市公共空间。

三、杭州亚运会市场开发计划介绍

（一）赞助计划

"赞助"是企业参与杭州亚运会的主要方式和品牌价值提升、推广的最佳途径。企业品牌与亚运品牌的融合蝶变，将充分展示企业的综合实力。

1. 关于赞助层级

为了给广大企业提供更多的参与和支持的空间，杭州亚运会赞助企业将主要划分为三个层级：第一层级为官方合作伙伴；第二层级为官方赞助商；第三层级为官方供应商，分为独家供应商和非独家供应商。

每个层级都设定了赞助基准价位，同时也根据不同层级的赞助企业对杭州亚运会的贡献和投入，给予相应的权益回报，具体将在征集过程中向意向企业做出说明。

2. 关于赞助类别和排他性原则

大型赛事对于产品、技术和服务的大量需求决定了赞助类别是广泛的。企业的任何产品、技术和服务只要不与体育精神相悖，符合杭州亚运会的需要，在遵循市场开发规则的前提下，都有可能进入杭州亚运会的赞助序列，比如说通信服务、银行服务、汽车服务、航空服务等等。最终以杭州亚组委发布的征集公告为准。

杭州亚运会官方合作伙伴，官方赞助商和独家供应商享有严格的排他权。也就是说，一般情况下，一个类别只有一家赞助企业。同时，高级别赞助类别不能再用于低级别，逐级排他。排他权是赞助企业权益回报的核心内容之一，体现了赞助的稀缺性和宝贵价值，为赞助企业开辟了独有的市场营销空间。

3. 关于征集的时间安排

赞助企业的征集是一个循序渐进的过程，我们将按照市场化运作的规律和特点，充分体现"公平、公开、公正"。在启动市场开发计划以后，依次开展官方合作伙伴、官方赞助商、官方供应商的征集。官方合作伙伴的市场营销期大约4年，官方赞助商的营销期大约3年，官方供应商的营销期大约2年。

4. 关于企业的选择标准

进入亚运会赞助序列的必定是各自行业的领军企业，有着雄厚的经济实力、优质可靠的产品和服务保障能力、积极的社会形象和较广的品牌影响力，同时有着强大的营销推广能力和良好的未来发展前景，这是我们选择企业的重要标准。

5. 关于赞助的权益回报

进入"赞助"序列的企业将享有杭州亚运会一系列的权益回报。主要包括四个方面。一是市场营销权。主要是指可以使用亚组委相关授权称谓和标志开展市场营销活动；在杭州亚运会指定区域或重大活动现场进行展示以及参与官方主题活动的权利。二是接待权。主要包括在杭州亚运会期间享有住宿、交通、证件、门票、接待中心等相关权益。三是产品和服务提供权。是指在符合亚组委相关要求的前提下，获得向亚运会提供产品、服务和技术的排他性权利。四是优先谈判权。指的是优先享有杭州亚运会官方主题活动的赞助权，以及杭州亚运会赛时期间控制区域户外广告的优先谈判权。除此之外，亚组委还将实施赞助商识别计划，向社会公布、宣传赞助企业；制订并实施反隐性营销计划，最大限度地保护赞助商权益；组建赞助商俱乐部，搭建赞助商交流平台；等等。

（二）特许经营计划

特许经营是指亚组委许可特许企业生产和销售带有杭州亚运会会徽、吉祥物及相关知识产权的产品的市场开发行为。特许企业从生产和销售特许商品中获得收益，通过缴纳特许使用费对筹办杭州亚运会做出贡献。特许企业不享有与杭州亚运会相关联的市场营销权。杭州亚运会特许经营计划包括特许商品计划、纪念钞／币计划和纪念邮票计划。

1. 特许商品计划

（1）特许运营模式：亚组委向特许经营企业授权，批准企业产品方案和开店申请，特许生产企业主要进行商品的设计开发生产，特许零售企业主要从事特许商品的销售，双方签订合同建立直接购销关系，纯市场化运作，特许企业向亚组委缴纳特许使用费，杭州亚运会特许经营只授权特许企业参与特许商品的设计、生产和销售环节，但不授予特许企业亚运营销权利（包括企业品牌露出、对外联合赛事宣传进行企业推广等市场开发行为）。

（2）特许商品类别：杭州亚运会特许商品拟推出徽章、钥匙扣及其他非贵金属制品、贵金属制品、丝绸类、文具类、工艺品类、服装服饰类、纪念邮票及邮品、纪念钞／币及装帧制品、瓷器类、首饰类、玩具类、箱包类、电子产品及配件类等（产品类别最终以亚组委发出的征集公告为准）。

（3）纪念钞／币计划和纪念邮票计划：亚组委将与国家金融管理部门和国家邮政部门密切合作，制订实施专门的杭州亚运会纪念钞／币计划和纪念邮票计划。

（4）征集方式：杭州亚运会组委会原则采取公开征集方式征集特许企业。将通过发布征集公告、企业资质评审、开展实地考察等方式对应征企业进行甄选。

（5）选择标准：企业的资金实力、质量管理、物流能力、环保标准、市场规模、销售渠道、售后服务、劳动保护等。

2.纪念钞／币和纪念邮票计划

亚组委将与国家金融管理部门和国家邮政部门密切合作，制定实施专门的杭州亚运会纪念钞／币计划和纪念邮票计划。

（三）市场运营计划

市场运营计划是我们基于大型综合性体育赛事的特点，围绕互联网时代的商业特征和企业需求，为亚运合作企业创新推出的专属板块。旨在通过整合赛事独特资源，打造体育营销新模式，构筑公众参与新平台，构建企业共赢新生态。

致力赛事资源共享，实现赞助权益最大化。构建赞助、特许、票务、彩票等融合开发的大市场格局，最大程度配置官方活动合作机会、官方宣传物、亚运大使等赛事独特资源，利用数字营销手段，整合全媒体营销矩阵，让合作企业最大程度获得权益回报。全力打造社群链接，激发公众参与新活力。基于移动互联网时代和网络社群的新特点，依托发展数字经济的新动能，顺应公众对美好生活的新向往，以"我为亚运赋能"活动为主线，打造杭州亚运会互动专属平台，打通线上线下两大阵地，无限延展杭州亚运的覆盖面，实现品牌广知晓，互动零距离。努力实现跨界融合，构建体育营销新生态。组建赞助商俱乐部，搭建赞助商尊享服务平台，加强赞助商与组委会、赞助商之间的黏性和互动，通过组委会、企业、公众的同向发力，拓展企业之间的合作空间，最大程度让企业享受赛事红利。

（四）票务计划

亚组委将制定和实施杭州亚运会票务计划。通过科学的宣传推广和门票销售计划、青少年教育计划、家庭观赛计划等，激发社会公众观赛热情，将为公众和合同客户提供优质服务，丰富和提升观赛体验。同时，努力赋予杭州亚运会票务更多的意义和内涵，打造"票务＋旅游""票务＋公益""票务＋科技"等"票务＋"模式，提升票务的边际效益，发挥票务叠加效应。

四、杭州亚运会赞助计划

（一）赞助层级

亚组委将赞助企业设定为三个层级分别是：

第一层级：官方合作伙伴（8—10个类别）。

第二层级：官方赞助商（15—20个类别）。

第三层级：官方供应商（包括独家供应商和非独家供应商，将根据杭州亚运会相关需求确定）。

对应不同的赞助层级将设置不同的赞助基准价位。同时，在同一层级中，不同类别的基准价位会有所差异，以体现不同行业之间的差别。具体价位将在征集过程中向潜在赞助企业作出说明。

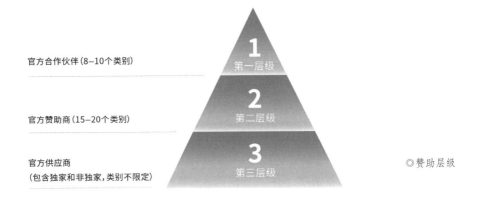

官方合作伙伴(8-10个类别)

官方赞助商(15-20个类别)

官方供应商
(包含独家和非独家,类别不限定)

1 第一层级

2 第二层级

3 第三层级

◎赞助层级

（二）主要赞助类别和排他性原则

官方合作伙伴：银行服务、通信服务、金融科技服务、航空客运服务、信息技术集成和云服务、汽车服务、乳制品、运动服装、电力供应、油气等。

官方赞助商：保险服务、房地产、家电、手机、啤酒、物流服务、 创意策划、酒店服务、旅游服务、计算机、票务服务、 网络安全、餐饮服务、饮料等。

官方供应商：官方供应商（包括独家供应商和非独家供应商）将根据杭州亚运会相关需求确定上述产品和服务类别之外的类别，如符合杭州亚运会筹办工作需要和市场开发规则，都有可能成为杭州亚运会的赞助类别，类别最终以亚组委发出的征集公告为准（各赞助类别所在的赞助层级可根据企业的赞助报价做对应调整）。

在第一层级"官方合作伙伴"、第二层级"官方赞助商"以及第三层级"官方供应商（独家）"中，每一个产品类别原则上只征集一家赞助企业，该赞助企业将享有市场营销的排他权。

（三）赞助企业选择标准

企业资质：企业应是具有雄厚实力的行业领先企业，企业运行及财务状况良好。

赞助报价：企业需满足相应层级的赞助价位要求，有能力按期支付赞助费用。

产品和服务保障能力：企业的产品、技术和服务能力处于行业领先水平，能为杭州亚运会提供所需的充足可靠的产品、技术和服务。

品牌影响力：企业须具有良好的社会形象和企业信誉，企业的品牌形象与杭州亚运会的办赛理念契合，产品符合低碳、环保、可持续发展等标准。

营销推广能力：企业有能力并且愿意在市场营销和广告方面投入足够的资金和努力，在扩大企业宣传的同时积极宣传和推广杭州亚运会。

（四）赞助征集主要程序

（1）亚组委发出征集公告或发送《征集邀请函》

（2）应征人提交《意向函》

（3）亚组委向应征人发出《征集书》

（4）应征人提交应征文件

（5）亚组委组织评审确定候选企业

（6）亚组委与候选企业进行协议谈判

（7）签订《赞助协议》

（五）赞助企业主要权益回报

1. 类别排他权

产品／服务类别的独家营销权、向杭州亚组委供应赞助类别内产品及服务的优先权。

2. 无形资产使用权

赞助商称谓、杭州亚运会标志（赞助标志、组合标志、杭州亚运会个性化吉祥物）促销品的生产及分发。

3. 识别计划

杭州亚组委官方网站的识别、杭州亚组委媒体宣传活动的识别、国内媒体广告中的识别、国际市场推广中的识别、竞赛场馆入口处的识别、非竞赛场馆的识别、场馆和活动媒体背景板的识别、高交通流量位置的识别。

4. 广告机会（享受优先谈判权）

赛场广告牌、运动员号码布（如有）、杭州亚组委官方出版物版面广告（如有）、杭州亚组委管理的户外广告（如有）、杭州亚运会官方赛事指南广告、杭州亚运会国内转播时段广告、现场展示（成本自行承担）。

例如：在主要比赛场馆（或附近）展示，在杭州亚运村展示。

5. 活动和公关（享受优先谈判权）

火炬传递参加权，企业专属宣传机会，文化、体育、环保和教育等其他官方主题活动赞助（如有），倒计时纪念等其他官方公关推广活动赞助（如有），火炬传递活动赞助。

6. 市场开发支持

参加赞助商研讨会，使用杭州亚组委资料（动态及静态影像、声音及海报），获得杭州亚组委出版物。

7. 款待计划

开闭幕式贵宾票，开闭幕式普通票，单项比赛门票（每日最高限额），额外门票的优先购买权（如有剩余，优先谈判权），杭州亚组委款待设施预定权（费用自付），VIP证件，工作证件。

（六）反隐性营销

参与杭州亚组委反隐性营销计划并受到保护。

1. 荣誉待遇

杭州亚运会赞助商俱乐部成员、杭州亚组委领导出席赞助商签约仪式、杭州亚运会赛后报告、对社会效果突出的企业营销活动给予表彰、2026 年爱知·名古屋亚运会赞助优先谈判权（如可行）。

企业根据不同的赞助层级享受不同的权益回报，具体以签订的赞助协议为准。

2. 赞助征集方式

（1）直接征集

采用公开征集、定向征集、个案征集三种方式，由亚组委直接对意向企业进行赞助征集。

①公开征集，公告征集通知或公开征集企业赞助意向。

②定向征集，向具备技术条件的企业发出征集赞助邀请。

③个案征集，直接与符合技术条件的企业进行征集洽谈。

（2）代理征集

为了提高赞助征集效率，充分发挥市场化运作手段，实现互利共赢，亚组委将考虑委托第三方公司进行部分类别赞助企业开发，对成功开发并签订赞助协议的，由亚组委按照赞助总额的一定比例作为代理佣金支付给第三方公司。

（3）赞助征集时间安排

2018 年 12 月，启动"官方合作伙伴"企业征集工作。

2019 年 7 月，启动"官方赞助商"企业征集工作。

2020 年 7 月，启动"官方供应商"企业征集工作。

五、杭州亚运会特许经营计划

（一）特许经营

亚组委授权合格企业生产和销售带有杭州亚运会会徽、吉祥物等相关知识产权产品的市场开发行为。特许企业从生产和销售特许商品中获得收益，并向亚组委缴纳一定的特许使用费，以此对杭州亚运会做出贡献。特许企业不具有与杭州亚运会相关联的市场营销权。

1. 特许经营计划

特许经营计划由三项内容组成，包括特许商品、纪念钞／币及纪念邮票，并围绕着三项内容开展特许防伪企业、特许生产企业、特许零售企业的征集、特许商品开发、特许零售渠道规划等相关工作。

2. 特许商品的类别

杭州亚运会特许商品拟推出徽章、钥匙扣及其他非贵金属制品、贵金属制品、丝绸类、文具类、工艺品类、服装服饰类、纪念邮票及邮品、纪念钞／币及装帧制品、瓷器类、首饰类、玩具类、箱包类、电子产品及配件类等（产品类别最终以亚组委发出的征集公告为准）。

3. 特许企业征集流程

按类别分阶段对特许生产和特许零售企业进行公开征集。

（1）确定征集类别

（2）拟定征集文件

（3）亚组委官方发布征集公告

（4）市场开发部收取企业意向函

（5）市场开发部对应征企业进行预审

（6）向符合征集要求的企业发放征集书

（7）对企业递交的应征文件进行评审，并对候选企业组织考察

（8）根据评审结果出具评审报告，确定特许经营中选企业

（9）评审组将相关结果报工作小组

（10）提交审议决策

（11）正式签订协议

4. 特许生产企业

特许生产企业的职责：特许生产企业向杭州亚组委缴纳特许权费，并按照亚组委许可的产品类别负责特许商品的设计、开发和生产管理；向特许零售企业销售所生产的特许产品。

特许生产企业征集的资质：资金实力、生产能力、设计能力、销售能力、质量管理、环保标准、防伪措施、物流管理、售后服务、赛事经验等。

特许生产企业费用缴纳（暂定）：

（1）履约保证金：100 万—300 万元人民币

（2）特许权费：零售价 × 销售数量 × 特许权费率

（3）特许权费保证金：预期的年度生产总额 × 特许权费比例 × 提取比例

5. 特许零售企业

特许零售企业的职责：特许零售企业向杭州亚组委缴纳开店许可费和市场营销费，按照亚组委许可的区域或渠道开设特许商品零售网点销售特许商品，特许零售企业只能向特许生产企业采购特许产品进行销售。

6. 渠道网络规划

地域分布规划：立足杭州，辐射全球，线上线下联动，实现智慧零售；渠道特点划分：赛事场馆及周边、热门旅游景点、客流量较大的商区、交通枢纽（机场／高铁等）、宾馆酒店、博物馆、海外渠道等。

7. 店铺分类规划

（1）线上旗舰店（唯一平台、唯一运营主体，具有排他权）

（2）线下零售店（分三类）

A 类（特许体验店）：全品类销售；

B 类（特许专营店）：所售货品全部为特许零售商品；

C类（特许零售点）：店内固定区域／货架展示并销售特许零售商品，含自动售卖机。

8. 特许零售企业费用缴纳（暂定）

履约保证金：50万—100万元

开店许可费：0.5万—5万元（线上店待定）

市场营销费：零售价 × 销售数量 × 市场营销费费率

市场营销费保证金：年度预期销售总额 × 市场营销费费率 × 提取比例

9. 特许商品防伪管理

特许商品防伪服务企业服务内容：为杭州亚运会提供特许商品防伪标签，提供特许经营防伪管理系统。

10. 什么是防伪标签

防伪标签：挂标、贴标（参考示例：其他国际赛事防伪标签）

杭州亚组委高度重视特许商品的防伪工作，所有特许商品均应附带由杭州亚组委认定的防伪服务企业所提供的防伪标签。

11. 防伪识别教育

通过特许防伪标签上的识别码来识别特许商品的真伪，并结合文字、视频、讲座、路演等方式和途径，引导教育社会公众购买官方授权的特许商品，积极参与杭州亚运会的宣传推广活动。

12. 特许经营防伪管理系统

通过特许经营防伪管理系统对防伪、生产和零售三方进行统一管理并达成生产到销售的完整闭环，同时可实时提取及监管各企业间的生产、销售等相关数据，确保特许商品防伪管理工作的有效落实。

13. 特许运营模式

2018—2019年，前期筹备。

2019—2021年，企业征集。

2019—2022年，运营管理。

赛后—2022年底前，赛后总结。

六、杭州亚运会市场运营计划

（一）市场运营计划

市场运营计划是杭州亚组委市场开发部基于大型综合性体育赛事的特点，围绕互联网时代的商业特征和企业需求，通过构建组委会与赞助商之间的互动交流平台，为杭州亚运会赞助商在品牌推广和市场营销上提供服务支持，最大限度地延展赞助商权益回报范围和周期，助力赞助商进一步提升品牌价值和社会影响力，不断提升赞助商的满意度，扩大杭州亚运会在全球范围内市场价值。

市场运营计划以"服务赞助商"为核心，通过公共关系、资源管理、营销传播、技术服务四大体系，整合亚运会赛事营销资源、赞助商营销资源和社会资源，依据项目管理标准，全面实施赞助商服务支持。

1. 公共关系

政企关系——杭州亚组委成员单位与赞助商联席会。

赞助伙伴关系——"互通亚洲"杭州亚运会赞助商俱乐部。

2. 资源管理

赛事资源管理、赞助商资源管理、商业合作资源管理。

3. 营销传播

内容创意、营销策划、评估分析。

4. 技术服务

产品研发、技术支持。

5. 七大载体

杭州亚运赞助商品牌计划。通过构建集亚运赛事资源、赞助商资源、商业合作资源于一体的资源共享平台，为赞助商提供丰富的二次营销机会。组委会将带领赞助商全方位开展亚运赞助商品牌推广，并将整合国内外顶级创意团队、数字媒体和传统媒体供应商在全球范围内开展全矩阵宣传和事件营销。通过"杭州亚运赞助商品牌计划"的实施，组成组委会与赞助商营销联合体，在扩大亚运品牌价值和全球影响力的同时，助力赞助商提升品牌价值和市场份额。

（二）"互通亚洲""'一带一路'亚运行"

以习近平总书记人类命运共同体重要思想为指导，紧紧围绕"一带一路"建设倡议关于民心相通的相关要求，在亚洲沿线国家开展"'一带一路'亚运行"，通过绿色环保、智慧科技和文化交流，传播杭州亚运会"绿色、智能、节俭、文明"的办赛理念，实现地区间的经济和文化共同繁荣发展。

（三）"我为亚运赋能"主题营销活动

以"我为亚运赋能"为主题，以"再小的行动也是一种力量"为口号，通过"争当火炬手""寻找 2022 个亚运梦想"等系列活动，打造以体育公益为核心的千万级流量营销品牌，营造全民参与的热度与声势，提升杭州亚运和赞助商的品牌影响力和社会价值。

1. 杭州亚组委成员单位与赞助商联席会

构建赞助商与杭州亚组委各成员单位之间沟通交流平台，定期通过会议、座谈、走访等形式，互通信息，畅通渠道，及时解决赞助商在品牌推广和市场营销过程中遇到的困难和问题。

2. 杭州亚运会赞助商俱乐部

通过商学院、商务活动、高端论坛、公益活动等方式，为赞助商配置官方活动合作

◎ "互通亚洲" "一带一路"

机会、官方宣传物、官方商务活动等尊享服务，同时拓展企业之间的商业合作空间，最大程度让企业享受亚运红利。

（四）"互通亚洲"——编发杭州亚运会赞助商官方刊物

编发杭州亚运会赞助商官方刊物，通过在亚运媒体合作平台、机场贵宾室、高铁贵宾室、星级酒店、城市图书馆等渠道发行，及时发布赞助商的亚运活动，并全方位报道赞助商在商业、公益等领域最新动态，为杭州亚运会赞助商提供全方位、立体化的品牌传播。

（五）"赋能亚运"杭州亚运会互动专属平台

结合 AR 技术、大数据分析、区块链等互联网技术，通过主题营销活动、亚运公益、媒体宣传等方式构建杭州亚运会互动专属平台，利用高参与度、高互动性的线上线下活动，为合作企业提供更加丰富的营销宣传载体，同时也为不同国界、不同年龄的人群增加更多参与杭州亚运的通道。

七、杭州亚运会公益捐赠

（一）让公益捐赠成为参与杭州亚运的重要通道

2022 年第 19 届亚运会公益捐赠是指捐赠人基于支持杭州亚运会的慈善目的，自愿、无偿地捐赠财产的活动。中国境内外的自然人、法人或非法人组织均可成为捐赠人。根据《2022 年第 19 届亚运会捐赠办法》，杭州亚组委是接受与杭州亚运会相关捐赠的唯一合法受捐人，统一接受捐赠人捐赠，捐赠办公室设在杭州亚组委市场开发部。杭州亚组委鼓励捐赠人以捐款的方式进行捐赠，杭州亚组委认为确有需要的，也可接受实物、技术服务等形式的捐赠。

受赠的款项，按照实际收到的金额计算；受赠的实物或技术服务等，应当以其捐赠时的公允价值计算。

（二）让公益捐赠为杭州亚运谱写情怀

主题：我为亚运赋能。

口号：再小的行动也是一种力量。

初衷：作为获得感和幸福感指数名列前茅的杭州，杭州亚运会不仅将打造成为一届充满中国风范、浙江特色、杭州韵味的亚运盛会，更是一届共建共享的亚运盛会。因此，杭州亚运会公益捐赠力求将"公益"和"情怀"相结合，吸引更多的民众通过公益参与杭州亚运会，拓展参与渠道，共享亚运红利，打造一届充满"情怀"的亚运盛会。届时，杭州亚运会各个公益项目不仅将作为物质上的亚运遗产，更是精神层面上的亚运遗产。

（三）让互联网为公益捐赠插上翅膀

杭州是全国"互联网+"程度最高的城市，为了让个人、企业、组织特别是个人通过公益零门槛，全民化地参与亚运，我们将"公益捐赠"与"互联网"有机结合，于2018年4月19日以"我为亚运赋能——亚运足球梦想"为主题创新性地启动了线上捐赠，让互联网为公益捐赠插上翅膀，开创了大型赛事公益捐赠新模式，让公众通过公益的渠道在互联网平台上实现人人时时为杭州亚运赋能。

利用线上用户流量资源、线上快速广泛传播的特点，"我为亚运赋能——亚运足球梦想"公益捐赠项目在较短时间内突破时空限制，广泛传播，有效营造了活动的声势和热度，实现了以线上带动线下，线上线下良性互动的叠加效应。

（四）让公益圆梦大使成为公益捐赠的领航人

为推进体育公益事业，倡导杭州亚运精神，同时配合"我为亚运赋能"公益活动的展开，杭州亚组委拟聘请共计19位2022年第19届亚运会"我为亚运赋能"公益圆梦大使，借助圆梦大使自带形象效应提升事件持续关注度和扩大活动影响力，进一步倡导公益精神和体育精神。根据《2022年杭州亚运会"我为亚运赋能"公益圆梦大使聘请办法》，目前已聘请亚洲足球小姐王霜、著名足球评论员刘建宏，以及青少年足球成长基金创始人刘成三人为首批杭州亚运会公益圆梦大使。

（五）"亚运足球梦想"公益捐赠项目从"浙"里启航

足球是国人最关切的体育运动之一，我们积极回应社会关切，将"亚运足球梦想"作为杭州亚运会的首个公益捐赠项目。计划在杭州亚运会筹办期间，在全亚洲地区挑选

2022 所足球特色学校，通过捐赠足球装备、足球课程、足球夏令营、足球友谊联赛、足球公益课堂、请孩子们看亚运赛事等形式，为心怀足球梦想的孩子们提供更为专业的教学和更为宽广的舞台，为广大青少年种下一颗体育梦想的种子，为青少年足球助力，传播亚运精神和体育精神。经过多方调研和综合评估，我们选定上海真爱梦想公益基金会及其子基金青少年足球成长公益基金作为合作方，选定具有线上公募资质的支付宝爱心捐赠平台作为募捐阵地。该项目自 2018 年 4 月 19 日启动以来，近一年内收获了超过

◎争当亚运火炬手

385万爱心人士的积极参与，赋能亚运，合计捐款超过了64万元。2018年12月29日在杭州市星洲小学举行了启动仪式，邀请了浙江省全省11个地市的11所足球特色学校作为首批受捐学校接受装备和课程的捐赠，"亚运足球梦想"公益捐赠项目从"浙"里启航。亚洲足球小姐王霜、著名足球评论员刘建宏，以及青少年足球成长基金创始人刘成三人在现场受聘成为杭州亚运会"我为亚运赋能"公益圆梦大使。

活动现场，11所学校的代表收到了来自亚组委和青少年足球成长公益基金捐赠的足球装备及足球课程，爱心企业江苏金陵体育器材股份有限公司捐赠了价值155万元的足球装备，杭州万事利丝绸文化股份有限公司设计并捐赠了价值近12万元的温暖彩魔术巾，两家爱心企业在现场接受了赠书。

（六）打造亚运公益海洋

"寻找2022个亚运梦想"将汇聚全社会民众、企业和杭州亚运会赞助商的每一份爱心，通过"寻梦""筑梦""圆梦"三个环节，打造属于杭州亚运会的公益海洋。在杭州亚运会筹办期间，我们将在全世界范围内"寻梦"，寻找亚运梦想，寻找体育梦想，寻找或大或小、或童趣或感人的梦想。"筑梦"环节则是将所有搜集而来的梦想，在"赋能亚运"杭州亚运会互动专属平台上进行展示，通过杭州亚运会的各项公益活动，兑换能量值为梦想"充能"。最后"圆梦"环节则集合全社会民众、企业和赞助商之力，为2022个亚运梦想"圆梦"。"寻找2022个亚运梦想"于2019年底正式启动。

（七）国际青少年公益绘画大赛——共绘亚运色彩

于2019年启动的杭州亚运会国际青少年公益绘画大赛，以绘画为载体在全亚洲范围内青少年中寻找亚运梦想，以公募为手段展示传播公益绘画作品传递亚运梦想，以赞助商认领为主要方式共圆亚运梦想，从而进一步调动公众通过绘画关注亚运，通过亚运更加了解杭州，进一步点燃大家关注支持亚运的热情。届时，绘画大赛将通过杭州亚组委官方自媒体、"赋能亚运"杭州亚运会互动专属平台、新浪微公益等多平台同步启动，并通过纪录片、音频故事等方式，将绘画及梦想背后的故事与大家分享。同时，还将在亚运主场馆的沿江堤坝上进行"彩绘钱塘"，将民众对于杭州亚运会，对于杭州这座城市的期盼和畅想用笔触记录下来，向全世界展示杭州的美，展示杭州亚运会的活力。

◎ "寻找2022个亚运梦想"

杭州 2022 年第 19 届亚运会市场开发大事记

2018 年 2 月 26 日　举行 2022 年第 19 届亚运会市场开发计划发布会，意味着杭州亚运会市场开发正式启动！此次线上发布会通过浙江卫视、浙江电视台国际频道、浙江电视台新闻频道、网易直播间、优酷视频以及赋能亚运 APP 同步播出。网易直播间超过百万网民观看发布会，通过电视及全媒体平台，覆盖人次超过 3000 万人次。

2018 年 12 月 26 日　杭州亚组委发布市场开发计划，并同步启动首批官方合作伙伴征集。

2019 年 4 月 13 日　吉利汽车成为杭州亚运会官方汽车服务合作伙伴。

2019 年 4 月 15 日　2022 年第 19 届亚运会市场开发推介会（香港站）——2019 年"首秀"。

2019 年 5 月 18 日　杭州 2022 年第 19 届亚运会首套个性化专用邮票首发仪式在涌金公园举行。

2019 年 6 月 28 日　杭州 2022 年第 19 届亚运会首批特许生产企业正式征集。首批特许生产包括徽章及非贵金属类、贵金属类、丝绸类、文具类、家居生活类、工艺品类等 6 个类别。

2019 年 7 月 11 日　中国电信集团有限公司和中国移动通信集团有限公司联合成为杭州亚运会官方通信服务合作伙伴。

2019 年 9 月 12 日　中国工商银行成为杭州亚运会官方银行服务合作伙伴。

2019 年 10 月 16 日　长龙航空正式成为杭州亚运会航空客运服务官方合作伙伴。

2019 年 12 月 11 日　阿里巴巴（中国）有限公司与支付宝（中国）网络技术有限公司成为杭州亚运会官方合作伙伴。

"把亚运带回家"！天猫杭州亚运会官方旗舰店正式开业，60 余款商品首次亮相。

◎特许商品零售店开业

2019 年 12 月 15 日　杭州亚运会特许商品零售店正式开业，杭州亚运会特许商品零售店开业启动仪式在清河坊历史文化特色街区举行。

以亚运为主题的即开型体育彩票"杭州·2022"正式首发。

2019 年 12 月 31 日　杭州 2022 年第 19 届亚运会线上火炬传递活动正式开启。

2020 年 3 月 10 日　杭州 2022 年第 19 届亚运会组委会正式启动官方赞助商和官方供应商征集工作。首批官方赞助商（官方独家供应商）征集类别包括但不限于网络安全、物联感知与认知技术、摄影摄像、非酒精饮料、出行服务平台、西式快餐、家用厨电等。

2020 年 4 月 3 日　2022 年杭州亚运会吉祥物全球首发，同款特许纪念品上线。

2020 年 4 月 16 日　杭州 2022 年第 4 届亚残会吉祥物正式向全球发布。

2020 年 6 月 21 日　361°签约成为杭州亚运会官方运动服饰合作伙伴。

2020 年 6 月 23 日　"亚运好声音·杭州亚运会音乐作品全球征集启动仪式"在杭举行，为期两年的杭州亚运会音乐作品征集活动由此拉开序幕。

2020 年 7 月 7 日　杭州老板电器股份有限公司成为杭州亚运会官方家用厨电独家供应商，这也是杭州亚运会首个官方独家供应商。

2020 年 8 月 10 日　首款杭州亚运公益特许商品正式发售。

2020 年 9 月 7 日　2022 年第 4 届亚残运会组委会决定启动杭州亚残运会市场开发计划。杭州亚残运会市场开发计划，由赞助、特许经营、票务、市场运营、公益捐赠等五个计划组成。

2020 年 9 月 17 日　杭州亚组委首次邀请官方合作伙伴，前往富阳实地踏勘两个亚运新建场馆——水上运动中心与亚运射击射箭现代五项馆。

2020 年 10 月 18 日　杭州亚运会赞助商俱乐部成立。

2020 年 11 月 5 日　中国太平洋保险签约成为杭州亚运会官方保险服务合作伙伴。

2020 年 11 月 23 日　安恒信息成为杭州亚运会官方网络安全服务合作伙伴。

2020 年 12 月 15 日　杭州亚运会市场开发（赞助）海外代理工作启动。

2021 年 1 月 21 日　杭州亚运会赞助企业大会在杭州亚组委召开。这是杭州亚运会已签约的 26 家赞助企业首次"齐聚一堂"，也是 13 家供应商（非独家）层级赞助企业的首次亮相，会上举行了杭州亚运会官方供应商（非独家）的集体授牌仪式。

2021 年 3 月 30 日　圆通速递签约成为杭州亚运会官方物流服务赞助商。

2021 年 6 月 2 日　杭州亚运会赞助商俱乐部组织 17 家赞助企业踏勘温州亚运场馆。

2021 年 8 月 13 日　娃哈哈签约成为杭州亚运会官方非酒精饮料赞助商。

2021 年 9 月 14 日　杭州 2022 年第 19 届亚运会火炬"薪火"同款 3D 版数字火炬正式发布。这是杭州亚运会首款火炬主题特许商品，也是亚运会 70 年历史上首次发行数字特许商品。

2022 年 1 月 18 日　海康威视签约成为杭州亚运会官方智能物联及大数据服务赞助商。

2022 年 1 月 28 日　佳能签约成为杭州亚运会官方摄影摄像产品及服务赞助商。

2022 年 5 月 6 日　亚奥理事会正式官宣 2022 年杭州亚运会延期举行。后经商定，

2022 年杭州亚运会延期至 2023 年 9 月 23 日—10 月 8 日举行。

2022 年 8 月 10 日　亚运会历史上首套美妆特许商品上线。

2022 年 8 月 13 日　杭州亚运会首款零碳吉祥物发布。

2022 年 9 月 23 日　杭州亚运会迎来倒计时一周年。

杭州 2022 年第 19 届亚运会纪念券线上首发活动在杭州举行。

2022 年 10 月 2 日　"迎杭州亚运会趣味跑"海外首站在柬埔寨金边举行。

亚奥理事会总干事成为杭州亚运会博物馆名誉馆长。

◎亚奥理事会总干事成为杭州亚运会博物馆名誉馆长

2022 年 10 月 22 日　杭州 2022 年第 4 届亚残运会迎来倒计时一周年。

2022 年 11 月 27 日　全球首创——杭州亚运会推出"亚运数字火炬手"。

2023 年 2 月 10 日　杭州亚运会特许商品亮相王府井。

2023 年 2 月 16 日　2023 年推出的首个全国文化推广活动——"亚运走十城 吉利伴你行"活动走进大湾区。

2023 年 2 月 Bornan Sports Technology 成为杭州亚运会官方合作伙伴（计时记分）

2023 年 3 月 2 日　杭州亚组委与微博签订战略合作协议。

2023 年 3 月 7 日　"我们的亚运·我们的盛会·我们的村晚"倒计时 200 天主题活动盛大开启。

杭州亚运会官方主题推广曲《从现在 到未来》正式上线。

杭州亚运会电竞特许商品上线，首批 5 个类别 51 款。

（注：统计截至 2023 年 3 月 13 日）

杭州 2022 年第 19 届亚运会赞助企业名单

官方合作伙伴：

吉利汽车集团有限公司、中国电信集团有限公司、中国移动通信集团有限公司、中国工商银行、长龙航空、阿里巴巴（中国）有限公司、支付宝（中国）网络技术有限公司、361°（中国）有限公司、中国太平洋保险（集团）公司、杭州安恒信息技术股份有限公司、Bornan Sports Technology

官方赞助商：

圆通速递股份有限公司、娃哈哈集团、杭州海康威视数字技术股份有限公司、佳能（中国）有限公司

官方独家供应商：

杭州老板电器股份有限公司、蒙娜丽莎集团、广州耀有光照明科技有限公司、百胜中国控股有限公司、奥克斯集团有限公司、顾家家居股份有限公司、隅田川咖啡（杭州）有限公司、松下电器（中国）有限公司、力高控股集团有限公司海格林、中国邮政集团有限公司、纳爱斯集团、新东方教育科技集团、迪安诊断技术集团股份有限公司、内蒙古伊利实业集团股份有限公司

官方非独家供应商：

传神、舜禹、思必锐、普华永道、立居环保、东大环境、一石科技、盈科律所、观韬律所、炜衡律所、骄娇服饰、浙江邦格、万事利、嘉力丰、雅琪诺、浙盐集团、雪天盐业、云南盐业、西泠东道、台铃、立马、美通香薰、阿迪纳兰、宁红集团、浙茶集团、艺福堂茶业、欧伦电气、标榜、泰山体育、高飞、古越龙山、会稽山、塔牌、法狮龙、金陵体育、毛戈平、奥普家居、三星羽绒、睦田消防、森山、金弘三鸟、康浩一家、迪士普、圣都家装、浙江视野、王氏、三叶家具、满屋研选、巨化股份、中化蓝天、音王电声、艾力斯特、金手指、正泰居家、佑美、华橙、浙江禾通、嘉宝莉、杭州飞鹰、小状元、优瑞卡、箭牌卫浴、寿仙谷、创绿家、皇派门窗、艾是知色、特美赢杯、威龙股份、祖名股份、德信服务、康华船艇、联合康康、青莲食品、鲜丰水果、汤臣倍健、国草、艾维口腔、好太太、澳舟牛业、杭牙集团、薇姐、嘉培科技、融创服务、花西子、纽恩泰、中广电器、东鹏饮料、三和精化、长命电池、艺星集团、茅台红酒、气味王国、丰岛食品、凯迪仕、铭品装饰、雅迪集团、传化集团、光莆股份、情怀食品、不二家、毛源昌、尤赫控股、三衢味、大丰实业、艾伽盾、龙羊峡、振德医疗、山友医疗、电魂网络、浙文互联、臻久家居、红小厨、五丰冷食、盘石、千岛湖啤酒、西子洁能、大希地、华润啤酒、青春宝、盼盼食品、金峰国际、中粮福临门

（注：统计截至 2023 年 3 月 22 日）

从事门营销案例精选与范例解析

章 五

亚运会赞助商营销之道

从零开始学做优秀赞助商

根据国际经验，一个国家人均 GDP 达到 10000 美元，会带来人们生活方式、生活品质的提升，大众对于娱乐、体育运动的关注和需求也会大大提高。按国家统计局数据，2019 年，中国人均 GDP 就达到 10000 美元的标准，体育产业无疑也迎来了更好的发展机会，体育赞助作为企业的营销手段，也越来越为大众所熟悉。

体育是一项充满了力与美、速度与激情、不懈奋斗、无限耐心、时刻精进、突破极限等人类高贵精神的活动，体育竞技活动会给人们带来强烈的情感震撼，体育赞助可以给消费者带来强烈的情感联系。赞助商赞助大众关注的运动比赛，可以使观众对品牌产生好感，影响他们对品牌的认知和态度。所以，体育赞助营销，必然要将体育赛事的人文理念与赞助商的企业品牌和产品的内涵更好融合在一起，这是做一个优秀的赞助商的底层逻辑和基础。事实上，这也是一个企业在考虑要不要成为某项赛事或运动会的赞助商时首要考虑的问题，或者说，这个问题本身就决定了企业要不要、该不该成为某赛事或运动会的赞助商，而不是盲目跟风，仅仅为增加多一个时髦的"体育营销"而营销。就像巴赫讲奥运会的精神——"更高、更快、更强"，企业赞助营销也要有"更高的战略视野，更快的决策，更强的营销力度"，要从内到外制定一个系统化的整合营销策略，只有从系统化的整合营销策略出发，探讨成为一个优秀赞助商的具体方法（做法）才有价值和意义。

实事求是地讲，因为动辄几千万美金的赞助门槛，一些世界顶级赛事赞助，如奥运会、世界杯足球赛、NBA 篮球等，大多数的企业品牌无力投资。换句话说，它们本来就不是世界上绝大多数企业做体育赞助的"菜"。另一方面，以笔者多年从事体育营销的经验和了解，像亚运会这种大型洲际运动会的赞助项目，中国已经有许多上规模的品牌企业完全能够匹配，而且，它们也积累了越来越丰富的赞助营销经验，努力成为优秀的赞助商。

和可口可乐、麦当劳等已经习惯赞助奥运会等顶级运动会、并已经形成一套自己成熟的赞助营销体系的跨国大公司相比，一般企业对于大型综合性运动会的赞助营销运作难免欠缺技巧和经验，生搬硬套跨国公司的经验自然是不行的，但了解和学习无疑非常必要。

对于拥有较为完善的赞助体系和运营经验的跨国公司来说，它们在制定一套系统的赞助营销运作体系之前，首先会对自己的目标消费者与运动会受众之间的内在联系、各自的需求做针对性的市场调研和判断，找出共同关注点或者说热点，然后再据此制定营销策略，为整个营销计划或活动定下基调和方向。这也是跨国大企业营销的传统套路。

跨国公司本来就有成熟的营销体系，像可口可乐、麦当劳、三星电子等跨国公司，其体育赞助营销甚至已"内嵌"在其整个营销体系之中，很多甚至都形成了套路化，这是刚刚进入体育赞助营销领域的一般中国品牌企业不能比的。这些一般企业作为体育赞

◎为361°在2018年亚运会游泳跳水场馆争取的赛时广告露出

助营销的"初哥",不管在资金实力还是经验值各方面,都无法跟跨国公司比肩,所以,跨国公司的赞助营销手段,可多了解、多借鉴,但未必要学。

事实上,这些年协助不少中国企业从事亚运会赞助营销的经历,也让我看到了中国很多品牌企业在体育赞助营销活动中的各种创新和成功经验。体育赞助营销的内容和种类比较丰富,除了对运动会比如亚运会本身的赞助,也有赞助各种国家队、赞助某个运动单项或者选择明星运动员代言赞助等等,我这里探讨的主要还是就运动会本身的赞助营销。

要成为亚运会优秀的赞助商,在具体实践上,建议大家至少要做到下面几点。

成为亚运会的赞助商,就要先了解亚运会的办赛情况。

第一,最基础的一些数据要掌握,比如举办该届亚运会的国家和地区、城市的基本经济情况,本届亚运会的办赛规模,预计各国和地区有多少运动员、媒体记者、技术官员、观众参加,这样才能心中有数,知道怎样把我们的企业、产品和这些目标人群进行结合,有针对性地做营销做推广。

第二就是要掌握赞助谈判的核心和技巧。企业在赞助投标过程中,也就是在跟组委会谈判的时候,很多权利、权益或义务内容都是公开的,但是如果企业就只想着这些东西,光考虑"例牌"套餐,那是没有价值的,真正的价值需要企业结合实际情况深入挖掘,根据公开的权益回报条款和公开乃至没公开的各种信息去做深入分析、跟进。

这方面像可口可乐这种体育赞助经验丰富的企业是玩得最溜的。比如,这些企业会紧跟组委会的核心工作任务、会根据亚运会筹备及赛时的各项里程碑任务特点,结合自

己的品牌营销乃至产品销售。对于一般的赞助商企业，至少也要清楚了解各项里程碑任务具体归口到哪个部门、相应的节点营销可以怎么跟进更具成效。

所以，赞助商企业也一样需要了解诸如赛事指挥体系、组委会的组织架构等等。只有把组委会架构了解透，比如有多少人，分几个部门，各个部门都各自负责哪些事，具体哪些人在管，企业都要掌握。实际上，不管是组织架构还是场馆信息，全部都是公开的，并非什么秘密资料，区别只在于大家对此用不用心、留没留意。

实际上，只要赞助企业多用心留意，就能找到更多与自己企业营销、产品或服务销售结合的机会。比如说亚运会，光亚运村就有很多的机会。整个亚运村运营团队的衣食住行、吃喝拉撒都可以跟赞助商有关。所以，赞助企业要深入了解组委会的每个部门具体管理哪些事，亚运村是处在筹建、在建还是运行的阶段？不同阶段不同节点都有哪些工作任务和需求？

比如像杭州亚组委，亚组委一共有 51 个业务领域，把这 51 个业务领域搞清楚了以后，赞助企业就会基本知道自己企业可以或者有机会跟哪些工作领域相结合。所以，聪明企业的赞助营销工作、赞助权益获取就会基于对组委会的了解和工作的需求以及办赛的进展来进行，只有这样，才能够更好地把企业的产品或服务植入进去，更好地实现企业的营销目的，同时也真正为亚运会助力，提供更好的服务。而这，其实也是组委会所需要和乐见的。

当然，要把这件事做好，既容易也不容易。有几个前提条件：一个是在管理及营销上要形成统一认识；二是要有专项预算安排。

应该说，能够赞助亚运会的企业，基本都是有一定规模，比较像样的公司。所以，上面两点，对于这些企业来说，理论上应该都能做到。

仍以杭州亚运会为例。第一，在公司管理层，大家都要认识到借助亚运会营销是一个很好的机会，亚运会是一个很好的体育营销平台。除了几个世界五百强企业之外，其他能够参与杭州亚运会的这些企业，虽然未必能与跨国大企业大集团等量齐观，但也都不是刚成立的小公司，都有一定规模，企业管理层每个人管很多事情，一个公司如果不能认识到杭州亚运会是公司今年明年做营销最重要的抓手，各顾各的，只是由公司负责营销的搞搞营销、负责品牌的搞搞品牌、搞销售搞服务的思想上不在线不着急，那肯定不行。首先这个公司一定要有统一的认识：亚运会很重要，我们的目标就是通过亚运会的舞台怎么去实现企业的品牌战略规划，做出完整的规划和计划。

◎作者带领赞助商考察 2018 年亚运会场馆

第二就是要有专门的预算。这些年笔者在给一些赞助商企业做营销顾问过程中，发现一个很大的问题，就是这些大公司都有一个完整的流程，但由于没有事先做好一个专项的预算，在赛事的时候临时再做费用之类的申请，最后卡在申请流程上因为时间紧迫等问题就搞不下去了。所以有了统一的认识，还要有一个专门的预算。

具备了这两个前提条件，接下来就是专家团队。我服务了这么多年的运动会赛事，现在是服务组委会或服务赞助商企业顾问的身份，早年也曾亲身作为赞助商企业的身份，有个工作体会特别深：市场赞助做得好的企业都会专门成立一个亚运服务团队，专程做好亚运营销工作。换言之，有专门的服务团队才能够把亚运赞助营销工作做好。

具备以上基础，才可以开始探讨运动会重要节点策划等更具体的问题。

运动会重要节点策划要跟组委会各阶段的工作重点结合在一起。比如说亚运会主题曲发布，今天上午组委会开新闻发布会，下午企业就开始搞海选啦啦队的活动，活动现场就唱上午刚发布的歌，这就把企业的营销活动和亚运会的热点在同一时点上结合起来了，等于是和组委会一起做这个事，声势效果自然倍增。

类似的节点可谓不胜枚举，因为大型综合性运动会从筹备到举行往往是一个贯穿好几年的周期，从赛前筹备到赛时运行、赛后总结（或者说庆祝），都会对应各个时间节点的不同环境、"背景"做不同的事情。所以，企业的赞助营销计划也是相对长期的、可持续的一个过程。

以我个人经验和观点，企业营销一定要重视亚运会本身的各个重要节点，尽量不要无中生有去干一些别的事，争取借力发力"四两拨千斤"，达到事半功倍的效果而不是反之。因为如果组委会的工作重点还没到某一步，你就让它去配合一个赞助企业搞这搞那做营销是不太现实的，企业自己要学会紧跟组委会的节奏，利用各个重大事件和节点的时机。可口可乐就是充分利用时间节点的高手。比如组委会下午发布会徽，可口可乐晚上就把新的带有会徽的纪念罐推出来，第二天早上起来市场肯定抢购一空。

当然，强调利用运动会重要时间节点的同时，也不能盲目地为了"节点"而动，始终还是要结合自己的企业特点和需求，结合自身的营销战略，因时因势因利而动。这个自然是说起来容易做起来难，但不能因为难而随意"乱动"，所以这又回到了前面说的，企业一开始就要制定明确和清晰的赞助营销策略。事实上，对于重要节点的策划，本身就应该做进整体营销策略里，只是在具体时间点具体执行过程中，因应实际情况进行调整或改进。

很多赞助企业对于策划各种营销事件、品牌宣传，包括请明星运动员代言等都比较重视，大家对这方面的实践和探讨也比较多，但对于赞助商权益中的火炬传递、款待计划等等，往往不够重视，其实这里面有很多问题和细节。

在我看来，火炬传递是组委会工作的最重要节点之一，是奥运会、亚运会开闭幕式之外的最重要的极具标志性和"表演性"的活动，公众参与度、媒体关注度高，当然也是企业赞助营销当中的重头戏。虽然参与火炬传递计划并不一定包含在赞助商权益里（不同等级的赞助权益不一样），但多付出一些对价积极争取参与火炬传递也是值得的。

在我们的实践案例中，把企业文化与体育精神相结合，把火炬传递与企业奋斗精神结合，效果非常好。有个赞助企业老板除了决定自己进行火炬传递之外，还早早把经销商组织起来，开经销商大会，发动和组织经销商争取火炬传递，让每个人都有机会，只要达到多少业务目标就行。我们还建议把火炬传递和企业培养接班人结合起来，实现了企业创始人两父子跑火炬接力。

不同类型的企业赞助营销有不同的诉求，我们要根据不同的诉求去制定不同的策略。比如"TO C"的企业和"TO B"的企业，它们的营销策略和采取的手段自然不同。比如纽恩泰空气能这个企业，它的产品不是直接面对 C 端普通消费者，主要是做各种工程项目。所以，它的赞助营销活动会更多地从大客户的角度，比如说大宗采购。比如要做产品推介会、技术交流等，通过样板工程来拉开与竞争对手的距离，占领行业制高点，树立龙头品牌地位。如果大型国际赛事能够应用其产品和服务，那就创造了一个无可比拟的营销场景，把选拔的火炬手的荣誉名额与经销商业绩奖励挂钩。通过这样的事件营销活动，在企业内外部都形成了很大声势和影响，进一步巩固了企业在经销商渠道的形象和影响力，拉开与竞争对手的距离。2018 年雅加达亚运会时，纽恩泰空气能组织优秀经销商观看火炬传递、开幕式、比赛，顺便巴厘岛旅游，成为国内空气能行业第一家赞助国际大型综合性运动会的企业，在行业内声名鹊起。

这个案例也提醒赞助企业，企业赞助权益里的企业款待内容很重要，值得好好挖掘其中的价值并利用好。说到企业款待计划，则又涉及住宿安排、票务安排等。在运动会开闭幕式或赛时阶段，往往会出现这个城市的酒店基本住满了，车也没有（租不到）的情况。企业拿了款待的票会请客户或经销商看开闭幕式或热门比赛，遇到这种情况就很容易抓狂"添堵"，所以要把款待业务计划提前做好，组织预备好专门的服务团队。

像住宿方面，组委会会给赞助商一些住宿酒店的名额，但往往不够用，企业自己还要订一些酒店。所以企业要做好款待规划，大概安排多少客人，这些工作都不能等到赛时再来安排。一些重视经销商关系和渠道管理的企业，早在亚运会开幕半年、一年前，就已经规划好亚运会期间，要请多少经销商，要准备多少亚运会开幕式、闭幕式的门票，哪些热门比赛多少门票，要安排多少住宿，甚至车辆安排都准备好了。这是一个系统的事，所以需要尽早做出计划。

大计划之外，真正到了赛时服务，还有很多细节要注意。比如说开闭幕式现场的食物和饮品服务。晚上开闭幕式，现场里面会设安保红线，一般下午 4:00 就开始入场，在开闭幕式正式开始之前这中间有三四个小时。赞助企业客人进去以后，他们这段时间里干吗？在排队等待的这个漫长过程中，可以试试给每个人准备一个小礼包，把吃的用的放进去，体现企业贴心的服务。还有，如何处理临时应急？如果有紧急情况出现，除了依赖组委会现场的服务团队，现场企业的服务团队可以怎么处理？所以说企业赞助大型综合性运动会，不是仅仅增加品牌曝光度，还要注意款待计划和礼仪，进行产品或服务展示、增强与客户或合作伙伴的黏性、展示企业形象和文化、增强员工荣誉感归属感等显性和隐性的收益。

说到企业产品展示，也是很值得重视的赞助权益。一般在比赛前，包括赛时，亚运村或比赛场馆，都会设赞助产品的展示中心、赞助商接待中心之类，赞助商企业要早早规划好哪些地方可以摆上企业的产品？赛时这个系统工程要怎么规划？对应规划如何适时安排？赛时大家对比赛的关注都是以体验为主，既体验体育比赛本身，也体验围绕比赛进行的各项服务，而提供这些服务，无疑正是赞助企业大显身手、贴近消费者、给消费者留下品牌印象或者获得好感的最佳机会。

2022北京冬奥会上，中国银行通过在场馆提供数字人民币服务，宝洁通过为冬奥村运动员提供洗漱小礼包，松下通过在开闭幕式为其客户提供配套的贵宾服务，就把企业的产品和服务植入办赛的过程中，完美地展示自己的品牌价值和形象。

所以企业赞助，不仅仅是花钱去做个赞助，更要争取让企业的产品和服务更好地服务于赛事，这才是企业赞助的核心。事实上，如果能结合赛事需求和各业务领域的办赛需要，开发出有针对性的产品或服务，企业也能相应获得一些新的权益回报。不管是对主办城市还是组委会，像举办奥运会、亚运会这种大型综合性运动会的办赛过程都非常不易，遇到各种各样的困难是常有的事，如何满足各方的服务需求尽量让大家满意也是主办方头疼的问题，如果赞助企业能够想主办方所想，和主办方真正在同一艘"船"上，那么企业赞助权益的完全实现或超值实现都是可能的。

宝洁就是做服务的高手。像在北京冬奥会上，宝洁就通过推出各种服务，既帮助解决和提升了办赛方的服务质量水平，同时也把自己的各种产品及品宣"丝滑"嵌入其中。比如冬奥会每个运动员进村以后都会领到一个洗漱包，洗漱包里该有的洗漱用品都有，女运动员还会额外领到一套很贴心的个人护理包，里面包括卫生棉条之类的。宝洁还在每个冬奥村里搞一个美容美发沙龙，里面有美容护理体验中心、头皮护理中心，给运动员、技术官员们剪头发，做美容美发、头皮护理什么的。当时由于冬奥会期间冬奥村闭环管理，运动员和技术官员们估计也闷得慌，据说有些运动员和技术官员早上、晚上都会上门"关顾"，一天去两趟。除了美容美发个人护理，宝洁还把自己旗下的"汰渍"等洗涤用品也放在了冬奥村里的洗衣房，和松下的洗衣机一起为运动员们提供服务。在品宣方面，除了和松下做联合营销，宝洁也和其他很多赞助企业开展联合营销合作。

提供优质的服务其实就是最好的营销和品宣。像这次赞助杭州亚运会的圆通公司，因为是专门做物流服务的企业，组委会各部门及亚运村都有需求，赛前、赛时、赛后都会有物流需求，所以圆通公司为此专门开发出一个针对性的服务系统，现在成了亚洲赛会物流服务的一个典范。

随着VR技术、AI科技、线上线下营销模式的融合发展，云展厅以后也会成为企业产品或服务展示的一个重要趋势。2022北京冬奥会上，历史上第一次，很多企业开始因为闭环办赛在做云展厅。杭州亚运会APP上，也有企业在做云展厅，做线上的营销。营销无定式，体育赛事在改变，赞助营销权益也会不断创新。

一些讲奥运营销案例的书说到企业赞助营销时，往往会提到，企业赞助多少钱，就要相应地按配比，比如按1：1还是1：2的比例，准备多少钱投入去做市场营销，这样才能让赞助真正起作用，而不是光给一笔赞助费用。这种说法也对也不对，从大原则上来说是对的，但往往在理解或执行上很有问题。比如，很多讲广告宣传的书，对1：1的理解就是广告宣传费用的投入，这些书喜欢告诉赞助企业要准备多少广告费，是1：1还是1：2。事实上，广告宣传只是整个营销系统当中的一部分，所谓1：1还是1：2比例的投入并不止于此。营销预算投入不能混同于广告投入预算。就像可口可乐的赞助营销案例，可口可乐实际上除了赞助投入的钱，它在市场计划或者在营销计划上还会投入至

◎为赞助商提供品牌增值服务

少1：1的营销预算，这个营销预算，当然是包括了招待贵宾、参与火炬传递活动、聘请幸运观众等等，所有这些都是营销投入或者说市场投入，要把这些都讲透讲明白。

评估赞助成功与否，一般可以采取以下几个维度进行判断：第一，这个赞助是否增加（增强）了公司和产品的竞争力、美誉度；第二，是否促进了产品销售；第三，赞助是否促进了企业与政府或社会团体建立更密切的关系，创造出更有利于企业生存的社会环境，增加了商业机会。特别是其中第三点，是企业通过一般的纯粹商业性行为所难以实现的。这三项目标未必都能全部达成或实现，但至少实现其中一项，就说明这项体育赞助是成功的。如果以上目标都能达成，这样的赞助企业，无疑就是一个优秀的赞助商。

多学习和比较其他企业的成功赞助案例，对自己企业赞助所取得的实际效果多做客观总结，不管是成绩还是经验教训，都将有助于企业今后对体育赞助营销的决策和执行。

赛时赞助企业营销概要

对于运动会来说，赛时是其从筹备到举行全周期内最重要的阶段；同样，对于运动会的赞助企业来说，赛时也是其营销全周期内最关键的权益激活和落实阶段。赞助企业普遍关心、赞助企业服务团队遇到的主要问题，很大部分都是赛时权益激活的问题。

诸多国际大型赛事中，赛时的重要权益一般都包括赞助企业总体权益回报中的六大内容：赛场广告发布、赛场展示、赛时款待、赞助企业款待中心、赞助企业活动、优先谈判权等赛时核心权益。

虽然这些是赛时的核心权益，但赞助企业却必须从签约赞助亚运之日起，就开始筹划并进行相关的沟通、计划、落实等工作。所以，做好赛时权益回报工作，发力点不仅在赛时，还要在赛前。作为赞助企业，要积极配合，按照组委会各项权益落实工作的时间安排，完成各项权益的全面激活。

亚运营销进入到赛时阶段，与赛前相比，会比较集中地体现出几个特点。

第一，赛时阶段是亚运盛会的绽放阶段，各国贵宾、选手和记者各就各位，精彩纷呈的亚运会成了全国、亚洲甚至全球的关注焦点，赞助企业的各项权益的价值，得到了充分体现，赞助企业长期以来的辛苦工作，也将得到全面回报。

◎杭州亚运会赞助企业大会

第二，一些核心权益，将逐步落实，赛时营销突出的是"时间敏感"。从展示区的运营到贵宾款待，从赛时公关到紧急处置，进入赛时阶段，各赞助企业的亚运营销工作，就和亚运会的赛事运行一样，一环扣一环，从决策速度到执行保障，都是在和时间赛跑。

第三，进入赛时阶段，亚运会各项比赛将极大占据各大媒体的声音份额。赞助企业开展亚运营销时，做到"吸引眼球"的难度比赛前更大了。如何在亚运盛会各项精彩比赛的声浪中，发出自己的声音，这对赞助企业的营销策略、创意和执行保障都是一个挑战。

第四，赛时阶段，亚组委各个部门、各项工作，都将空前围绕"赛事运营保障"这一核心，一切以比赛保障为重、以运动员为重。其他工作在紧迫性上，都将为比赛的顺利进行让步。这是所有大型综合性体育赛事运营的共同点。

赛时的工作，功夫在赛前。面对赛时阶段对赞助企业亚运营销工作提出的诸多挑战，我们建议各赞助企业，从赛前做起，充分利用赛前时间，将各项权益激活的规划、筹备、执行、保障等一系列工作，提前做扎实、做充分，最大程度保障赛时各项工作的顺利进行。各赞助企业在充分理解赛时阶段对于亚运营销工作的特殊性的前提下，结合自身特点，在以下三个方面，做好应对准备。

首先，沟通与计划。赞助企业需要在赛时来临之前，加强企业自身关于亚运营销，尤其是赛期权益激活的沟通，确认各项工作细节，包括款待对象、款待内容、展示内容、广告设计等诸多细节，落实到谁负责、谁计划、谁执行、谁保障的具体执行层面。这些细节，无不需要大量细致的沟通工作。这些沟通成果，将组成赛时营销执行计划的主体

◎杭州亚运会赞助商俱乐部场馆踏勘活动

内容。所以，赛时之前的内部沟通，将一定程度上提高赞助企业赛时权益激活计划的可执行性，最大程度减少突发事件的概率和影响。

从经验上看，赛时期间，赞助企业项目工作团队每日的两次例会，是内部沟通的重要保障。早晨的准备会，确认人员与岗位任务要求；晚上的总结会，复盘当日工作成绩和问题，提出防止问题反复出现的解决方法，必要时对次日人员和岗位进行调整。

同时，赞助企业在赛时到来之前，也需要更高效地与亚组委保持沟通，认真理解亚组委提出的各项制度、计划、建议和手册等文件。对于其中不确定的内容，第一时间与亚组委沟通并取得共识。

一、赞助企业赛时主要权益解读及激活要点

赞助企业赛时的广告权益，主要包括以下两个载体：

第一，各竞赛场地内设置的广告牌。

亚组委经过对各竞赛项目比赛场地的全面勘察，由于各竞赛项目在比赛场地内设立广告牌的数量、位置、尺寸和广告画面等具体要求不同，掌握了解广告牌设立的总体资源之后，再根据赞助企业的赞助级别和数量，对广告牌资源进行分配，尽量做到公平。场内广告牌位置的分配权，归属于亚组委。广告牌的分配结果，将由亚组委市场开发部专门通知各赞助企业。

各有权在竞赛场地内设置广告牌的赞助企业，需按照组委会要求，在要求时间内提交符合该赛事比赛场地广告牌要求的设计方案，供亚组委竞赛部和市场开发部审批。审批合格后，方可制作和发布。同样，所有在赛场内设置广告牌的赞助企业，需依照亚组委要求预付广告牌制作费。

亚组委将根据各竞赛场地的具体情况和比赛项目的具体要求，不是每一个场馆都会设立有赛场广告牌。

第二，在运动员号码布发布广告。

亚组委将在有运动员参赛号码布的竞赛项目为赞助企业发布广告。

—— 激活要点 ——

首先，赛场内的广告资源，是亚运会区别于奥运会的重要赞助权益，也是在电视转播中，出镜率极高的广告机会，赞助企业需遵照亚组委提出的工作时间表，在指定之间，提交指定的广告内容，进行审核，以保障场馆内广告资源的顺利分配、使用。

对于场地内广告牌，赞助企业可以结合不同场地和不同的广告牌发布方法，充分利用亚组委提供的三个广告设计的空间，最大化广告牌的使用价值。

二、赛时现场展示权益

为赞助企业提供赛会现场的展示机会，是亚运会的传统权益之一。亚运会的现场展

示空间包括三个部分：亚运村企业展示区、奥体中心体育场和国博之间的展示区、奥体中心体育场企业包厢。

三、亚运村企业展示中心

亚运村内的企业展示区是亚运会赞助企业展示的核心舞台。一般赞助企业会优先对待。在这个展示工作中，赞助企业要重点注意以下四点：

第一，沟通协调充分及时。展示工作是赛时一项比较复杂的任务，赞助企业务必和亚组委有关部门，尤其是市场开发部、场馆建设部、安全保卫部和亚运村运行团队等方面保持密切沟通，实时了解展示权益落实进展，切实领会亚组委关于亚运村内企业的在策展、设计、物料、施工搭建、运营保障、拆除、防疫、安全等领域的要求。做到在亚组委要求的时间，提交规范的文件，完成高品质的工作成果。

第二，展示策划突出特色。在展示内容上，亚运村内企业厅可以供企业自由发挥的空间较充分。赞助企业可以在展示主题、展示风格、展示内容等艺术表现上，体现企业个性化的风范，从而在整体上，向世界展示主办城市的创新特色。同时，在功能上，赞助企业还可以将展示空间与企业的亚运贵宾款待、内部激励等亚运营销工作结合，让亚运展示成为企业的一张名片。

第三，展示运营务求专业。展示运营是一项专业的工作，体现了赞助企业的服务品质。需要保障在亚运会和亚残会期间，展厅持续为参观者提供高品质的参观体验的同时，对于各类突发事件能够及时、妥善解决，确保防疫、安全等领域零失误。在运营过程中，我们建议赞助企业，注意以下四个方面的问题：

（1）全面严格遵守亚运村企业展示工作的各项规章制度。尤其是安全与防疫制度。

（2）了解展馆耐压上限，做好总体运营规划。我们建议赞助企业在正式开展之前，对各自展厅进行"压力测试"，充分了解展厅容纳能力的上限，包括空间、服务、体验、安全等不同指标的容纳能力上限，以便根据这一上限，优化运营流程。

（3）管理好排队与参观时间，优化体验，确保安全。由于展馆有丰富多彩的互动内容，不同参观者的体验滞留之间会有较大差别，赞助企业很难准确预估排队人数、排队时间和参观时间，为避免观众排队聚集时间过长，而体验互动不尽兴，赞助企业在开展前，建立与公布参展预约窗口，以优化参观者体验。

（4）在与不同行业第三方合作时，注意亚运会知识产权保护，杜绝隐性营销。

第四，危机处置稳妥得当。亚运会期间，亚运村是整个赛会的心脏地区，亚运村企业展厅可能会遇到观众较多、参观时间较集中、不良天气，甚至治安、疫情等情况，赞助企业在展示工作中，要做好危机处置预案和演练，保障亚运展示万无一失。

四、赛时款待权益

赛时款待权益是赞助企业权益中最受赞助企业关注的内容之一。亚运会的赞助权益内容包括门票、酒店、证件、款待中心和其他款待服务。

（一）门票

亚运会所有赞助企业，根据赞助级别不同，将获得亚运会比赛和仪式（包括开闭幕式）的门票。其中包括部分免费门票和根据门票面值在门票公开发售之前支付购买的部分门票。各赞助企业所获得的门票均覆盖不同比赛项目，赞助企业不得指定获得任何比赛项目的免费门票。赞助企业在获得免费门票后，不可转售，但可以和亚运会其他商务合作机构进行门票交换。亚组委对于赛事免费门票的发放尽量做到公平、公正，同一级别的赞助企业免费门票获得的数量一致。

对于重要仪式门票，如果需要实名制，各赞助企业需按照亚组委要求，按时提交持票人的个人信息。

在观赛过程中，赞助企业遇到任何门票问题，亚组委指定专门团队负责帮助赞助企业协调、解决。

（二）酒店住宿

各赞助企业均可获得亚组委提供的亚运会赛时的酒店住宿服务。根据赞助企业层级差异，亚组委将为不同赞助企业分配不同比例的三至五星级酒店的房间，房间使用周期为：亚运会开幕前两天至闭幕结束后的一天。对于超出亚组委所提供酒店住宿房间数量和使用时间的，赞助企业可与酒店协商自行解决。

（三）赞助企业款待中心

作为企业款待权益的一部分，组委会设立赞助企业款待中心，用于为赞助企业提供赛时接待服务。

赞助企业款待中心为赞助企业提供企业专属的独立空间，企业可用于进行品牌与产品展示，以及款待宾客等活动。赞助企业款待中心的招待设施，包括使用公共空间、中央空调、照明和基本装修，但不包括室内装修、家具、餐饮服务和电话费用。

赞助企业在租赁、施工、运营中，需要遵守亚组委的有关安全、环保、防疫等各项规定。

--- 激活要点 ---

款待需求统计与分级。

在大型体育赛会中，赞助企业对赛时款待权益的激活，首先要做好的是款待需求的统计。赞助企业款待对象一般包括三个类别。

第一类别：企业的股东和高层管理人员、重要战略合作伙伴、核心大客户高层管理人员等核心贵宾。

第二类别：重要合作伙伴、大客户经理人员、核心管理人员等贵宾。

第三类别：优秀员工及家属、幸运消费者等贵宾。

不同的赞助企业，因为处于不同行业和不同的发展阶段，设定了不同的亚运赞助营销目标，所以对不同类别款待贵宾的重要性排序也会有所不同。

对于款待对象的分级分类管理，是一项细致的工作，被款待贵宾的个人信息（例如姓名、性别、年龄、民族、健康情况、同行人员信息等）的详细掌握，可以极大避免款待工作在执行中出现纰漏，最大程度降低突发事件的概率。帮助赞助企业在款待工作中，抓住重点，事半功倍。

五、款待资源的产品化

结合亚运会赛程，将款待划分成不同波次，即决定一共款待几个批次的贵宾。根据不同波次中所含高价值仪式和比赛的差异，结合不同价值亚运会的门票、酒店等款待资源，赞助企业将这些资源进行组合，打包成赞助企业自身不同价值层级的亚运款待产品，在不同波次中，匹配给不同的款待贵宾。

例如：一般两周左右的大型赛事，款待工作可以划分为四至五个波次。每个波次覆盖三日两夜的赛程。在每个波次中，为价值高的款待贵宾匹配两日五星级酒店住宿和三场重点项目的观赛体验，为价值较低的贵宾提供三星或四星级酒店住宿和三场随机项目的观赛等。

同时，结合不同款待对象的特点，赞助企业可以策划和举行不同的个性化商业活动。例如：为战略合作伙伴、主要股东等安排参观、论坛等活动，为员工、消费者等贵宾安排亚运家庭体验日等活动。这些活动，一并并入不同的款待产品，便于统一管理和执行。让每个被邀请的贵宾，都能获得卓尔不凡的亚运体验。

（一）专业的保障能力

大型体育赛事的赞助企业款待工作，是一个复杂、细致的体验项目。赞助企业除了亚组委提供的款待资源外，还将投入更多的保障资源，比如交通、医疗、餐饮等各项保障，以及这些保障所需要匹配的专业人员。

可见，完成好一次大型体育赛事的款待工作，既需要丰富的系统规划能力，也考验细致入微的执行保障力。建议各赞助企业在赛事款待权益的激活中，考虑和专业的款待项目第三方合作，借鉴更多的专业经验，更好地保障款待工作的顺利完成。

（二）赞助企业款待中心

赞助企业款待中心，是款待资源中的一个非普惠型亮点资源。赞助企业完成租赁后，重点激活任务包括展示、接待和运营。

赞助企业款待中心，可以作为赞助企业款待资源中的一项特色体验，打造高端、舒适的环境氛围，并匹配相应规格的简餐、酒水供应，以及文化、艺术展示和表演。

此外，各租赁款待中心的赞助企业，在不违反款待中心各项规定的基础上，还可以开展灵活多样的联合营销活动，以丰富款待中心和各赞助企业的活动内容。

赞助企业对款待中心所租赁区域的运营，也同样需体现出在人员、内容、服务上的高规格和高品质。对于各类突发事件，做好预案，并及时妥当处置。为此，赞助企业需在款待中心，设置一支较成熟的管理团队，并且有较高层级领导驻场工作，负责代表企业接待贵宾，并且实时协调资源、解决问题。

各租赁款待中心的企业，均需按照亚组委关于款待中心运行的时间安排，在亚组委要求的时间，开展踏勘、签约、付费、提交设计施工方案审批、施工与运营等工作。同时，请各租赁企业，务必严格遵守亚组委关于款待中心关于安全、环保、防疫等各方面的规定。

六、赛时官方活动参与方法

大型综合性体育赛事一般都会有一系列官方活动，覆盖赛前和赛时阶段，均可进行商业开发，接受赞助企业的赞助。这些官方活动，一方面丰富亚运会体验内容，可以更立体传播亚运精神；另一方面也为赞助企业提供了更丰富的权益空间和营销场景。具体包括以下五类活动。

第一类：重要时间节点的官方活动，如倒计时系列庆祝活动、亚运村开村活动、主新媒体中心启用活动等。

第二类：官方主题信息发布活动，包括奖牌发布、制服发布、志愿者招募启动等。

第三类：官方主题文化活动，如文化节、青年营、研讨会等。

第四类：火炬系列活动，如火炬发布、火炬手选拔、火炬传递等。

第五类：测试赛系列活动，指亚运场馆系列测试赛。

针对这些官方活动的市场开发，亚组委市场开发部遵循以下基本原则。

第一，按照目前赞助企业的赞助层级，由高至低顺次征询，高层级赞助企业有优先选择权。

第二，每个活动的赞助企业原则上只选择一家，特殊情况在沟通协调后特殊处理。

第三，每个活动的赞助内容，原则上只收取现金赞助，不接受VIK赞助。

第四，亚组委将依据赞助企业的识别权益要求，为每个项目的赞助企业提供包括赞助签约仪式等各类识别服务。

第五，在不影响活动圆满、顺利、安全举办的前提下，组委会一般都会尽量满足赞助企业个性化的权益需求。具体赞助权益内容，双方谈判协商，以活动的赞助协议为准。

第六，每项活动的市场开发周期，均有时间限制，赞助企业要与市场开发部客户经理保持沟通、提前决策、提前谈判、及时签约。

上述五类活动从时间安排上覆盖整个亚运会周期，所以，与赛时阶段关联性较大的有下面几项活动的市场权益。

七、亚运村开村与主媒体中心启用活动

亚运村开村与主媒体中心启用仪式，标志着亚运会各项筹备工作基本完成，开幕倒计时进入读秒阶段。这两个核心非竞赛场馆的正式启用，时间上非常临近亚运开幕式，功能上又属于亚运会的核心功能，所以势必会吸引大量的社会关注和媒体眼球。这两项活动的市场权益，赞助企业可以结合自身需求，与亚组委市场开发部进行接洽，就赞助权益需求、赞助金额与赞助方式等具体内容，进行谈判，签署独立的项目赞助协议。

八、火炬接力活动

火炬接力活动，是亚运会赛时之外意义最大、覆盖最广、影响力最大的活动。是亚运会的标志性活动之一。

根据赞助协议，亚运会各级赞助企业均有数量不等的火炬手名额。除此之外，任何赞助企业对于火炬接力活动有赞助意向，可以向亚组委市场开发部提出，由于火炬接力活动在亚运历史上从未有过赞助企业专门赞助，所以，亚组委将结合有意向赞助企业提出的赞助意向，结合亚组委的建议，汇总成亚运会火炬接力活动的市场开发计划，向亚奥理事会提出，经过细致沟通后，将亚奥理事会最终态度反馈给赞助企业。所以，对于火炬接力活动的赞助机会，亚组委向赞助企业开放，并承诺积极与亚奥理事会沟通和建议，但不保证亚奥理事会的最终意见是否会支持火炬接力的独立市场开发计划。

九、测试赛

针对亚运会各场馆在亚运前的测试需求，亚组委会在亚运赛时之前举办一系列多场次的测试赛。这些测试赛，由于在亚运场馆举办，并临近赛时，且冠以"亚运测试赛"之名，对于新闻媒体有一定的吸引力。

测试赛是亚运会非赞助企业开展亚运会隐性营销的重要机会。这些测试赛由于是独立于亚运会比赛之外的赛事，都有自己独立的市场开发体系，不受亚运会市场开发规则的影响，面向市场全面招商。也就是说，非亚运会赞助企业，可以赞助亚运测试赛。在测试赛的市场开发中，亚运赞助企业不具备任何优先权。所以，非亚运会赞助企业赞助了亚运测试赛，并进行广泛宣传，可能会对同品类的亚运会赞助企业形成一定的消极影响。所以，赞助测试赛，也是亚运赞助企业防止同行业竞争对手开展亚运会隐性营销的手段。

亚运会的测试赛计划包括：各赞助企业对于亚运测试赛有赞助意向，可以与亚组委市场开发部客户经理保持沟通，了解更多测试赛市场开发计划的细节。

对于各项官方活动的赞助，可以帮助亚运赞助企业丰富权益内容，打造更多个性化的营销活动，加之各项官方活动，亚组委均会匹配相当的传播推广资源，赞助企业也会

因此而增加曝光机会。所以，赞助官方活动是赞助企业亚运权益激活的有效路径。在赞助官方活动之后，赞助企业在官方活动权益激活中，需要注意以下几点：

首先，深挖各项官方活动对于赞助企业营销的独特价值。无论是亚运村开村，还是文化节，都是亚运会的特色活动，与亚运会的比赛场景相比，这些活动有着特殊的、细分的场景，这些场景的目标受众相对会有比较集中的特点。在这些官方活动的赞助平台上，开展权益激活，首先需要研究官方活动的特点、目标人群的特点，再结合企业亚运营销总体目标，策划出有针对性的营销活动。

其次，延续官方活动的市场影响力。多数的官方活动，都安排在赛前，并且在赛时会告一段落，以便公众将注意力集中在精彩的比赛上。所以，赞助了官方活动的赞助企业，需要策划一些营销活动，将官方活动对企业营销的影响，从赛前延续到赛时。例如，赞助了亚运会火炬接力活动的赞助企业，可以伴随火炬接力的过程，与产品促销结合，发行一些火炬接力的图标，消费者积攒全部图标后，可以到亚运村企业展厅享受绿色通道参观体验、获得亚运礼物等。

最后，积极对待官方活动的赞助权益谈判。相对于亚运会的赞助协议内容，亚运会官方活动的权益内容会有一定的弹性。赞助企业在官方活动赞助谈判的过程中，可以更加积极、主动地参与到官方活动的内容策划中去，将企业的权益需求，合理提出在活动的策划内容中，在保障活动圆满、顺利、安全举办的前提下，组委会一般也会积极配合，实现双赢的效果。

赞助企业可从本企业的营销需求出发，充分结合亚运会的举办需求和传播需求，策划一项高规格、高影响力的亚运活动，作为亚运会官方活动的策划，上报亚组委市场开发部。亚组委市场开发部在亚组委内部进行申报、研究和修改意见，双方共同修改后，此活动可以作为亚运官方活动的内容，这样的活动，对于发起、策划、申报的赞助企业，自然会有更高的定制性。

十、赞助企业赛时活动

赞助企业可以通过赞助企业俱乐部的日常沟通渠道，积极沟通，广泛交流，针对赛时的营销需求，在不违反亚组委各项规定的前提下，向轮值主席提出赛时活动建议，进行联合营销等等。

十一、优先谈判权

优先谈判权的内容包括两个部分。

第一，针对亚运会的各项官方活动，赞助企业有优先谈判和采购的权利。同样道理，在赞助企业内部，高阶别赞助企业相对于较低级别赞助企业，有着优先谈判和采购的权利。

◎参加广州亚运会火炬传递

第二，相对所有非赞助企业，亚运会各赞助企业，均有继续获得 2026 年第 20 届爱知·名古屋亚运会同一产品类别的赞助权的优先讨论和谈判的独家权利。凡是有兴趣的企业，可提早启动内部评估，做好谈判准备，等待亚奥理事会发出书面通知后，即可启动洽谈工作。这一独家优先讨论和谈判权利，有效期为 90 天，自亚奥理事会发出书面通知开始生效。

这一权益由赞助企业与亚奥理事会直接讨论。亚组委市场开发部负责将这一信息向各赞助企业进行告知。

亚运会赛时阶段，亚组委将成立市场开发新闻宣传中心，作为专门机构，为赞助企业提供新闻宣传领域的有关服务，主要包括：处理与赞助企业相关的媒体问询；分发赞助企业宣传材料；协助安排赞助企业人员及其客人参观主媒体中心；协调处理赞助企业新闻宣传和赞助企业接待服务相关的各种突发事件；协助安排赞助企业在主媒体中心举行新闻发布会，并审核与亚运相关的新闻稿件等内容。

各赞助企业赛时新闻宣传服务所涉及的新闻稿、公告等宣传内容，均须向市场开发新闻宣传中心申报，并在获得核准后，方可使用。

赞助企业如需要在主媒体中心发放宣传材料，必须在 8 月 10 日前向市场开发新闻宣传中心提交书面申请并附宣传材料样本进行审核。只有经亚组委授权的工作人员才能在主新闻中心发放赞助企业资料。禁止所有赞助企业代表以任何形式在主媒体中心自行分发或张贴任何材料。

如需在赛时举行新闻发布会，必须向市场开发新闻宣传中心提交申请，预定新闻发布厅。新闻发布会主题必须与亚运会相关，而不能仅仅局限于企业自身的品牌、产品等推广。

对于赛时的新闻宣传服务，各赞助企业需根据亚组委要求，按时将赛时需要在主媒体中心发放的新闻宣传材料提交审批。在主新闻中心发放的宣传材料，一般内容集中在企业总体介绍和企业与亚运会的关联，赞助企业可以通过在材料中提供二维码的做法，展示更多信息内容。

十二、赛时其他权益

亚组委市场开发部各位客户经理与各赞助企业保持沟通，各位客户经理将竭诚为赞助企业提供有关权益信息和激活建议。

每个赞助企业为亚运会赞助项目成立的专门工作团队，工作职能、组织结构、人员设置，应该是个动态的过程，随着亚运会赞助周期的推进，而有所更新和升级。结合赛时权益激活工作的特点，提前突出款待、展示等赛时特色权益激活职能的比重，包括设立专门的款待项目小组、专业第三方策展、接待机构的合作等。

在赛时阶段，一般采取决策权限下沉或高层领导指挥前移两种方式，实现决策效率的提升。只有这样，一旦遇到需要快速决策的问题，包括款待贵宾出现健康问题、企业现场展示区观众出现投诉等问题，才能做出快速的决策，以免影响企业形象，同时维护好亚运会的总体举办秩序。

科技吉利，悦行亚运
——吉利控股集团亚运战略

采访对象：第19届杭州亚运会官方合作伙伴，吉利控股集团高级副总裁杨学良。

问：吉利在2019年就作为杭州亚运会首家官方合作伙伴高调官宣，将借助亚运平台开展营销升级，提升用户体验，请介绍这几年里所做的努力，达到了怎样的营销效果（或业绩）？

答：2018年9月2日，随着杭州作为第19届亚运会举办城市接过亚运会旗帜，亚运会由此正式进入"杭州时间"。2019年4月份，吉利汽车与第19届亚运会组委会正式签约，成为2022年第19届杭州亚运会首个官方合作伙伴。

以携手2022年杭州亚运会为契机，吉利汽车正式启动全方位品牌升级行动，加速向核心技术领先、全球化布局发展、以用户为核心的创新型科技企业转型。同时，吉利汽车正式启动"科技吉利，悦行亚运"的亚运营销战略，持续通过创新科技，全方位赋能杭州亚运会，同时借助亚运这一平台，实现品牌营销的持续性曝光。

2021年，吉利汽车又提出紧贴体育精神的亚运营销品牌口号"因快乐而伟大Unstoppable"，旨在通过快乐亚运，因快乐成就伟大的人文共情和体育精神的传递，让更多人关注和参与亚运，为亚运文化在杭州、在中国的传播助力。

自双方签约以来，吉利控股集团不仅积极筹备亚运会出行保障服务工作，还持续围绕杭州亚运会大事件和办赛大节点开展品牌营销，策划和实施多次结合品牌、产品和公益的营销推广活动，从吉利到领克、几何、极氪等品牌和产品都获得了优质的营销内容、产品体验及展示机会，实现自身品牌年轻化、数字化、国际化升级，增强了用户对品牌的自豪感和归属感，同时也提升企业整体科技形象和品牌温度。

问：关于"科技吉利，悦行亚运"的亚运战略，为亚运增添更多"智能化"，吉利是如何具体践行的？

答："科技吉利，悦行亚运"是吉利亚运会的整体战略，作为一家全球化的科技出行企业集团，吉利构建了天地一体化智慧立体出行科技生态圈，吉利将以创新科技定义超越期待的出行体验，在亚运会场景内示范运营以"智能汽车"为核心竞争力的大出行

◎作者与吉利汽车高级副总裁杨学良合影

服务模式，让杭州亚运会的出行保障服务更安全、更智能、更愉悦。

吉利为亚运全方位打造的"智慧出行"，我们将提供高阶辅助驾驶车型服务亚运赛事保障，迎接来自全球的嘉宾和全亚洲的运动员。同时，吉利与杭州亚组委计划在亚运村到杭州奥体中心，全长5公里的亚运核心区域内，实现特定区域基于智能驾驶辅助技术的接

◎杭州亚运会 & 吉利汽车

驳服务，届时搭载"NZP"智能驾驶辅助系统的极氪001车型可实现在这一路段点到点的智能驾驶体验。为保障亚运接驳出行服务的"安全，准时"，吉利控股集团旗下的时空道宇科技有限公司将发射卫星来保障亚运会车辆出行的定位和通信服务。

另外，吉利将在火炬传递、马拉松比赛、自行车、开闭幕式、赛场、亚运村接驳等多个场景匹配全新绿色和智能化车型，嘉宾和运动员可在整个亚运周期中，感受到可实现量产化的智能驾驶技术、智能网联技术对于未来城市出行的全面变革，同时也希望大家能切身感受到杭州数字城市，智慧城市发展的新高度。

问："吉利亚运林""寻找2022个亚运梦想"和"'一带一路'亚运行"等公益项目进行的情况，达到了什么效果？

答：企业社会责任承担是吉利控股集团战略发展的重要组成部分，在成为亚运会官方合作伙伴后，吉利积极策划和参与亚运主题公益活动，共同搭建"吉利亚运公益平台"，以公益的力量助力杭州亚运会的推广。

2014年启动的"吉利绿跑道"公益行动，以关注人的"教育成长"和"潜能发展"为出发点，力求帮助落后地区的孩子获得公平的教育机会和优质的教育资源。八年来，先后走进了近80所乡村学校，从内蒙古、云南到山西、青海，通过器材捐赠和课程支教的方式，助力近万名学生放飞体育梦想。

2019年，吉利"绿跑道"乡村少年体育梦想公益IP携手杭州亚组委"寻找2022个亚运梦想"公益项目，通过在线组织用户联动，让更多的人关注乡村教育公平，关注亚运公益。借助"寻找2022个亚运梦想"的公益平台，吉利联合亚组委先后走进贵州黔东南和四川广元，捐赠体育器材和公益课及电脑硬件设备，助力乡村小学建设，让更多青少年享受运动快乐。

2021年，"梦想绿跑道"公益IP实现了全新升级，除了体育器材的捐赠外，携手杭州亚运会搭建"梦想绿跑道"青少年筑梦公益平台，助推青少年足球发展，共圆乡村少年的亚运梦想。同时，嫁接吉利旗下领克品牌的"益起学"青少年公益编程项目，向

广元地区学校捐赠互动编程移动设备及全年课程，助力西部教育事业发展。同年，"梦想绿跑道"公益项目为了帮扶奋战在防疫一线医务人员子女、一线交通民警家庭子女、贫困及外来务工家庭子女，帮助其在校外健体强身、学会游泳技能，普及"爱生命、学游泳、防溺水"知识，协同浙江省游泳协会，在浙江范围内（杭州、宁波、嘉兴、湖州、金华、绍兴、舟山、苍南、温岭等市）开展公益助学项目，帮助1000名符合助学条件的青少年学会游泳技能。

非常遗憾的是，由于疫情和许多不可控因素的影响，"'一带一路'亚运行""吉利亚运林"项目没有机会实施和落地。

问：如何将亚运效应或体育明星效应移植到吉利产品上？你们对此有哪些思考和实践？成功吗？

答：我们认为亚运会是一个顶级营销沟通平台，亚运会给吉利各品牌的营销提供了更为宽广的、国际化的、持续发展的大平台，这种平台价值实现了更大范围品牌与沟通对象的关系的构建，帮助吉利在客户群体的获得上有了更大的"用户池"。

从实践结果上来看，吉利旗下各品牌和产品都借助亚运会获得了优质的营销内容、产品体验及展示机会。吉利也借助亚运会的各项推广活动、赛前测试赛与吉利的用户群体和潜在汽车消费者持续互动，邀请他们关注亚运、体验亚运、爱上亚运，同时也能了解吉利这家企业，体验吉利汽车产品，爱上吉利车。以2020年吉利联合亚组委举办的"亚运走十城 吉利伴你行"的活动来看，不仅有效地推广了亚运文化，而且全方位地联动和维护了吉利的现有车主群体，同时链接了吉利潜在用户群体，做到了企业商业利益和社会利益的双赢。

随着业界体育营销的玩法和策略的不断变化，吉利结合自身品牌价值需求和产品需求，将运动员IP与自身品牌或产品进行结合时，也逐渐摸索出新的体育营销代言思路。我们认为运动员的商业价值可以为吉利品牌或产品赋能，运动员的商业价值和其竞技表现以及个人的话题性呈正相关。因此，我们挑选不仅具有"硬实力"，同时还有"正能量"话题的运动员以"吉利亚运推广大使"的身份，代言旗下的车型产品。知名体育运动员具备正能量和榜样的力量，是品牌与目标用户"共情"的基础。

针对杭州亚运会的推广，我们先后签约中国女子射击运动员杨倩和中国男子乒乓球运动员周雨作为吉利亚运推广大使。他们都在各自运动领域取得了突出的成就，并且具有积极正面的社会形象，在网络社交平台上具有一定的话题性。杨倩和周雨的运动生涯均诠释了奥林匹克精神和吉利的亚运品牌主张"因快乐而伟大Unstoppable"。与此同时，我们还深度挖掘运动员的生活化内容，将人物特质与集团旗下车型的调性进行匹配，让运动员为集团旗下各品牌车型代言，比如杨倩是极氪零世代大使，周雨则是领克05冠军车主。

问：汽车企业都比较喜欢赞助体育，一般观点认为，体育赞助投入相对更大，但对品牌拉动、销售提升却未必能取得立竿见影的效果，你们在实际操作过程中对此怎么看？这类赞助会否给企业带来财务负担，集团内各部门是否都能理解和支持？

答：首先，我们坚持认为亚运会是一个顶级营销沟通平台，对于这一营销平台的使用的效果评估取决于企业的投入和营销策划的能力，也有赖于整体媒体舆论环境的变化，同时也取决于赛事主办方对于"亚运会"品牌自身知名度推广以及与主办城市内在价值联动的挖掘。汽车产品销售有其特殊性，通过体育赞助，不可能在短时间内拉动销量，但对于企业价值观的传递、企业品牌形象的塑造具有重要意义，这本身就是一个长期的过程。因此，吉利期望能够通过赞助亚运会达到品牌形象的全面提升，借助杭州亚运会"智能、绿色"的理念，提升吉利控股集团品牌的科技化形象，同时推动旗下汽车品牌认知度的提升，借助亚运会提供的契机，为用户运营创造更丰富的内容，增强用户黏性。我们会根据营销策略内容，分阶段向用户展示品牌并建立关系，拉近年轻群体和体育爱好者与各品牌的认知距离，进而实现品牌形象提升与销量双丰收的结果。

吉利多年来不断坚持品牌年轻化战略，而体育产业更多时候是面向年轻人，因此吉利和体育赛事本身都渴望拥有海量的年轻化用户的关注。赞助亚运会对于吉利来讲，是收获了一个用户量达到"数以亿计"级别的流量池，可以借助亚运会的舞台完成高频次的品牌曝光，建立与用户的强心智联系。

赞助体育赛事确实投入费用高，因此在与赛事组委会签约前，赞助企业应该结合自身发展战略，详细拟定营销规划，争取最大限度的权益内容，使得所有投入都物超所值，虽然短期内要支付庞大的赞助费用，但未来赢得的品牌红利却是一份长期收益。

问：中国现在时兴新零售、直播电商等等，企业营销也更看重每次营销投入能得到多少消费回报。像赞助亚运会这种"传统"的品牌营销模式，未来还能走多远？或者换句话说，赞助亚运会这种"传统"的品牌营销模式要如何创新？

答：大型体育赛事商业化是使体育运动适应现代社会发展的强有力驱动因素，体育赛事越精彩越受关注，企业赞助就越有价值。商业赞助是大型综合性赛事成功举办的必要条件，企业赞助体育赛事最直接的收益就是增加品牌的曝光机会，实现产品的销售。此外，企业还需要通过品牌的赞助展现企业自身的实力强大和可持续，提升年轻用户对企业品牌文化的感知，增加品牌的知名度和美誉度。相对于品牌的长期打造，综合性体育赛事是更为重要的选择。

亚运会是全亚洲最大的综合性体育盛会，也是亚洲人民文化交流的一个大聚会，将有来自全亚洲40多个国家和地区的近2万人参与到比赛当中来，将有10亿观众观看比赛，这个规模体量的运动会并非传统而是稀缺。当然，在数字化时代的背下，大型综合性赛事也需要数字化改革，变革与社会公众的沟通方式，变革办赛的方式。直播电商属于新兴的经济产业，也是营销和品牌建设重要手段和方式，但不是营销内容的核心，而大型综合性赛事是难得的全民关注的核心内容。第19届亚运会在中国杭州举办，杭州是全中国乃至全世界著名的"智慧数字之城"，电子支付、电商产业和直播产业发达，具备数字化改变办赛的条件，"智能亚运"很重要的一部分就是数字化在综合性赛事当中的运用和体现。我们也相信企业赞助亚运会的营销内容的打造和传播方式也将数字化，通过数字化的方式让所谓"传统"综合性赛事凸显价值，大放光彩。

◎杭州亚运会趣味跑

问：吉利控股集团当选杭州2022年第19届亚运会赞助商俱乐部首届轮值主席单位，具体都做了些什么事情？你们对赞助商俱乐部的理解如何？"促进杭州亚运会赞助企业之间信息共享、交流合作，从而共同构建杭州亚运推广共同体，打造体育营销的新模式"的目标达到了吗？作为组委会回馈和服务亚运会赞助商的一个形式，赞助商俱乐部起到作用了吗？不足之处（或者可改进的地方）又在哪里？

答：2020年10月18日，杭州2022年第19届亚运会赞助商俱乐部成立，吉利控股集团作为杭州亚运会赞助商俱乐部首届轮值主席单位，始终遵循赞助商俱乐部成立时发布的"着眼于'聚'变""没有一个我，比我们更有力量"的理念，积极跨界联动其他亚运会官方合作伙伴或官方赞助商，相互赋能，共进共赢，共同推广杭州亚运会，弘扬体育精神。

在吉利举办的亚运品牌营销活动中，我们主动邀请其他赞助企业参与其中，在吉利拥有IP的品牌营销项目"向上马拉松"爬楼比赛项目中，我们邀请中国移动、中国电信、工商银行、长龙航空等杭州亚运会官方合作伙伴，共同组队参与和传播杭州亚运，弘扬"冠军向上"的体育精神。在"亚运走十城 吉利伴你行"亚运文化推广活动中，吉利邀请亚运会官方合作伙伴长龙航空、361°和咖啡独家供应商隅田川参与合作，共同助力亚运文化推广，共同推广亚奥理事会的趣味跑、彩色跑等项目的落地。

2021年是吉利创业35周年，吉利控股集团举行以"亚运有我，快乐出发"为主题的创业35周年的司庆活动，向杭州亚组委和其他赞助商伙伴发出了邀请，共同参加10.8公里沿钱塘江的趣味跑步活动。这一活动规模人数达到1200多人，其中亚组委和各赞助商官方人数168人。这样的活动像纽带一样，将杭州亚运会赞助商的力量团结在一起，一起传递亚运精神、共绘亚运梦想。

当然疫情的影响，也让后面的赞助商俱乐部活动多次取消，影响大家跨界联合推广的机会。

◎吉利汽车签约成为杭州亚运会官方合作伙伴

问：吉利作为001号赞助商，可否评价一下本届亚运会对赞助商的权利回报方面做得如何？还有哪些期待或建议？

答：吉利控股集团是首家和杭州亚运会签约的赞助企业，也是汽车产品类别的唯一官方合作伙伴，拥有最高级别的赞助商身份，因此，我们也被授权种类丰富、形式多样的赞助权益。吉利也是全方位利用各项权益，为集团及旗下各汽车品牌营销赋能，牵手亚运，不仅在亚运营销的场景中增加了品牌露出的机会，同时提升了企业员工和用户对杭州亚运会的感知，增强了杭州亚运会的传播话题性和传播热度。

在VIK服务方面，按照双方官方协议，吉利控股集团旗下沃尔沃品牌、吉利品牌、极氪品牌、领克品牌、几何品牌、皮卡功能混合车型均有车型投入杭州亚运会服务，近2000台服务用车覆盖了从中端到高端的用车需求，吉利以"绿色环保车型"和"智能驾驶辅助系统"等实际产品力来践行"绿色亚运"和"智能亚运"的办赛理念，保障亚运出行服务的车型将以节能燃油动力技术、醇电动力技术、纯电动力技术或插电混动技术作为动力技术来源，同时，吉利将在赛时期间特定区域内提供智能驾驶接驳体验服务。

我们希望杭州市政府以及亚组委在VIK落地方面，考虑实际成本和投入，尽快落地项目，同时在智能驾驶接驳服务方面，协同城市侧提出统一规划，完整落地自动驾驶项目。

问：吉利如何考虑对"亚运遗产"的利用？换句话说，就是如何在亚运会结束后仍利用好吉利"赞助亚运"的营销价值？

答：做好杭州亚运会赛时出行保障服务，是吉利作为官方合作伙伴的基础工作，投入保障出行服务的车辆，一部分特殊车型将在"后亚运时期"延续为亚运城市服务的使命。如：吉利控股集团旗下LEVC车型在完成亚运、亚残接驳保障任务后，所有车辆将作为高端出租车进行社会化出行服务运营。

此外，部分吉利亚运遗产除了入列集团历史资料库外，还将交给杭州亚组委和亚奥理事会。这些亚运遗产不仅是吉利积极参与杭州亚组委进行赛会筹办工作的历史见证，也是杭州亚运会为吉利控股集团品牌力和产品力提供的有力背书。

吉利赞助亚运会提供大规模高端出行服务的实践将成为推动集团出行服务升级的重要指南。开展亚运品牌营销工作获得的宝贵经验,不仅可以为未来吉利体育赞助营销提供借鉴,也夯实了与其他赞助企业的合作基础。

更为重要的是,吉利的精神内核经历与奥林匹克精神和亚运精神进行深度融合,形成了属于吉利的"亚运精神文化遗产"。吉利的亚运品牌主张"因快乐而伟大Unstoppable"在未来将成为鼓舞每个吉利员工为之奋斗的不竭动力。一系列亚运主题趣味活动,使得广大员工感知到了热爱体育、参与体育的快乐。

问:亚奥理事会成员有 45 个国家和地区,亚运会覆盖超 10 亿人口规模的市场,吉利有通过赞助亚运会开拓亚洲市场的计划吗?

答:全球汽车产业集群呈现欧洲、亚洲和美国三足鼎立之势。相对于欧洲和美国,亚洲汽车工业虽然起步较晚,但在最近 10 年已经成为全球最大的区域汽车市场,拥有数以亿计的用户基数和巨大的市场潜能,吉利高度重视开发亚洲市场,并重点布局中东、东南亚区域,目前已经在中东、东南亚等"一带一路"沿线的 14 个亚洲国家完成市场布局或销售业务覆盖。

在成为杭州 2022 年杭州亚运会官方合作伙伴之前,吉利已经收购马来西亚宝腾品牌,并打造人才、技术、管理、供应链等体系化输出的"宝腾模式",成为中国汽车推动全球化产业变革的样本。领克品牌也在去年启动了"亚太计划",努力扩宽中东赛道。2022 年 5 月,吉利又入股韩国雷诺,为集团亚洲"出海"计划再添重要一笔。

从吉利品牌国际销售公司海外市场布局来看,赞助杭州亚运会不仅有利于拉动吉利控股集团旗下各车型在海外的销售工作,也有利于推动各品牌在当地的传播效应,能有效地和海外用户群体进行沟通。

◎"亚运走十城 吉利伴你行"活动

问：可否介绍吉利在体育赞助营销方面近期或中远期还有哪些计划？

答：吉利控股集团作为官方合作伙伴，目前携手旗下各子品牌，全力聚焦为杭州2022年亚运会提供完善的出行服务，并积极思考如何推广杭州亚运文化，弘扬体育精神。

在汽车运动领域，集团旗下领克品牌与官方合作伙伴 CYAN RACING 组成 LYNK & CO CYAN RACING 车队，驾驶领克 03TCR 赛车征战 WTCR 房车世界杯，取得了三连冠的不俗战绩。这是吉利控股集团将旗下新锐车型产品和顶尖汽车赛事相结合的大胆尝试，在实战中检验自身产品力，以冠军荣誉为产品性能背书。

2019年首次参加 WTCR 的领克车队便以 9 次车队冠军、22 次登临领奖台的非凡战绩获得车队年度总冠军，为世界汽车运动注入新鲜血液，也让更多人认识并了解来自中国的领克汽车这一全新品牌。2020 年，领克车队一举摘得年度车队、车手双料桂冠，再度站上世界顶级房车赛事之巅，再一次让"中国速度"扬名世界赛场。2021 赛季，领克车队冲破疫情影响、赛历调整、BoP 掣肘等多重阻碍，拿下了车队、车手年度双冠，创造了 WTCR 三连冠的辉煌历史。2022WTCR 揭幕战完美落幕，领克车队收获一个亚军两个季军，中国车手马青骅驾驶 03TCR 首站即登领奖台，中国速度再次闪耀世界。

附："亚运走十城　吉利伴你行"大型文化推广活动

按照惯例，亚运会举办城市会在赛前展开一系列推广活动。"亚运走十城　吉利伴你行"是杭州亚组委 2021 年 5 月启动的创新性全媒体文化推广活动，旨在扩大杭州亚运会在全国乃至全亚洲的影响力，以轻量级规模、组合式活动、全媒体传播为特色，全方位传播亚运文化，展示亚运风采，提升杭州亚运会关注度。

其中趣味跑是亚奥理事会专门为每一届亚运会举办城市打造的在亚洲举办的宣传造势活动。受疫情影响，该活动海外落地受阻。杭州亚组委积极争取亚奥理事会允准，整合趣味跑、"亚运好声音"、亚运主题宣讲三大 IP，精心选择全国十个国际化程度高、在亚洲乃至全球有知名度和影响力的城市举办"亚运走十城　吉利伴你行"活动，并从活动策划、物料设计、宣传造势等方面充分彰显国际化，如每场趣味跑活动都统一设置经亚奥理事会认可的起终点，跑友可获得由亚奥理事会官员颁发的纪念证书或纪念奖牌，深受各地欢迎。

作为 001 号赞助商，吉利联合亚组委举办了"亚运走十城　吉利伴你行"的活动，该活动 2021 年从杭州启动出发，先后走进上海、西安、天津、武汉、成都、厦门、南京、广州、珠海、北京，每一站都打卡落地城市地标，城市地标的 LED 大屏，播放着杭州亚运会宣传片，在各城市的繁华商圈和中心地带，以"亚运 UP"（杭州亚运会趣味跑）、"亚运 TALK"（亚运宣讲）、"亚运 MUSIC"（亚运好声音）等方式，欢乐聚会奔跑，传唱亚运歌曲，举行丰富多彩的文化活动和狂欢，参与跑步的跑友，还可以将步数捐到"杭州亚运益起来"，以公益的方式助力杭州亚运会。

◎亚运走十城　吉利伴你行

◎亚运走十城　吉利伴你行——上海站

杨学良简历

　　吉利控股集团高级副总裁，负责公共关系和传播，吉利控股集团官方传媒发言人。其1997年毕业于北京国际关系学院，获得英语学士学位，并于2014至2015年就读于上海中欧国际工商学院。

　　杨学良2010年加入吉利，参与并领导了多项备受瞩目的交易的沟通，包括收购沃尔沃汽车、伦敦出租车公司、马来西亚宝腾和戴姆勒股份。他还曾担任吉利汽车集团副总裁、吉利汽车销售公司副总经理和LYNK & CO执行副总经理。

　　吉利控股集团官方网站评价其"凭借丰富的公共关系和品牌管理经验以及全球视野，他推动了集团全球战略的实施，推动了集团高质量发展，提升了集团在全球的企业品牌形象"。

吉利汽车简介

浙江吉利控股集团（以下简称"吉利控股集团"）始建于1986年，1997年进入汽车行业，2005年在香港上市。现资产总值超5100亿元，员工总数超过12万人，连续十一年进入《财富》世界500强（2022年排名第229位），是全球汽车品牌组合价值排名前十中唯一的中国汽车集团。吉利控股集团致力于成为具有全球竞争力和影响力的智能电动出行和能源服务科技公司，业务涵盖汽车及上下游产业链、智能出行服务、绿色运力、数字科技等。

吉利控股集团是第19届杭州亚运会官方合作伙伴。吉利汽车启动主题为"科技吉利，悦行亚运"的亚运战略，通过绿色科技、智能科技、人文责任等举措，全方位赋能杭州亚运会。

361° 与亚运会的不解之缘

从 2010 年广州亚运会开始，到现在 2022 年杭州亚运会，361° 就一直是亚运会的官方合作伙伴。连续 4 届 12 年的亚运赞助，几乎占据 361° 品牌半个发展史。其合作时间之长，在中国体育运动装备行业也是鲜见的。为此，2022 年 12 月，亚洲奥林匹克理事会特别授予 361° 集团"亚运会杰出贡献奖"，这也代表着亚奥理事会对于 361° 持续深耕亚运的认可。

361° 与亚运会结下了不解之缘。361° 品牌管理中心总经理郑业欣从 361° 为什么要长期赞助亚运会、积极进行体育营销、361° 品牌塑造及"出海"等方面回答了笔者的提问。

◎ 361° 签约成为杭州亚运会官方合作伙伴

问：361° 为什么要赞助亚运会，特别是还连续赞助了 4 届亚运会？

答：2010 年第一次赞助广州亚运会以来，体育赛事的赞助就成了 361° 息息相关的品牌资产。连续赞助亚运是个品牌资产积累的过程，运动品牌最终要去传递体育精神，表达我们对运动文化的观点和主张的，体育用品除了使用价值，最重要的资产莫过于和体育精神上的链接，亚运会这个平台自然是最好的选择之一。

361° 和亚运会之间的渊源要从 2008 年北京奥运会说起。大家都知道，2008 年前后，在营销界，体育成了当时最热门的关键词，全世界也都在关注着中国。当时 361° 还未上市，但在国内已有一定市场份额，拥有超过 5000 家店铺，年营业额超过 30 亿元。公司创始人当时就有意识，361° 想要寻求更大的发展，便需要登上更高一层的舞台，广州亚运会作为北京奥运会之后的首个世界级赛事,自然而然地成了361°的最佳选择。

就像我们361°创始人丁伍号说的:"我们希望借助亚运会让消费者能够通过专业运动了解361°,也希望未来人们提到亚运会,观看亚运会的时候,就会联想到361°。这能体现我们与亚运会多年合

◎雅加达亚运会开幕前夕,361°宣布与印尼太阳百货的合作发布会

作所产生的深层次影响,也是361°与亚运会建立的一种特殊纽带关系。"

同时亚运会作为亚洲范围内最具影响力最专业的大型体育综合赛事,通过连续赞助亚运会,我们也积累了丰富的大型赛事营销经验,并成功树立了消费者对于品牌的专业性认知。这在我们第一次赞助广州亚运会时期效果最为明显,快速地建立起专业运动的品牌形象,赛事期间的大面积曝光,给消费者留下深刻记忆,同时为我们的客户招商提供了最优质的背书。从创造361°品牌到它成为知名运动品牌的这个时间并不长,广州亚运会的赞助功不可没。

与亚运会的合作也加快了361°与世界接轨的进程,实现了品牌向亚洲范围的覆盖,从第一次赞助广州亚运会开始,就让361°以中国民族运动品牌的身份走向全亚洲甚至全世界,在2014年的韩国仁川以及2018年的印尼雅加达两次亚运会上,我们不断地在夯实这个身份。亚奥理事会拥有45个成员国和地区,覆盖超过10亿人口规模的市场,作为亚运会官方合作伙伴,我们的品牌影响力被带到整个亚洲,361°正将多年通过体育赛事积累的信任与声望,转化为商业影响力与号召力。亚运会官方合作伙伴的身份也帮助我们快速地去拓展了亚洲其他国家和地区的运动装备市场。361°以自主研发的核心技术,努力助推中国乃至亚洲周边国家和地区体育事业发展,进而使361°以民族品牌的身份,走向更广阔的世界舞台。

我们希望通过对亚运会的赞助,切实服务运动员、火炬手、志愿者、工作人员等参与亚运会的人们。更希望通过这种方式,服务更多普罗大众,让他们意识到参加体育运动是一件令人快乐的事情,带动更多人参与体育、热爱体育。

通过长期合作,361°与亚运会之间已经形成了某种特殊的强纽带关系,让消费者看到亚运就可以联想到361°,也让亚运会逐步成为我们稳步提升品牌影响力和美誉度的最重要窗口。

大型洲际赛事的长期赞助并非易事,它是一个长期行为。长期合作的延续性和双方

◎ 361°签约成为杭州亚运会官方合作伙伴

建立起来的信任感很重要，所以亚洲奥林匹克理事会2022年特别授予361°集团"亚运会杰出贡献奖"，这也代表着亚奥理事会对于361°持续深耕亚运的认可。

12年时间，亚运已逐渐成为361°的一个象征符号。品牌正在做的，就是强化和推广亚运这个符号，从而逐步提升自身的品牌价值。361°在坚持服务亚运会过程中，在收获自身品牌价值的同时，也使消费者收获了更多价值。

问：除了赞助亚运会，361°这些年还选择做了哪些重大体育营销？

对国际型体育赛事的持续支持，是361°"多一度热爱"品牌精神的不断延续，是我们对体育始终如一、不忘初心的热爱和身为中国品牌的自豪。其实除了亚运会的连续赞助之外，我们还赞助过2011年世界大学生运动会、2014年南京青奥会等国际大型体育赛事，同时作为历史上第一个支持奥运会的中国体育品牌，我们还在2016年成为巴西里约奥运会的官方合作伙伴，被行业公认为中国品牌支持奥林匹克运动、弘扬奥林匹克精神的典范。在品牌影响力提升的同时，国际性赛事的赞助也倒逼我们的产品在设计研发科技等各方面的全面提高。国际性赛事的赞助会是个更高的标准，在合作过程当中，不断提升国际视野，不断强化品牌的影响力及品牌专业调性等隐形资产，不断地去创造更高水准的产品，在连续赞助的这个过程中你会看到品牌整体的逐步变化，这些都是常规投入的有形资产所不能衡量和比拟的。重要的是，要合理谨慎地去评估包括亚运赞助在内的体育营销带来的长期品牌价值。

问：你们是如何借助国际赛事的赞助资源拓展海外市场？

答：借助国际赛事的赞助资源拓展海外市场也是个不断积累的过程。我们是2016年里约奥运会的官方合作伙伴，在赛事结束之后，我们在巴西当地建立了自己的零售体系，目前也逐步扩散到了整个南美地区。2018年的雅加达亚运会之后，我们跟印尼当地最大的零售集团太阳百货启动了合作，当时全面登陆太阳百货的155家门店，以开拓东南亚市场。361°通过雅加达亚运会打开了我们在东南亚、南亚等地市场的知名度，为国际化布局增添了不小的助力。和亚运的持续合作也让更多的亚洲国家认识和熟悉了我们，在中东以及中亚、西亚等国家，也会看到越来越多我们的产品。目前来看，我们借助亚运资源在亚洲市场的开拓是有效果的，未来持续与亚运的合作，会不断地去巩固和带动我们的生意在亚洲市场更有效地覆盖。

问：361°如何塑造和推广自己的品牌？

答：这个时代，品牌兜售的不只是产品，还是品牌精神，是洞察人性的故事。品牌最终会形成一种文化，而文化的传播，要靠高度认同者发自内心的传播才能深度扎根，也才有可能进一步实现广度，前提是你要有他们发自内心认同的内容。对于运动装备品牌来说，最核心的内容之一就是我们的产品。前瞻产业研究院提出，2022年"国潮崛起正当时"，其中一个重要观点是，"Z世代"已成消费主力，他们的文化和民族自信心日益增强，消费观念也发生转变。

◎杭州亚运会&361°官方体育服饰发布

这次杭州亚运会的"亚运新主张"，体现了361°品牌与民族、中国进行强关联，彰显在亚洲最大型体育赛事中代表中国运动品牌的身份，激活当下最年轻、最活力、最潮流的新生消费群体，并与他们达成新的品牌共识，将在2022年杭州亚运会传播中持续强化，加强年轻消费者对品牌的认同。

过去我们的赞助行为，无论是服装鞋帽还是相关配件，都是仅限于与亚运会"发生关系"，消费者更多是通过赛事现场或者是媒体转播看到这些产品。但从本届杭州亚运会开始，我们有了全新的思考和规划，要将赞助产品重新整合投入市场，进行商业化，同时这也就让亚运会切切实实地走到了每一个人的身边。

以杭州2022年亚运会来说，杭州是一座拥有丰富文化积淀的城市，我们希望通过产品和活动把赛事背后所蕴含的文化呈现出来。为此选取杭州城市诸多的文化元素，设计生产了一系列特殊配色产品，例如像361°篮球鞋AG1 Pro推出的杭罗、汉服、良渚等3款亚运配色产品，几乎每次上线新品都在短时间售罄。亮眼的市场表现背后，其实是大众对于亚运的关注和对361°品牌的高度认可。

为配合亚运传播节奏、输出品牌故事，我们还将陆续推出更多亚运特许产品，比如我们把当家篮球鞋 AG1 Pro 的 3 款亚运专属配色投放市场。在 2022 年第二季度，我们推出结合杭州标志性建筑和亚运会项目等元素所衍生的故事系列产品；在 2022 年第三季度，我们选择以亚运赛事作为大背景，以"聚""力"为概念，推出亚运故事包产品，这些产品都会随着亚运节奏全线铺开，目的就是不断激发大众对于亚运的热情和关注。

亚运会也是一次强化渠道、完善布局的机会，也是我们渠道渗透的一个机会。亚运会在杭州进行，品牌辐射的市场更多面向以浙江为主的长三角地区，这个区域本身以往的国产品牌的影响力相对薄弱，现在则有了新的机会。响应赛事推进规划，配合终端零售，2022 年 5 月，361° 在杭州开设亚运旗舰店正式开业，强化了消费者对 361° 的亚运认知度，成为品牌在亚运会期间重要的店铺形象窗口之一。随着亚运的即将到来，终端形象展示将满足消费者在线下深度体验亚运氛围和亚运产品等多元化互动需求。

总之，如何在做到品牌曝光的同时将亚运故事移植到产品上，深度发掘赞助产品的市场需求，达到品牌美誉度和品牌转化度双赢的目标，是 361° 在这个亚运周期重点思考的问题。

产品之外，361° 也将亚运与旗下 IP 赛事活动绑定在一起，例如结合跑步训练营的"三号赛道"、篮球赛事"触地即燃"等，使得亚运资源投入最大化。

我们还赞助了两支国家队——中国国家铁人三项队和中国国家女子水球队成为运动装备合作伙伴。361° 有多年赞助中国游泳队的经验，而中国女子水球队在东奥期间因为"颜值在线"受到的关注度颇高。更巧合的是，2010 年广州亚运会，中国女子水球队第一次夺得亚运冠军，此后一路卫冕，2022 年将是她们第四次冲击亚运冠军。

另外，线上方面，我们的电商渠道和微信小程序也将为亚运特许产品进行引流，帮助线上渠道有效获客。2021 年我们线上渠道营业额同比增长 55.1%，伴随亚运会会期临近和更多特许产品的上线，预计集团线上渠道获得的关注也将再度提升进而带动销售额增长。

问：现在电商直播卖货很火，你们是如何看待并利用电商直播的？

答：直播作为一个新兴渠道，通过 KOL 的流量影响完成销售目标，更聚焦于低价促销层面，是品牌的短期行为，作为看重长期主义的品牌来说，这只是某个特殊时期的促销手段而已，不会成为品牌作为重点去耕耘的品牌营销阵地。而赞助亚运会是通过国际型体育赛事提升品牌的影响力与美誉度，会更多从品牌维度考虑，会更考虑未来。两者之间关注度不同但也并不冲突，作为一家民族运动品牌，我们更希望通过亚运会的持续合作实现品牌长青，也相信会持续对生意的增长有长远价值。

问：现在各种体育营销手段很丰富，你是怎么看待赞助亚运会、奥运会这种传统综合性体育赛事的营销？

答：奥运也好，亚运也罢，虽是传统赛事，但在目前世界体育的发展进程中依旧有最重要的地位和影响力。亚运的营销甚至所有大型赛事的营销，都不是简单地在你的产品和广告上贴你的 logo，品牌需要借助赛事来对自己关注的人群建立可以共享的价值观，和他们建立强关联，前提是对这样的人群要有深刻的洞察。

◎杭州亚运会 &361°

　　同时赛事本身会带来大量的流量，我们也需要去找到可能的流量机会点，例如在杭州亚运，电竞作为第一次入选亚运正赛的项目，如何借助它建立和年轻的电竞爱好者的关系，如何借助电竞的流量作为品牌的流量入口，是我们目前正在思考的营销方向之一，品牌如何年轻化是永恒的主题，电竞是个突破口。

　　当下年轻人对生活的态度追求时尚、酷炫，生活态度反映在消费方式上，我们要多去了解潮流元素、研究潮流趋势，通过 IP 联名等方式不断整合潮流元素为品牌带来新的关注度，巩固和留住原来的消费者，吸引更多新"粉丝"，让过去不了解 361° 的消费者也能接触并购买 361° 的产品。

　　比如 361° 做过一个营销案例，在《高达》IP40 周年之际，361° 与《高达》联名，将领先的产品科技、潮流与机能风结合，以 0079 经典配色推出鞋款及限量版周边。该联名系列在发售前就已超 6 万人预订，发售当日的限量礼盒更是秒空，多款联名产品也快速售罄，创下了国产运动品牌被疯抢的纪录。361° 还与《穿越火线》合作，以独特的设计，叠加了科技元素推出两款"枪鞋"，在鞋圈、电竞圈以及潮流圈都引起了广泛关注，激起了《穿越火线》玩家文化与情感上的强烈共鸣。作为国内排名第一的FPS 枪战游戏，《穿越火线》贯穿了几代年轻人的青春回忆，361° 首次将电竞市场的"酷、时尚"切入体育品牌上，开启了"枪鞋联动"的售卖模式，这也诠释了 361° "多一度热爱"的品牌精神，以及对年轻化、对运动精神的态度。

　　同时，国际大型赛事也依旧是媒体传播的重要机会点。如何在新媒体平台，例如 B 站、小红书等平台上讲述年轻人更有兴趣点的亚运营销故事，借助赛事的热度传播并渗透到更广泛的人群中去？这些都是我们在不断思考、实践和总结的。

　　所以说，赞助本身是传统的，但借助传统的赞助需要不停地去创造和思考全新的营销玩法，这本身并不矛盾。无论是对于赛事方还是品牌方，所谓的"传统"品牌赞助营销都依旧有着积极的意义，就看品牌自己如何去有效地借势和激活。

问：新冠疫情3年对361°企业发展、品牌发展有哪些影响？

答：这是非常特殊的几年，对每个企业来说有很多的未知和挑战。在遭受疫情的负面影响之后，我们该如何鼓舞所有人的信心？如何振作大家的士气，如何继续保持对生活的期待和热爱？体育，将扮演着一个非常重要的角色。在疫情期间及后疫情时代，体育对人们健康生活的保障作用一定会更日渐凸显。同时，体育不分国界、不分民族、不分职业，它也会长久成为联结大家信心的最好的桥梁。

亚运会是一个很好的平台，它所倡导的健康、向上、团结等正向基因，值得企业在品牌及组织建设中去不断学习及裂变。与亚运合作的首要前提是找到品牌与亚运之间的契合点，只有从精神文化到产品理念都能实现相互理解、认同，才会让合作更加默契交融，实现相得益彰的收效。强化认同感对于赞助商而言十分重要。361°一直向大众传递正确的体育运动观念，号召更多人加入体育运动当中，在这一点上与亚运精神高度认同。每家亚运的合作伙伴都应该秉持带动更多的人参与到健康和运动的生活方式中来，进而传递亚运理念和价值，实现赛事主办方和品牌的双赢。

问：目前已进入杭州亚运营销周期的高潮，就亚运营销的角度，361°正在做和准备做哪些事情？

答：毫无疑问，361°肯定要借助亚运四年一次（杭州亚运会延期一年）的重要时间节点，去传递品牌的全新理念和主张。我们会通过发布亚运新主张及亚运特许产品、配合亚运火炬传递、举办自主IP赛事、签约电竞新资源等形式持续发力，辅助亚运文化的传播和推广。

我们提出的亚运新主张"中国热爱 多一度"实质上是我们的品牌理念在杭州2022年亚运会背景下的重新解构，360°是自己的热爱，多出的1°就是爱这国度，每个热爱的个体，都是中国的骄傲，多一度的热爱，就是中国热爱。通过"中国热爱 多一度"将361°的热爱与民族、中国进行强关联，向国人传递民族的自豪感与中国骄傲。

◎杭州亚运会官方体育服饰发布现场

◎ 361° 亚运文化区

产品方面，361° 已多次成为亚运会官方体育服饰合作伙伴，为亚运火炬手、志愿者、工作人员等提供官方体育服饰，并为众多国家代表队赞助全套专业运动装备。为赛事保驾护航的同时，助力运动员在亚运赛场上挑战自我。同时赞助的产品也会延展成为有亚运文化的可落地的产品，借助赛事的传播过程去提升亚运文化产品的线上线下销售，进一步实现品牌亚运整合营销的有效性。

对于即将开展的"火炬手招募""火炬传递"等活动，我们已经制订了相应规划，并策划了对应的品牌营销活动，让全民一起传递热爱，提升品牌美誉度。在赛场之外，361° 还启动了"亚运预备跑——三号赛道 10 城接力赛"活动，在国内 10 座城市开展线下接力赛事，将亚运和品牌进行更深层次的融合，助力亚运精神在所属城市落地，向更多人传递"热爱"理念，鼓励更多体育爱好者全情投入自己热爱的运动，也希望以此来更好地促进和推动体育事业发展。

附：亚运营销　热爱多一度

每年的第 361 天是 361° 的品牌日。2021 年 12 月 26 日，虽然受当时疫情条件的不利影响，但 361° 在厦门还是举办了备受瞩目的结合亚运营销宣传推广的大型活动。

作为杭州 2022 年亚运会官方合作伙伴的亚运营销，361° 在活动现场设置了亚运文化区，汇集 2010—2022 年四届亚运会火炬手、护跑手装备，吸引了许多"粉丝"拍照打卡。

基于当代年轻人的文化认同感、民族自豪感非常高昂的心理基础，在品牌日上，361° 公布了亚运新主张——"中国热爱　多一度"。这也是在品牌"多一度热爱"理念的基础上做的很自然的延展。

品牌日活动现场重磅内容一个接一个：亚洲奥林匹克理事会特别授予 361° 集团"亚

运会杰出贡献奖"的颁奖仪式；官宣了品牌运动潮流代言人王安宇；官宣赞助两支关注度都非常高的国家队——中国国家铁人三项队和中国国家女子水球队，成为361°运动装备合作伙伴。在品牌日活动现场，361°还展示了接下来的订货会将提供的着重体现杭州和亚运元素的部分产品，提前在经销商和消费者群里为新产品预热。

郑业欣简介

1997年获得山西大学文学学士学位，在品牌策略、营销推广及创意管理方面拥有逾20年的经验，并拥有10年以上多家国际4A及本土广告公司任职经验，其间为国内外众多领先企业提供营销策略及创意服务。郑业欣于2018年5月加入361°国际有限公司，担任361°国际有限公司品牌管理中心总经理，主要负责品牌策略的制定与实施，品牌体系的建设与管理等工作。

◎郑业欣

361°简介

361°（中国）有限公司（以下简称361°）成立于2003年，于2009年在香港成功上市。作为中国领先体育用品品牌，361°以"专业化、年轻化、国际化"为核心基因，致力于高价值、多品类的体育运动产品。集团在美国和欧洲成立子公司，并积极拓展经销业务，包括中东、东南亚、中亚、南非、南美等国家和地区。至今在海外拥有超过750个销售点，已覆盖全球50多个国家和地区。

亚运平台助力纽恩泰新能源成为隐形冠军

当我们把时间作为度量衡，当我们把过去发生的桩桩件件摆在倒计时的刻度里，或许会循着时间的印记，触摸到纽恩泰成长的脉络。左侧是属于雅加达、杭州亚运会的故事，这两届亚运会成了体育赛事进程的重要节点；右侧是如今纽恩泰前进的步伐，作为印尼雅加达亚运会的官方合作伙伴、亚奥理事会的合作伙伴、杭州亚运会的官方供应商，纽恩泰借助亚运平台，已经发展成为中国空气能行业里的隐形冠军，驶入了发展的快车道。

雄关漫道真如铁，而今迈步从头越。空气能市场曾经只是个小市场，七八年前市场规模还只有 20 亿元。而如今，这项能够从空气中"搬运"热量的清洁能源技术，伴随着"煤改电"在北京、山西等地纷纷开展，全国普及，其撬动的"市场蓝海"已超过 500 亿元。 空气能行业广阔的市场前景，也开始吸引了美的、格力等大厂商的涌入，虽然这些老家电品牌凭借其固有的品牌影响力进入空气能发展赛道，但 2006 年前后就开始深耕空气能的纽恩泰等一批专业品牌，凭借率先入局的领先优势及对产研发展的科创实力，始终占据着重要的市场地位。

"空气能行业这几年是发展的井喷期。因为节能环保，它的未来是非常广阔的。目前，它的推广主要还是在北方的集中供暖区和分户供暖区，未来将推广到非集中供暖区和南方。" 广东纽恩泰新能源科技发展有限公司董事长赵密升说，"广东尤其广州是中国改革开放前沿地，是吸纳全球高新技术人才的高地。广州正在大力发展包括空气能在内的 NEM 产业，这正是企业创新创业的沃土。"作为国内空气能市场最早的"拓荒者"

◎纽恩泰签约成为杭州亚运会官方供应商

之一，纽恩泰抢抓"煤改""双碳"机遇，如今拥有河源龙川、广州增城两大生产基地，产品覆盖家用热水、家用采暖、大型集中采暖和工程热水、工农业节能改造等领域。集新加坡、中国两地的新能源最前沿技术为一体，纽恩泰得以成为亚洲新能源行业的标杆企业，拥有行业内最全的空气能热泵产品线。

一、攻克技术难关　致力教育市场

在空气能行业的爆发式增长之下，一批早早参与到行业"拓荒"的企业，也终于等来了风口。

其中，就包括纽恩泰。

空气能在2006年前后根本推不动，到2009年，纽恩泰产值还只有1000多万元。经过连续9年每年50%的业绩与规模双增长，纽恩泰2017年营业额达到数十亿元，近600万家庭与公共设施采用了纽恩泰的空气能产品。

纽恩泰从当初刚进入行业时的名不见经传，目前已经成为专业品牌的领军企业。赵密升坦言，早期空气能市场规模仅有20亿元左右，推广并不顺利，后来的爆发得益于长年的消费者教育所积累的认知基础，以及国家"煤改电"政府采购项目的推动。

赵密升表示，2006年前后，空气能热水器在国内还是新鲜事物，市场认知度很低，推广起来很困难。为此，他在教育市场方面动了很多脑筋，做了许多事情。

2014年，纽恩泰用3年多时间和数千万元技术研发投入，攻克技术难关，推出了在零下30℃正常运行的商用热泵，凭着产品本身过硬的品质，成为中国南北极科考队的指定产品。

◎纽恩泰广州增城总部基地

◎纽恩泰空气能集中供暖项目

在此之前，到了北方冬天，商用机只能通过优化设计后勉强使用，而家用机则直接"罢工"。这给空气能技术的超低温应用造成了很大的局限性，随之而来的是北方经销商的担忧与踟蹰。

"我们非常理解北方市场经销商的心情，因为很多经销商尝试过各大品牌，结果十分受伤，凭什么纽恩泰说能做到就做到了？为了打消经销商们的顾虑，我们向中国南极科考队免费赠送了数台集热水采暖于一体的空气能热泵，让他们在年会期间，将使用的结果直播给经销商们看。"赵密升曾公开表示，"要想让经销商信服，就要给他们带来超预期的效果。别人没做到的，不代表纽恩泰就做不到。"

二、"创新凶猛"——南极洲做供暖抗冻实测

"《战狼2》电影上映的时候，我看到有网友在影评中表示，里面有些剧情不符合实际情况，过于夸张。比如主角跑去连热水澡都洗不了的冰天雪地遛狗，感觉莫名其妙。"赵密升笑说，"关于冰天雪地没有热水洗澡这事，有些网友可能有误解。要知道地球上最冷的地方，就是南极。而我国有一大批科考人员长期在南极洲进行开发和研究工作，他们是可以洗热水澡的。而为我国南极科考队提供热水的就是中国企业纽恩泰自主研发的空气能热泵。"

空气源热泵是否能够在极寒环境下应用？其供暖效果如何？在一片质疑声中，纽恩泰调动一半生产力，强势发挥技术研发核心优势。投入所有的资源研究极寒地区供暖节能、能效和产品稳定性问题。2014年9月，纽恩泰与国家海洋局极地考察办公室共同签署了"中国南北极考察官方合作伙伴、中国南北极考察队专用产品"战略协议。纽恩泰于那一年开始，正式为极地考察队提供热泵设备。2014年10月，考察船"雪龙"号从上海起航，搭载着纽恩泰空气能热泵奔赴南极。从2014年开始，纽恩泰的空气能产

品已经在南极考察的"昆仑站"与"中山站"中投入使用，伴随着南极科考队员们度过了无数个日日夜夜。热泵稳定使用至今，得到了科考队员的一致好评。

南极洲年平均气温为零下25℃，是全世界最寒冷的地区。在这样一个常年冰雪覆盖的地区，空气能热泵居然可以稳定制热，这究竟是如何实现的？赵密升向记者解密：空气能热泵需要从空气中吸收热量来制热。"在南极地区，我们所面临的最大问题就是空气中热量少，压缩机排气压力降低，导致热水生成量大幅减少。为了解决这个问题，纽恩泰专门集中旗下空气能行业首个国家级企业院士专家工作站、纽恩泰（新加坡）新能源研究中心、新加坡南洋理工大学技术研究基地、中国热泵技术研究中心、中国热泵培训学院等国内外顶尖空气能科研机构共同研发力量，创新性研制出经济器和闪蒸器，给压缩机进行补气，将原本的'一级压缩'转别为'准二级压缩'，提升压缩机的排气压力，使得从压缩机去往换热器的冷媒量增加，最后实现超低温下的稳定供暖。"

"全球最冷的南极洲都冻不坏中国产的热水器，南极科考站的工作人员对这个每天给他们带来热水的家伙，专门取了个新奇的名字，叫'南极星'。"赵密升说，"纽恩泰就沿用科考站工作人员的称呼，将自家的空气能热泵直接取名'南极星'，'南极星'系列喷气增焓超低温热泵机组才可以在零下30℃的极寒低温中稳定高效运行。中国北方地区最冷也不会超过南极，老百姓完全可以放心使用，不用担心'南极星'被寒冷天气冻坏。"

三、借亚运营销彰显中国企业标杆价值

自2013年国家开展"煤改电"工程以来，纽恩泰凭借着敏锐的战略目光，喊出"健康、时尚、环保、可持续"的新口号，再一次踏上了品牌发展的新征程。在2015年，纽恩泰斥资千万，在全国各大高铁站、高铁列车上做广告，受众超过1亿人次，打造"快、

◎纽恩泰产品跟随"雪龙"号登陆南极

精、准"的高铁大营销战略。

　　与此同时，纽恩泰也加大销售渠道铺设和售后服务工作精细化，作为引领空气能热泵领域蓬勃发展的领军者，纽恩泰旗舰店和终端运营店达数千家，遍布全国二十多个省份和地区，其中既有经济发达的北京、上海等一线城市，又有自然条件恶劣，普通空气能热泵难以进入的西藏自治区、内蒙古自治区和东北三省等边疆地区。

　　2017 年 10 月 27 日，纽恩泰与第 18 届亚运会组委会在广州白云国际会议中心正式签约，纽恩泰被正式授予"第 18 届亚运会官方合作伙伴""第 18 届亚运会空气能产品独家供应商"。同时，纽恩泰空气能热泵正式应用于雅加达 GBK 体育中心。

　　在第 18 届亚运会时纽恩泰的产品便应用到了主场馆——雅加达 GBK 体育中心（Gelora Bung Karno，简称 GBK），以场馆中的游泳馆为例，原来使用 6000 千瓦纯电加热设备，每天耗电量达 75000 度电，现使用 30 台纽恩泰空气源热泵替代，每天只需要 16000 度电左右，每天可节约电能 59000 度，相当于每天节约 23600 千克标准煤。

　　2019 年 8 月 29 日，纽恩泰在科威特亚洲奥林匹克理事会总部正式签约，成为亚奥理事会官方合作伙伴、亚奥理事会空气能中央空调合作伙伴，为亚奥理事会旗下亚运会、亚青会、亚沙会等各运动会提供绿色节能解决方案。

　　"亚洲的能量"（Energy of Asia）是雅加达亚运会的口号，纽恩泰（NEW Energy）是亚洲新能源行业的标杆企业。"亚运会是一项国际性大型综合运动会，为正在崛起的中国企业提供了一个拓展海外市场的传播平台。近年来，纽恩泰以精准的品牌定位在中国市场取得了巨大的成功，在国内市场地位得到巩固之后，需要依托国际舞台，塑造其空气能行业标杆企业的品牌形象，从而晋升为国际主流空气能品牌，加速国际化进程。"通过亚运会这一国际性传播平台，纽恩泰利用体育营销策略展开品牌升级计划，将纽恩泰品牌作为中华文化的一个最具象征意义的符号，让亚洲人民更加了解中国文化，了解纽恩泰品牌所具有的丰富内涵，加大品牌知名度和好感度，与其他空气能品牌划开区隔，占据消费者心智，为国际化奠定不可缺少的基础。

　　赵密升说，纽恩泰一直注重体育赛事的合作，打造体育 IP，在合作亚运之前，也与军运会、亚青会等赛事建立合作。

　　借助亚运赛事，纽恩泰空气能在大型体育场馆的应用得到了很好的推广，在全国多个大型体育馆应用了纽恩泰的采暖和热水产品。

　　不论是在纽恩泰赞助亚运会之前还是之后，空气能行业的企业和喜欢多曝光多宣传的家电类企业不一样，相对比较低调。企业做体育赞助投入相对更大，但对品牌拉动、销售提升却未必能取得立竿见影的效果。对此，赵密升有自己的看法，他认为，走体育创新营销之路，是与自身企业特点、发展阶段相匹配的，纽恩泰的文化基因与体育赛事的基因具有较高的吻合度，体育赛事是一种正向的活动，亚运效应代表的是一种正向的背书，对于品牌拉升具有积极的带动作用，特别是针对工程项目，企业的产品能够服务亚运场馆，具有十分有效的说服力。另外还有个好处，赛事合作与明星代言不同，赛事合作风险较小，一般不会出现负面信息。

◎纽恩泰签约成为第18届亚运会官方合作伙伴

目前纽恩泰亚运合作伙伴的标签已经深入人心,在行业和客户群体已经家喻户晓,甚至还有同行也在效仿参与。赵密升认为,共同做大体育营销是好事,纽恩泰牢牢占据了第一的位置,所以对于同行的效仿并不担心,关键是走好自己的路,坚持科技创新,坚持亚运卓越品质。纽恩泰会在各个方面不断强化亚运标签,让纽恩泰产品和亚运建立强关联,比如产品标贴增加亚运标识,外包装增加亚运标识,对外宣传打上亚运标签,亚运工程成为备受认可的蓝本工程。

纽恩泰与亚运的合作,也获得了相应的权益,在此过程中公司将这些福利拿出与经销商伙伴一同分享,第18届雅加达亚运会,公司便组织了近200人的优秀经销商团队,出国印尼,共同见证纽恩泰的火炬传递及亚运观赛,让商家享受到亚运带来的荣誉。在第19届亚运会,公司将全部火炬手名额拿出,通过PK方式,让优秀经销商作为火炬手,传递低碳节能理念。同时积极争取开闭幕式名额,将名额给予经销商伙伴共享亚运盛事。在合作过程中,通过大力宣传,让亚运赛事与纽恩泰形成品牌关联效应,助力商家更好地拓展市场。

目前纽恩泰是杭州亚运会的官方供应商,在绍兴攀岩馆及棒垒球馆采用纽恩泰机组42台;亚运技术官员村项目,采用纽恩泰空气能热水机组1480套。

赵密升介绍,在保障亚运会服务中,首先入选的产品均是经历市场考验,高稳定、高品质的产品,进入市场前均经过严格的检验。为了保障服务,公司成立了以营销总经理+技术支持总监+售后服务总监为主的3人领导小组,成立专门的服务保障团队。确保机组交付使用及售后问题的快速反应解决。

关于如何在亚运会结束后继续利用好企业服务亚运的营销价值,赵密升说纽恩泰一直很注重对"亚运遗产"的利用。产品能为大型赛事服务本身说明了产品的高可靠性、更高的品质和价值,成为亚运官方供应商也是一种荣耀。结合当地政府对于亚运场馆、周边设施的再利用措施,对外纽恩泰积极整合媒体宣传资源,针对一线市场传播,对内

◎纽恩泰空气能机组进驻雅加达亚运场馆

　　以亚运品质要求生产智造，以同步世界的科研实力，领先行业的智造能力，推动空气能节能产品的广泛应用，利用亚运背书，对品牌声誉起到了积极的作用。当然这一切都基于为客户提供高价值的产品和服务。

　　三年疫情对空气能行业影响有限，特别是在国家双碳目标的推动下，空气能作为环保节能的产品将迎来爆发期。中国工程院江亿院士指出"国家减碳目标的15%可由热泵完成，建筑领域可替代3.5亿吨，北方供热领域可替代1.5亿吨，工业生产领域可替代10亿吨"。随着俄乌战争的爆发，化石能源价格暴涨，根据EHPA（欧洲热泵协会）数据预测欧洲2025年热泵需求量400万台，未来潜在需求将突破680万台／年。除了客观因素的推动，本身空气能具有的优势，可以预计未来空气能产业，将有万亿容量千亿增量。

◎纽恩泰签约成为亚奥理事会官方合作伙伴

纽恩泰的使命是让空气能成为人类美好生活的必需品，中国作为空气源热泵产品制造和应用的大国，空气能热泵出口已呈现出了爆发式增长……目前公司也制定了海外发展战略。空气能作为一款非常环保、节能、舒适的产品，无论是家用市场的冷暖、热水产品，还是商用市场的集中供暖、大型热水解决方案、工农业节能改造等，都代表着未来的消费趋势，随着人们生活水平的提升，能源需求的变革，纽恩泰服务亚洲市场乃至全球市场都是必然的选择。

附：杭州亚运会推广活动计划

针对杭州亚运会及杭州亚残会等，纽恩泰空气能拟将开展"第 19 届亚运火炬手选拔活动""第 19 届亚运开／闭幕经销商 VIP 观礼资格遴选活动"及"亚运会合作发布仪式"。

1. 亚运火炬手创新营销

纽恩泰拟将获得的亚运火炬手及亚残运会火炬手名额给予一直与纽恩泰风雨同舟、携手向前的全体经销商伙伴，发起"做纽恩泰大使，当亚运火炬手"——空气能行业第 19 届亚运火炬手选拔活动，通过网络海选报名形式，在全体经销商群体征集报名，通过投票公开选拔形式，让爱国、爱企、努力拼搏的经销商伙伴，能够代表企业参加火炬传递活动。

◎广西鹿寨县体育中心游泳馆恒温泳池项目

◎广东深圳光明体育中心恒温泳池＋热水项目

◎纽恩泰人在雅加达亚运现场

2. 亚运观礼资格遴选

"第19届亚运会经销商 VIP 观礼"活动——空气能行业第19届亚运观礼资格遴选活动，通过活动规则遴选，满足活动条件者参与抽奖，奖品为第19届亚运会观礼门票，以此调动纽恩泰商家及用户参与亚运会，形成良性传播。

3. 亚运合作签约仪式

拟举办全国性经销商大会。通过线上、线下形式，发布与亚运会合作信息及火炬手遴选方案等。通过正式发布会，扩大活动影响力，宣传杭州亚运。

◎赵密升董事长传递亚运火炬

◎杭州亚运会 & 纽恩泰

从新加坡到广东——厚积薄发曲线成长

"来到广东，算是自己的二次创业。"提起创业福地广东，赵密升在接受记者采访时显得有点兴奋，"我原来是做生意的，但我梦想是做一个受人尊重的企业。"

从小就开始在外打拼的赵密升，今年43岁，自带一股湖南人特有的闯劲。

赵密升16岁离开南县外出打工，20岁开始了人生的第一次创业，以失败告终。不过，他并没有轻易言弃，转而从事贸易，积累下人脉和经验。

24岁时，赵密升创办昆明明波兰花地毯工贸有限公司，开始第二次创业，业务范围拓展到了新加坡、印尼等国家。

2000年，赵密升26岁，来到新加坡国立大学社会经济学院研修EMBA专业，并在3年后担任新加坡纽恩泰热能科技发展有限公司总经理。

赵密升透露，当时在新加坡纽恩泰搞"热回收"，即纽恩泰产品的前身，他说当时自己"没搞好"。

2006年初，赵密升拿出多年的经营积蓄回国，与新加坡的合作伙伴一同创办了纽恩泰热能科技发展（昆明）有限公司，进军中国空气能市场。

当时，空气能热水器在国内属于新鲜事物，市场认知度极低，加上投资管理不善，企业严重亏损。到2007年6月，持股60%的新加坡公司撤资退出。

赵密升不甘心。

2008年，他收购了新加坡合作伙伴的股份，并将生产基地搬迁至广州，成立了纽恩泰热能科技发展（广州）有限公司。

"当初企业已经是命悬一线，产品一旦失败，不成功便成仁。" 回忆当初，赵密升曾公开表示，"企业前面几年，自己就是个销售大BOSS，天天在外面跑市场，说服经销商加入，但是经销商问我能给他们带来什么不一样的产品时，我说不出123，除了价格就没有啥谈的，然而与有量有规模有品牌知名度的企业相比，纽恩泰

◎纽恩泰空气能机组进驻杭州亚运场馆

当初还啥也不是。这让我痛定思痛，决心把销售交给专人去做，而自己集中精力带领团队去做研发。"

为此，赵密升先是建立了空气能行业唯一企业院士专家工作站——纽恩泰新能源研究中心，聘请 30 多名来自麻省理工学院、新加坡理工大学、华南理工大学、广东工业大学等学府的高级专业人才加入，然后针对消费者需求，对产品设计进行改良。

"空气能设备最早是一个大圆桶，加个空调外机。很多人不愿意选择的原因是，买回去'三不像'，不像家具、家电，也不像工业品，太大了，不好看。所以我们研究用户体验后，做成冰箱的外形。"赵密升在谈到纽恩泰所做的消费者需求研究时表示，纽恩泰的发展，正是得益于在产品上做文章。

正如赵密升在采访期间经常提起的一句话——成功没有捷径，只有少走弯路，但可以弯路超车。在他身上，有湖南人天然的闯劲，也有多年打拼而养成的脚踏实地。他说自己"选对了一个行业，就始终要按照这个目标去走。我是个执着的人"。

纽恩泰简介

广东纽恩泰新能源科技发展有限公司是一家专注于空气能热水器、采暖热泵、商用热泵等新能源产品技术研究、生产、销售、服务于一体的国家高新技术企业，是空气能热泵行业专业领域龙头标杆企业，集团旗下拥有广州增城、河源龙川两大产业基地，产能超过 200 万台套。

公司先后荣获各种奖项，如"国际知名品牌""中国公认名牌企业""中国空气能行业十大领军品牌""广东年度经济风云榜风云企业""煤改清洁能源突出贡献单位"等，连续十年蝉联行业领军品牌的荣誉，公司也是空气能行业标准主笔起草单位。

蒙娜丽莎的绿色亚运

蒙娜丽莎赞助了 2018 年在印尼雅加达的亚运会,现在又成为杭州亚运会的赞助商,在借助亚运平台开展营销升级、提升用户体验等各方面都做了很多努力,取得显著成绩。对此,蒙娜丽莎集团企划总监杨晓林介绍了蒙娜丽莎的亚运战略。

一、雅加达亚运会

2017 年 10 月,蒙娜丽莎正式与雅加达亚组委签约,成为 2018 年在印尼雅加达的亚运会官方支持合作伙伴,随后开展了一系列的营销推广活动:

1. 2017 年底,所有户外和互联网广告画面更新,"蒙娜丽莎瓷砖——2018 雅加达亚运官方支持合作伙伴"内容正式上线。

2. 结合雅加达亚运主题"亚洲能量",在 2018 年 3 月正式推出蒙娜丽莎雅加达亚运大型营销主题"中国能量微笑登场",并邀请奥运体操冠军江钰源和亚运游泳冠军吴鹏参与拍摄主题视频、海报进行全网持续推广,截至雅加达亚运会结束,相关内容全网曝光总计超过 18 亿人次,两位冠军参与拍摄的抖音短视频在蒙娜丽莎瓷砖官方账号播放超过 2800 万次,为账号带来新增粉丝 21 万。

3. 全渠道推出"亚运系列产品",精选蒙娜丽莎优势产品陶瓷大板,推出亚运产品组合。2018 年全国各地共开展线下亚运主题营销活动超过 4800 场,各地经销商邀请不同的文化体育明星参加线下活动,包括网红歌手胡 66、国际米兰名宿马特拉齐等到贵阳、毕节、铜仁等地开展线下营销互动,同期销售业绩提升 30% 以上。

◎蒙娜丽莎签约成为 2018 年亚运会官方支持伙伴

4. 推出"点亮亚洲能量——为中国运动健儿喝彩,蒙娜丽莎瓷砖雅加达亚运火炬线上传递"大型线上互动主题 H5,全网共超过 360 万人参与,点亮火炬 300 万+。

5. 组织近百位消费者、合作伙伴及企业员工组成"蒙娜丽莎亚运助威团",包机出发印尼雅加达,并现场出席雅加达亚运开幕式,零距离为亚洲喝彩。

6. 联合南方航空,首推亚运主题航班,行业首创空中场景式营销,打造全新的品牌飞行体验,主题航班在雅加达亚运期间飞行往返班次达 56 次，发放蒙娜丽莎亚运主题纪念品超过 2000 份，事件传播全网曝光过千万。

7. 雅加达亚运期间，蒙娜丽莎围绕亚运赞助商身份，开展了主题统一、覆盖全渠道、形式多样的主题营销活动，全国超 2000 家门店打造了雅加达亚运营销主题场景，围绕"亚洲能量微笑登场"主题开展了多样化的营销活动，高效带动了万千消费者参与亚运盛事，扩大了品牌声量。

二、杭州亚运会

2020 年 10 月，蒙娜丽莎正式签约成为杭州亚运会官方建筑陶瓷独家供应商，随后立即启动了亚运营销战略。

1. 邀请亚组委官员参访工厂，并举行盛大的亚运签约发布会，邀请 100+ 媒体参与，盛大发布蒙娜丽莎成为 2022 年杭州亚运会官方赞助商。

2. 公司成立了亚运营销工作组，并在杭州设立了亚运办事处，指定专人常驻杭州，加入亚运赞助商俱乐部，全面对接亚组委及各赞助商相关活动。

3. 2020 年底，全国 3000 多家蒙娜丽莎瓷砖品牌门店率先全面开展亚运盛事宣传，联合各大高铁、机场、高速公路投放广告，实现宣传全覆盖，助力亚运。

4. 邀请国际体育名宿萨内蒂、国际米兰球星桑切斯等拍摄助力视频，为蒙娜丽莎签约杭州亚运助力打 call，带动全网关注。

5. 在 2021 年初正式发布蒙娜丽莎瓷砖新品牌战略，明确将充分利用好杭州亚运会平台，为实现蒙娜丽莎瓷砖百亿营收助力。

6. 开展联动全国门店的"为杭州亚运喝彩"联名大型线上主题互动活动，截至 2021 年底已收集超过 6 万名消费者在门店的现场点赞，但由于疫情导致亚运推迟，项目未能持续进行。

随着杭州亚运会明确将于 2023 年 9 月正式举办，蒙娜丽莎将围绕杭州亚运会开展一系列的大型主题营销和传播活动，充分发挥赞助商优势，利用好亚运会平台，展开全方位的营销行动，全面展开亚运宣传，打出体育营销的强劲一击。

从 2008 年北京奥运会、2010 年广州亚运会场馆的瓷砖供应，到 2018 年雅加达亚运会获得正式的赞助商身份，再到 2022 年杭州亚运会官方独家供应商，蒙娜丽莎的亚运营销给企业带来了丰厚的回报，借助亚运会的影响力，结合有效的营销手段，企业充分利用各大媒体的平台优势，聚集了注意力，触达了广泛的受众群体，通过线上线下相融合的立体式系统性整合营销传播，完成一次又一次的品牌信息的高质量露出。蒙娜丽莎瓷砖品牌形象得以更加立体和清晰，用户形象得到更好塑造和有效提升，其市场成长率、综合占有率、市场覆盖率都在不断增长和扩大。

针对杭州亚运会提出了绿色、智能、节俭、文明的办赛理念。蒙娜丽莎内化出自己的亚运新解，将绿色、智能、节俭、文明落实到企业战略发展及运营的方方面面。自

◎蒙娜丽莎签约成为杭州亚运会官方独家供应商

2020年10月签约杭州亚运会之后，蒙娜丽莎持续加大科研创新投入，推动新产品新技术突破创新：一是贯彻"绿色"的亚运理念，2021年全面启动了清洁能源改造，所有生产基地在2021年6月30日前实现了100%使用绿色能源，并巨资投建环保云中心，实现各生产基地清洁生产与绿色制造的协同管理。二是贯彻"智能"亚运理念，加快生产线更新升级，2021年启动总部生产线改造，建成了全球领先的自动化、智能化、具有行业示范性的数字化生产车间，并导入信息化大数据系统，提升生产效率。三是贯彻"节俭"的亚运理念，在集团内部启动降本增效管理提效活动，优化资源配置，提高组织运行质量，提升管理效能，提升企业经营效率，从而更好地为消费者提供更高质量的产品和服务。

与此同时，蒙娜丽莎积极贯彻"文明"的亚运理念，持续参与公益慈善活动，2021年向河南省慈善总会捐款100万元，2022年向四川省慈善联合总会捐款100万元，支持灾害救助及灾后重建等相关工作；广泛开展村企共建、结对帮扶，持续在扶贫济困、精准扶贫和社会公益事业领域发挥着民营企业应有的作用和贡献，与社会各界一同打赢脱贫攻坚战。

蒙娜丽莎也积极参与亚组委组织的相关公益活动，如在全国环境日联合顾家家居、奥克斯等赞助商俱乐部成员开展线上主题共创传播活动等，力争为打造一届有情怀、有温度、全民参与、全民共享的亚运盛会贡献力量。

在如何将亚运效应或体育明星效应移植到企业产品上，蒙娜丽莎有自身的思考和实践。一是有主题地进行产品开发，在产品端，蒙娜丽莎持续发力，将杭州、潮涌、祥云、运动、大小莲花等亚运相关元素融入产品设计中，以新研发的核心产品岩板作为材料，利用新的切割技术对产品进行创作，制作出亚运系列的精美瓷艺产品。对设计进行升级，推出七彩碧云、墨韵江南等多款亚运主题系列连纹背景墙，富有中国文化特色，深受消费者喜爱。

二是借助亚运赞助商权益，蒙娜丽莎将联合高校院所，通过举办产品设计大赛等活动，推出更多与亚运主题相关的新产品，尤其是在创意文化和陶瓷艺术方面，推出更多亚运主题创意产品。

三是持续邀请体育明星参与线上线下的营销主题活动，不断扩大品牌影响力。

体育营销时代的到来，在陶瓷行业的营销界亦刮起一股旋风，众多陶瓷企业纷纷试水体育营销。由于陶瓷行业是一个低关注度的行业，因此，借助高关注度的体育赛事来传播品牌，确实有事半功倍的效果。在陶瓷行业，蒙娜丽莎是行业内较早关注到体育盛事的企业。2002年，蒙娜丽莎锁定本土拥有较高关注度的南海西樵女子龙舟队，并正式冠名其为"西樵蒙娜丽莎女子龙舟队"。蒙娜丽莎女子龙舟队在一系列国际、国内比赛中获得的骄人成绩，为蒙娜丽莎从一个行业品牌蜕变为大众品牌起到了强大的推动作用。蒙娜丽莎的体育营销情缘由此开启，沿着"更高、更快、更强"的体育精神，在发展的道路上迈开更加矫健的步伐，不仅专注于本土体育赛事，更将体育营销的策略版图扩展到世界性项目中，北京奥运会、南非世界杯、广州亚运会等国际赛事都有蒙娜丽莎的身影，2015年赞助广东省武术散打队、2017年底签约成为2018第18届雅加达亚运会官方合作伙伴、2018年6月签约国际米兰足球俱乐部、2020年签约杭州亚运会官方独家供应商，这一系列举措持续将蒙娜丽莎品牌推上新的制高点。

赞助大型体育赛事，尤其是杭州亚运会官方赞助商这样的金额巨大的赞助，在集团内部反对的声音多过支持，但其最终决定赞助。一是大型体育赛事的赞助，基在战略，根在品牌，通过赞助提升品牌形象扩大品牌影响力，不能单纯从业绩回报进行评估，应该从品牌战略规划及发展的角度来看。首先是有助于行业领跑者的品牌形象的塑造，这是大型体育赛事赞助的高门槛和高标准本身就决定了的。其次是有助于实现品牌传播的聚焦和差异化，传统品牌传播手段正面临着媒体的碎片化挑战，大型体育赛事的聚焦功

◎蒙娜丽莎签约杭州亚运会官方独家供应商现场

能能很好地助力企业品牌传播实现聚焦，如 2022 年世界杯上的海信，就是非常好的聚焦传播案例。同时，大型体育赛事覆盖人群更高，可开展的复合营销空间更大，用户感知更加强烈，参与赞助也让品牌传播实现了与竞品的差异化，提升传播效率。再次来讲，大型体育赞助的长尾效应明显，其带来的品牌影响力不仅限于本次赛事期间，在随后的体育赛事赞助中都是无法被绕开的，尤其是在行业体育营销中所树立的标杆作用，更是无可替代的，这是品牌的长期资产。二是大型体育赛事的赞助，权益的充分利用，以及企业围绕赞助展开的立体式营销更为关键。围绕赞助商权益开展的立体式营销，将实现十倍甚至百千倍于赞助费用的市场回报。企业往往在决定赞助的时候比较畅快，但随之而来的营销方面的投入，却因为内部异议等多种原因难以落实，从而导致众多赛事主题营销方案无法落地，赞助商权益未能得到充分发挥，品牌借助赞助开展整合营销的优势无法展开，赛事赞助的综合效能也就大打折扣。从传统行业从事品牌工作的实践来看，要想取得较好的综合回报，一个大型的体育项目赞助，其后期营销费用应不低于赞助费的 3 倍以上，同时还需要内部从市场到营销等多个部门的高效协同。

中国现在时兴新零售、直播电商等等，企业营销也更看重每次营销投入能得到多少消费回报。赞助亚运会往往被认为是"传统"的品牌营销模式，不够创新，但实际上并非如此，它也可以是时尚的、年轻的品牌营销手段。随着媒介环境和用户消费形态的改变，体育营销也正在进入一个全新的时代。

比如时下流行的短视频，它不同于传统电视，很少寻求赛事直播权益，而是强调二次创作及其他视频内容。2022 年，短视频平台海量的创作者，借助世界杯这一体育赛事大型 IP，在小屏幕后进行二次创作，获得了巨大的回报。卡塔尔王子被推上抖音新顶流，一周吸粉 2000 万，梅西夺冠的视频甚至带火了《早安隆回》这样一首本土原创歌曲。这种交互方式的改变，让短视频这一新媒体带来的流量具备不可估量的营销力量，但其成功的基础，都离不开"世界杯"这一 IP。海信电视在 2022 年世界杯上也备受关注，尽管其引发的争议也不少，但从传播的角度来看，品牌方获得的权益显然也是超值的。

蒙娜丽莎开展亚运主体营销时，也并不是简单地在广告或产品上贴上亚运会 logo，而是撬动亚运会背后的灵魂价值。作为品牌方，必将会找到契合营销目标的自我节奏，结合时下流量营销手段，迅速抢占和加强与主题的联系，实现品牌和消费者的多维度互动，最大化传播并渗透到更多受众中去。

亚组委组织赞助商俱乐部以来，以"促进杭州亚运会赞助企业之间信息共享、交流合作，从而共同构建杭州亚运推广共同体，打造体育营销的新模式"为目标，回馈和服务亚运会赞助商。

杭州亚运会赞助商俱乐部在各合作伙伴、各供应商沟通提供了一个良好的沟通平台，加强了其他跨行业的交流碰撞，蒙娜丽莎也通过微博互动实践等持续参与和推动赞助商俱乐部企业的联合推广。在赞助商俱乐部中，赞助企业因亚运聚合成为一个大家庭，也将发挥各自优势，赋能亚运盛会成功举办。蒙娜丽莎与赞助商俱乐部其他成员保持紧密联系，寻求合作契机，通过发挥"1+1 大于 2"的能量，抓住亚运机遇实现企业升级。

组委会也应该组织更多的企业间的互动参访,不仅是在营销方面进行串联,更要让优秀企业成为引领赞助商俱乐部成员共同发展的扛把子。赞助企业间的考察互动很有必要,跨行业跨领域地学习吸纳其他企业的先进模式,也有助于更好地提升企业自身的发展。尤其是超大型企业集团的成功经验,将为众多赞助商俱乐部成员提供极好地组织治理范例,带动大家共同发展。

企业参与体育赞助,自然期望获得相应的赞助商权益回报。蒙娜丽莎作为本届亚运会的官方独家供应商,在营销传播中获得了不少独有的权益回报,也围绕亚运开展了主动性营销。2022 年 4 月,蒙娜丽莎以标志性符号"蒙娜丽莎"在钱塘湖畔与"大莲花"交相辉映,点亮杭州夜空,展现出蒙娜丽莎与杭州亚运的紧密关系。在杭州亚运会延期期间,蒙娜丽莎也积极参与亚组委组织的"我爱亚运 无论何时"品牌联动宣传助力活动,与杭州共迎亚运。

赛时,蒙娜丽莎也计划将与全民共享亚运盛事,如在亚运村设立品牌服务站、共建亚运便民点、亚运村赞助商品牌体验馆等权益。

在亚运会结束后仍应利用好"赞助亚运"的营销价值。从 2010 年参与广州亚运会的建设,2018 年成为雅加达亚运会官方支持合作伙伴,再到此次 2022 年杭州亚运会官方独家供应商,蒙娜丽莎与亚运已经建立起紧密的强关联,是蒙娜丽莎从本土走向世界的一大营销举措,也为行业树立起成功的体育营销范本。

亚运背后所强调的体育精神,已然刻入蒙娜丽莎发展基因中,成为当下及未来蒙娜丽莎发展的强大驱动力。一是连续两届赞助亚运会必将为蒙娜丽莎积累超越评估的品牌资产,蒙娜丽莎持续赞助亚运会,让人们看到了企业在品牌战略层面展现出来的长期性特征,增强了用户对品牌的信任,这种赋能和增值是持续和长期的,在品牌成长史中也是非常重要的部分,将被不断提及和重复。二是持续的大型体育赛事的赞助,也让蒙娜丽莎品牌在行业中脱颖而出,迈了非常重要的从家居垂直消费领域向大众认知领域坚实的步伐,也让蒙娜丽莎的品牌基础更加坚实和牢固,品牌价值持续扩大。三是在市场

竞争层面，蒙娜丽莎赞助亚运已成为家居行业标志性品牌营销事件，它的引领性和标杆作用在很大程度上影响着直接竞争对手的决策，让企业在某种意义上掌握了更充分的品牌战略和营销主动权，这种无形中建立起来的优势并不会随着亚运会本身的结束而终止，影响持续而深远。

对下一届爱知·名古屋亚运会，蒙娜丽莎仍有兴趣进行赞助。体育赞助是一个长期行为。长期合作的延续性和双方建立起来的强关联是其他品牌不能比拟的，尤其是亚运这种大型洲际赛事的长期赞助并非易事。蒙娜丽莎作为品牌希望让亚运成为蒙娜丽莎的一个象征符号，通过强化和推广亚运这个符号，从而逐步提升自身的品牌价值。在合理的费用下，参与爱知·名古屋亚运会，已列入蒙娜丽莎品牌战略规划的实施计划中。

亚奥理事会成员有 45 个国家和地区，亚运会覆盖超 10 亿人口规模的市场。蒙娜丽莎致力于打造中国陶瓷行业领军品牌和国际知名品牌，在国际化的进程中，蒙娜丽莎始终坚持以自主品牌为核心，通过广交会及参与"一带一路"沿线国家展会开拓市场，通过建立专卖店等形式深耕渠道，布局海外市场。目前蒙娜丽莎品牌的产品远销 40 多个国家和地区，包括印尼、斯里兰卡、柬埔寨、埃及、印度、泰国、马来西亚、英国、德国、俄罗斯、越南等"一带一路"沿线国家，以及加拿大、澳大利亚、秘鲁等数十个品牌经销点。

在国内经济增速放缓的大背景下，建陶的增长机会或许在全球，而通过亚运这一洲际大型赛事，能大幅度增长品牌的海外尤其是亚洲地区知名度，为蒙娜丽莎品牌的国际化战略夯实基础，将品牌触角延伸至全世界。

在 2022 年，疫情反复、国际局势波谲云诡，建陶整体产销率低迷，与之形成鲜明对比的，是不少企业的海外业务表现优异。在经济增速放缓的大背景下，这样困难的日子还会持续一段时间，国内市场、海外市场"两条腿"走路的重要性也就更加凸显。作为企业，一方面，要积极练好内功发挥优势，持续科技创新，提升组织运营效率，通过数智化等先进手段实现企业快速转型升级；与此同时，积极投入新产品开发，如抗菌、耐热陶瓷，航空航天陶瓷，环保陶瓷等高技术多功能陶瓷，拓宽产品应用市场。另一方面是做好外部服务持续提升品牌价值，通过微笑服务为用户提供整体交付提升用户体验。另外，积极寻求国际新兴市场的发展机会，寻求新的市场需求点，布局海外市场，从而带来更多的利润空间。

三、案例分析

（一）概述

本案重点在于微笑节促销，亚运是作为活动赋能的重要工具，蒙娜丽莎瓷砖通过与亚运会这一 IP 结合，有效地提升了品牌关注度和影响力，在家居行业品牌不太关注整合营销传播的态势下，通过亚运整合营销取得了很好的效果，与微笑节主题促销活动的结合又让整合营销传播在销售层面实现落地，有效实现了空中打击对地面攻势的强力助攻，总体规划较好地把握住了移动互联网和社交化媒体对用户的影响，形式多样，内容丰富，资源整合面广，同时融入了用户参与，很好地提升了品牌体验。

（二）亮点分析

1. 整合

通过借势亚运，实现了品牌在 2018 年 1—9 月份的高强度曝光，通过世界冠军、亚运冠军等体育明星的助力，提升了用户对蒙娜丽莎品牌的认知，充实了推广内容，提升了传播效果。

2. 实效

有效结合促销活动，实现品效合一。任何传播的最终目的都是实现交易，蒙娜丽莎瓷砖亚运主题整合营销与微笑节促销有机结合，在时间上恰到好处，通过邀请消费者参与亚运开幕式活动，在体验上让消费者感受到品牌的承诺，极大地增强了品牌美誉度，从后期电话回访得到的用户反馈可以得知，推荐率高达 95%。

3. 全面推广

本次整合营销大量运用了媒体力量，从今日头条、腾讯新闻、微信、微博以及各类新闻 APP 和家居行业门户，蒙娜丽莎亚运主题营销实现了大面积的覆盖，在内容上以亚运为主，在硬广告上推送微笑节促销，通过亚运＆微笑节的有机结合，将蒙娜丽莎作为亚运合作伙伴的"亚洲能量"嫁接到微笑节的"品牌能量"上，持续带来新的客户。

4. 形式多样

内容丰富。从体育明星参与的各类视频、海报和推文到火炬传递、线上能量跑，以及微笑节十周年主题视频，从前期的海选幸运消费者预热到微笑节期间的引爆，从线上推广到线下专卖店活动，形式多样，看点纷繁，适合不同人群，对品牌知名度和行业影响力提升作用明显。

（三）不足之处

介于蒙娜丽莎瓷砖的产品特性，本次整合营销虽然在传播上充分利用了媒介资源，重视了用户（人），但在业务层面，对消费场景（场）的重视程度不够，若能在微笑节期间利用亚运资源充分整合如居然之家、红星美凯龙等大型家居连锁卖场的资源，或在促销上取得更好成绩。

未对人群进行精细划分。可以根据不同内容将用户划分为"有购买瓷砖意向"和"关注亚运会"的两大人群，从而在形式上进行优化，内容上可以做到更加精准。

四、总结

品牌整合营销传播是一个系统工程，传统制造企业关注的重点更多在于渠道的建设和业务运营本身，对品牌推广的重视程度不够，随着市场的发展，各行各业都面临着业绩提升与市场影响力提升的双重压力。在消费升级已无法逆转的当下中国，品牌的重要性已超越渠道和价格，与产品本身并列为营销消费者选择的最重要的两个因素。而相对于变量较大的产品本身，不变的品牌才是真正树立用户深刻认知的根本所在。整合营销传播有效解决品牌知名度的同时，又为产品销售提供积极有效的动力赋能，良好的产品销售让更多用户了解和认识品牌，向更多用户推荐，带动新的产品销售。整合营销传播就是"产品—用户—更多的用户—更好的产品—更多的用户"这一闭环的重要助推力，也是一剂加速催化剂。

附：品牌整合营销传播研究报告——《蒙娜丽莎瓷砖微笑节 & 2018 亚运主题整合营销全录》

一、背景

1. 关于蒙娜丽莎瓷砖

蒙娜丽莎瓷砖创立于 1998 年，是中国建筑陶瓷领域的知名品牌，以科技创新和绿色环保享誉业界，拥有国内超 3000 个专卖店和海外 400 个销售网点，市场排名居行业第四。其品牌核心优势概括起来主要有以下几个方面：一是产品品质优良，行业唯一获得省、国家质量奖，市场口碑好；二是渠道体系完善，服务及时周到，用户满意度高，业绩已实现 10 年连续增长；三是行业 A 股唯一主板上市公司，品牌形象良好。

2. 关于蒙娜丽莎微笑节

蒙娜丽莎微笑节是每年 8 月份举行的由蒙娜丽莎集团主办的全国性促销活动，性质与天猫双 11 类似，由于行业特性，微笑节活动时间为每年的 8 月 8—28 日，自 2009 年开始首届到 2018 年，已举行了十届。

第 18 届亚运会于 2018 年 8 月 18 日—9 月 2 日在印尼雅加达举行，蒙娜丽莎集团 2017 年 9 月签约成为第 18 届亚运会官方合作伙伴，并在 2018 年 1 月通过媒体发布了这一消息。随后公司统一下发了包括亚运合作标准 VI 在终端专卖店和促销 DM 中的应用等文件，并每日在微信公众号和微博推送日历图，宣贯蒙娜丽莎瓷砖作为亚运会合作伙伴的权益。

二、项目总体策划

2018 年亚运会主题为"亚洲能量"。为了更好地迎接 2018 年第 18 届亚运会的到来，并将亚运会势能在 8 月微笑节期间在蒙娜丽莎瓷砖全国各专卖店引爆，达到促进销售的目的，蒙娜丽莎瓷砖亚运整合营销执行从 6 月份即已开始。

1. 主要内容规划

2018 年 6 月，启动"微笑无国界 砖属印尼行"促销，在全国范围内开展促销活动，优选 120 名幸运消费者，获得免费参加亚运会开幕式奖励。

2018 年 7 月，携手体操奥运冠军江钰源、游泳亚运冠军吴鹏，以"亚洲能量，China 上场"为主题拍摄制作一系列主题视频和海报，包括"相信自我就是传奇""为中国亚运健儿加油""与您共同关注雅加达亚运""与蒙娜丽莎瓷砖一起开启亚洲能量"

等，自 7 月 18 日亚运开幕倒计时 30 天开始通过互联网传播，相关视频点击累计超过 7800 万。

2018 年 8 月 1 日，推出微信 H5，开启线上亚运火炬传递，累计 2632 万人参与。

2018 年 8 月，联合虎扑跑步 APP，与江钰源一起启动"亚运能量跑"主题跑步活动，组织线下快闪，通过线上传递，超过 6.7 万人参与线下主题跑步，活动持续 15 天，累计完成跑量超过 100 万公里，发出奖牌和奖品近 600 份。

2018 年 8 月 8 日，蒙娜丽莎瓷砖微笑节启动，大量优惠落地回馈消费者，亚运主题海报和冠军视频在全国 3000 个终端同步推出，与线上推广互动连接，为促销活动赋能，取得良好用户反馈。

2018 年 8 月 12 日，蒙娜丽莎高层参与印尼亚运火炬传递，蒙娜丽莎也成为行业唯一参与两次以上亚运火炬传递的企业，全国专卖店通过即时在线直播视频观看了火炬传递全过程，全网峰值 6 万人同时在线观看，后期通过视频、海报和推文等内容推送，在移动互联网端形成一波品牌曝光小高潮。

2018 年 8 月 18 日，亚运会开幕，蒙娜丽莎瓷砖联手中国南方航空定制蒙娜丽莎亚运主题航班，将飞机按亚运主题视觉进行包装，幸运消费者 120 人组团乘坐包机从广州直飞雅加达开启四天亚运主题旅游，同时邀请少数记者和网红参与，现场观看亚运会开幕式，并参观游览雅加达著名景点，深入当地体验生活、品尝印尼美食，让参与的消费者感受到深度美好的体验，群友们不断在网络即时分享，为蒙娜丽莎微笑节促销有奖活动带来完美的有效示范。通过后期跟踪反馈，参与活动的消费者在三个月内的品牌推荐率达到 95% 以上。

◎蒙娜丽莎微笑节

亚运会举行期间，蒙娜丽莎冠名多个体育媒体亚运频道，最大限度推广品牌，同时联合今日头条，推出系列亚运深度报道，在官方网站上线亚运频道，同时自媒体上即时发布中国运动员夺金资讯，每晚 22 点发布最新奖牌榜单，吸引众多用户的浏览和点击。

2018 年 9 月 2 日，第 18 届亚运会闭幕。9 月 5 日，蒙娜丽莎联手今日头条发布亚运大数据，包括赛况、赛果、用户关注热点等，让更多用户全面了解第 18 届亚运会，继续传递正能量！

2. 亚运内容之外的微笑节推广

微笑节活动期间，蒙娜丽莎瓷砖通过今日头条、腾讯新闻、微信三个用户聚集平台，以大数据精准分析后的人群为目标，进行了持续的广告投放，实现累计曝光超 2 亿次。

2018 微笑节恰逢十周年，蒙娜丽莎瓷砖还推出"十年，爱你如初"暖心视频配合线下的促销推广，视频案例被精选为 8 月优秀品牌推广案例，多个专业广告类公众号转载。

3. 活动结果汇报

截至 2018 年 8 月 28 日，第十届蒙娜丽莎微笑节在全国 3000 多个专卖店同步进行，超过 6.5 万名消费者在 8 月 8—28 日微笑节活动期间选购了蒙娜丽莎瓷砖，20 天时间实现销售同比增长 25%。据中国建筑卫生陶瓷行业协会 11 月发布的数据显示，2018 年1 至 9 月份，国内建筑陶瓷砖销量同比下降 15%。

杨晓林简介

陶瓷行业十大金牌企划人、陶瓷行业优秀市场经理人、2015 中国广告长城奖广告主奖品牌贡献人物奖、2016 中国广告长城奖广告主品牌创新人物奖。在蒙娜丽莎工作数年间，创新营销模式助力经销商持续发展，完善品牌营销传播体系拓宽传播渠道提升效果，深研媒体渠道实现"品效合一"，推动创新立项并主导实施落地。荣膺"2021 中国家居品牌官 100 强"称号。

附 录

第16届（广州）亚运会市场开发

◎广州亚运会总结报告

广州亚运会的市场开发项目主要包括赞助、特许经营、捐赠和电视转播权与新媒体的销售。

一、赞助

广州亚运会赞助合同收入约29.4亿元人民币，其中现金收入14.36亿元，VIK收入约15.04亿元。

（一）赞助商层级与数量

广州亚运会共有5个层级、52家赞助商，其中高级合作伙伴7家、合作伙伴6家、赞助商5家、独家供应商7家、供应商27家。

为了切实维护本届亚运会和组委会的品牌形象，组委会在选择赞助商的过程中，关注企业赞助额的同时，也为赞助企业设定了其他方面的条件，包括企业资质、品牌、文化和推广亚运会的意愿。

资质：行业内领先企业，具有雄厚的经济实力，能为亚运会提供优质、环保的产品、技术或服务。

品牌：富有社会责任感，关注公众生活水平的提高，具有良好的信誉和社会形象。

文化：拥有积极向上的企业文化和精神。

推广：愿意在市场营销投入足够的资金和做出其他努力宣传和推广广州亚运会。

（二）赞助类别

广州亚运会赞助产品类别主要包括交通、通信、电力、银行、保险、航空、饮料、服装、网络、酒店、灯光、家具、临设、器材等。

赞助企业层级、赞助种类一览表

层级	企业名称	产品类别
高级合作伙伴（7家）	广州汽车集团股份有限公司	汽车
	361°（中国）有限公司	运动服装
	加多宝（中国）饮料有限公司	除运动饮料以外的所有非酒精饮料
	中国移动通信集团广东有限公司	移动通信服务
	中国南方电网有限责任公司	电力供应
	中国电信集团公司	固定通信服务
	Samsung Electronics Company Limited	移动通信硬件、视听器材和家用电器
合作伙伴（6家）	中国人民保险集团股份有限公司	保险产品及相关保险服务
	TCL 集团股份有限公司	电视机（含电视接收器和显示器）、移动电视机、监视器、LED 显示设备
	中国南方航空股份有限公司	航空服务
	台湾烟酒股份有限公司	啤酒
	中国工商银行股份有限公司	银行金融服务
	广州网易计算机系统有限公司	互联网内容和网站服务
赞助商（5家）	广东健力宝集团有限公司	运动饮料
	广州发展集团有限公司	电力生产、天然气供应、煤炭生产及供应
	广州岭南国际企业集团有限公司	总部饭店
	卡丹路（意大利）有限公司	休闲服装
	青岛三利中德美水设备有限公司	水处理设备
独家供应商（7家）	广州市凡拓数码科技有限公司	三维动画、多媒体演示、效果图、影视特效、虚拟现实
	东莞光润家具股份有限公司	办公类家具，家居、生活类家具，体育场馆、酒店、公共类家具
	毕马威华振会计师事务所	审计、财务和风险管理咨询、税务咨询服务
	广东大哥大集团有限公司	正装制服
	广州市锐丰建声灯光音响器材工程安装有限公司	扩声系统
	中山市丹丽洁具有限公司	洁具
	广东城市在线票务有限公司	门票运营服务
供应商（27家）	广东南方物流集团有限公司	物流服务
	珠海丽日帐篷有限公司	篷房
	北京金一文化发展有限公司	贵金属纪念章、贵金属纪念卡、贵金属收藏品（但不包括珠宝）、金条、银条
	广东五星太阳能有限公司	太阳能热水器
	广州爱奇实业有限公司	体育场馆专业看台座椅
	广州广电物业管理有限公司	物业管理服务
	广州市香雪制药股份有限公司	药品
	广州广之旅国际旅行社股份有限公司	旅游服务产品
	EF Education First Limited	英语课程编撰服务、语言培训和测试服务
	飞利浦（中国）投资有限公司	赛事灯光照明产品
	广东宏泰照明科技有限公司	普通照明产品
	惠州雷士光电科技有限公司	普通照明产品
	广州良业照明工程有限公司	普通照明工程

（续表）

层级	企业名称	产品类别
供应商 （27家）	泰山体育产业集团有限公司	体育器材
	中国大恒（集团）有限公司	打复印传真印刷设备及服务
	云南大益茶业集团有限公司	茶叶
	同方股份有限公司	电脑及配件
	临沂新程金锣肉制品集团有限公司	肉制品
	中山华帝燃具股份有限公司	火炬
	石家庄中晟安全印刷有限公司	门票印刷
	北京安德固脚手架工程有限公司	临时设施租赁
	广州艺帘实业有限公司	窗帘和布草产品
	广东三元麦当劳食品有限公司	西式快餐
	苏宁电器股份有限公司	电器连锁销售服务
	广州优管电子科技有限公司	餐饮消费系统，自动售货机设备
	霸王国际（集团）控股有限公司	个人护理
	Aggreko International Projects Limited	临时电力租赁

二、特许经营

广州亚运会特许经营收入超过5000万元人民币。

广州亚组委共授权39家特许生产商、23家特许销售商，在中国20个省（直辖市）开设了270家特许专卖店，676个特许商品销售专柜、495个特许生产商自营点。

共发行了两套纪念邮票，300款邮品，两套纪念币（各2枚），开发14大类、70小类、4050款特许产品。实际生产和销售纪念邮票2000多万套，邮品4200万本（枚），纪念币12万套，其他特许产品640多万件。

特许产品种类与生产商统计表

特许商品种类	生产商数量	特许商品种类	生产商数量
徽章及非贵重金属	2	日用品	8
箱包	2	珠宝玉石	3
文具	1	卡类	1
服装服饰	4	邮票邮品类	1
玩具	3	邮品类	1
贵金属	5	旗帜类	2
工艺品	12	茶叶类	1

三、电视转播权与新媒体的销售

广州亚运会共有12家持权转播商，4家新闻视频发布媒体，转播权销售收入约1.63亿元人民币。

序号	持权转播商名称		权利
1	MBC-KBS	韩国文化广播公司	地面、卫星、有线、互联网、移动电视；广播
		韩国广播公司	

(续表)

序号	持权转播商名称		权利
2	ABU	亚太广播联盟	区域A：独家地面电视；非独家卫星、有线电视；广播
			区域B：独家地面电视；非独家广播
3	CCTV	中央电视台	电视及新媒体
4	CNR	中央人民广播电台	（非独家）无线广播权
5	i-Cable	香港有线电视台	地面电视、卫星电视、有线电视、互联网电视、移动转播、广播、闭路电视、公众观赏、剧院观赏、互动电视
6	Videoland	纬来有线电视网	地面、卫星、有线、互联网、移动电视；公众观赏
7	ZEE（TAJ）	印度娱乐实业有限公司	卫星、有限、互联网、VOD
8	NHK、TBS	日本广播协会	地面、卫星、有线、互联网、移动电视
9	Al Jezeera	半岛电视台	地面、卫星、有线、互联网、移动电视
10	CRI	中国国际广播电台	无线广播权
11	ASTRO	ASTRO	（非独家）有线电视、卫星电视、新媒体
12	VCTV	越南有线电视台	
13	SNTV	体育视频新闻服务商	2—3分钟视频提供给新闻视频节目
14	Reuter	路透新闻社	2—3分钟视频提供给新闻视频节目
15	ATV	香港亚洲电视有限公司	2—4分钟视频提供给新闻视频节目
16	TVB	香港电视广播有限公司	5分钟以下视频

四、捐赠

组委会获得企业、个人、社会团体自愿捐赠的现金3400万元人民币，仿古木帆船"阔阔真公主号"、1辆艺术汽车、1块8吨重的陨石、1块3吨重的硅化木、100多件工艺美术品、400多幅名家书画，以及价值数千万元的物资与服务。

组委会以公开鸣谢、赠送亚运纪念品及赛会门票等方式，向所有捐赠者表达了谢意。

五、赞助商回报与服务

组委会为赞助企业展示企业形象、提升品牌价值提供了机会和平台。赛时期间为赞助商高层及其邀请的客人提供了抵离、证件、车辆、食宿、陪同、观赛等一系列周到的服务。同时在广州市政府的支持和协助下，优先供给赞助商户外广告资源，打击隐性市场行为，确保赞助商权益。

（一）赞助商权益

广州亚运会赞助商权益主要有：产品类别的排他权、无形资产使用权、广告机会、个性化推广活动、主题活动具名赞助和参与、识别机会、官方公关及推广活动参与权、现场展示、接待权益、门票、赛时交通便利、证件、反隐性市场保护等。

广州 2010 年亚运会赞助商权益回报一览表（场馆部分）

权益回报内容		高级合作伙伴	合作伙伴	赞助商	独家供应商	供应商
一、广告机会	赛场广告板	有	有	有	/	/
	运动员号码牌	1 个项目	/	/	/	/
二、识别计划	亚组委新闻发布会、官方仪式和活动	有	有	有	/	/
	亚组委办公场所	有	有	有	有	有
	运动员村	有	有	有	有	有
	亚运会主要场馆、出入通道	有	/	/	/	/
	亚运会主要场馆门楣	有	/	/	/	/
	颁奖台背景板	有	/	/	/	/
	竞赛场馆混合区（采访区和转播区）	有	/	/	/	/
	比赛场馆周围景观	有	有	/	/	/
	总部酒店	有	有	/	/	/
	官方酒店（总部酒店除外）	有	有	/	/	/
	国际广播中心（IBC）	有	有	/	/	/
	主新闻中心（MPC）	有	有	/	/	/
	机场、火车站及前往场所的道路	有	有	有	有	有
	指定区域的户外广告	有	有	/	/	/
三、现场展示	天河体育中心的赞助商展示中心	有	有			
	奥林匹克体育中心展示	有	有	有	有	
	在运动员村展示	有	有			
	IBC、MPC	有				
	总部酒店	有				
四、接待权益（付费）	使用场馆接待包厢	第一谈判权	第二谈判权	第三谈判权	第四谈判权	第五谈判权
	租用赞助商迎宾村	第一谈判权	第二谈判权	第三谈判权	第四谈判权	第五谈判权
五、赛时交通便利（免费）	车辆通行证、停车证	8	5	2	1	/
	搭乘广州亚组委班车	有	有	有	有	有
六、证件	可转让贵宾证件	8	5	2	1	/

组委会在 53 个竞赛场馆总计提供 4756 个广告牌，其中高级合作伙伴每家 389 块、合作伙伴每家 201 块、赞助商每家 96 块。

在竞赛场馆和包括运动员村在内的非竞赛场馆设置了 243 块赞助商识别牌。向 7 家高级合作伙伴各提供了一个竞赛项目的运动员号码牌广告：广汽获得现代五项，361°获得体操，加多宝获得武术，中国移动获得乒乓球，南方电网获得射击，三星获得田径，中国电信获得自行车。

（二）赞助商展示

组委会在比赛场馆及周边为赞助商提供产品、品牌、形象和企业文化展示区域。现场展示区面积划分标准为：高级合作伙伴 50 平方米、合作伙伴 40 平方米、赞助商 30 平方米、独家供应商 20 平方米。

在天河体育中心场馆群公共区建设了一个赞助商展示中心，展厅由企业自行投资建设。共有9家企业参与（广汽集团、361°、中国南方航空、加多宝、中国移动、中国南方电网、台湾啤酒、三星电子、中国电信），累计参观人数25万人次。同时，在奥体中心、总部酒店、主媒体中心各设立了一个展示分点，奥体中心共有14家企业参与展示，总部酒店共有4家企业参与展示，主媒体中心共有17家企业参与展示。

赞助商展示一览表

序号	展示区域	展示面积				具体位置
		高级合作伙伴	合作伙伴	赞助商	独家供应商	
1	天河体育中心展示中心	广汽约808平方米，其他约450平方米	约220平方米	无	无	天河体育中心南广场东侧
2	奥林匹克体育中心展示	50平方米	40平方米	30平方米	20平方米	奥体中心嘉年华广场西侧
3	主媒体中心展示	20平方米	无	无	无	主媒体中心一层
4	总部饭店展示	20平方米	无	无	无	总部饭店内

（三）赞助商俱乐部

2008年11月12日成立了广州亚运会赞助商俱乐部。一共举办了12次俱乐部活动，并聘请体育营销专家辅导赞助商提高行销方面能力。这些活动为赞助商之间交流亚运营销经验，共享资源以及相互合作提供了机会。

（资料来源：《第16届亚运会官方报告》）

第 17 届（仁川）亚运会市场开发

◎仁川亚运会总结报告

一、支出

在 5410 亿韩元的拨款中，4974 亿韩元作为业务费用，436 亿韩元为行政业务费用。支出按职能划分如下：

行政支助：861 亿韩元（18.3%）

赛事运营：259 亿韩元（5.5%）

文化活动：358 亿韩元（7.6%）

设施运营：181 亿韩元（3.9%）

人力和采购：69 亿韩元（1.5%）

公共关系：158 亿韩元（3.4%）

媒体：856 亿韩元（18.2%）

运动员村：468 亿韩元（9.9%）

IT：575 亿韩元（12.2%）

业务经营：1050 亿韩元（23.3%）

国际关系：52 亿韩元（1.1%）

礼宾：78 亿韩元（1.6%）

安保：8 亿韩元（0.2%）

人力业务：378 亿韩元（8.0%）

基本开支：58 亿韩元（1.2%）

然而，在扣除 7 亿韩元的内部交易后，实际支出额为 4710 亿韩元。

账目清单　　　　　　　　　　　　　　　　　　　　单位：百万韩元

账目	总价	年份								%
		2008及之前	2009	2010	2011	2012	2013	2014	2015	
净总值	471061	4119	5180	25359	19548	36927	77411	287317	15200	100
总值	541017	4119	5180	25359	19548	46427	108117	317067	15200	114.8
业务费用	497372	2514	3040	21795	15030	40698	98144	301790	14361	105.6
行政支助	86141	1765	1180	1034	10924	11409	33673	25826	330	18.3
赛事运营	25928	32	58	137	107	267	538	24789		5.5
文化活动	35774	63	396	1183	507	171	4366	29088		7.6
设施运营	18148	0	45	28	20	30	34	17991		3.9
人力和采购	6926	0	0		5	65	188	6668		1.5
公共关系	15826	158	763	566	1253	1015	5147	6827	97	3.4

账目	总价	年份								%
		2008及之前	2009	2010	2011	2012	2013	2014	2015	
运动员村	46779	0	0	10	6	35	106	46622		9.9
业务经营（盈利）	105012	31	94	17351	269	23245	11838	52184		22.3
国际关系	5221	222	301	767	263	314	402	2933	19	1.1
礼宾（交通及住宿）	7756	0	15	69	5	3	16	7640	8	1.6
安保	841	0	0	0	0	11	6	824		0.2
行政支出	43645	1605	2140	3564	4518	5729	9973	15277	839	9.2
人力	37845	1228	1553	2968	4063	5073	8644	13560	756	8
基本开支	5800	377	587	596	455	656	1329	1717	83	1.2
内部交易	69956	0	0	0	0	9500	30706	29750	0	14.9

（注：数据截至 2015 年 3 月 31 日）

二、赞助

（一）目的

仁川亚运会组委会推动了各种项目，来为 2014 年第 17 届仁川亚运会的规划和举办筹集所需要的额外收入。市场营销计划的制定和执行的主要目的是为了筹集亚运会举办的收入，并为组委会的财务做出贡献。仁川亚运会组委会向符合条件的公司授予赞助权，以生产和销售带有官方标志的产品，包括但不限于会徽、标识、吉祥物等。组委会所收集到的资金都用在了亚运会的筹办中。

（二）策略

仁川亚运会组委会采用了逐利企业常用的营销策略，并为赞助商提供了定制权利的战略。赞助策略是根据业务状况和需求，按照行业和产品分阶段实施的，主要考虑的是那些有兴趣与仁川亚运会组委会建立伙伴关系的企业。在招募赞助商时，组委会分别开展了只针对国内参与的招标和针对全球参与的招标。当选择赞助商时，组委会也考虑各种因素，例如，行业、当地关系与物资关系等。

（三）官方赞助

类别	产品类别	赞助商
官方合作伙伴（6个）	视听设备／家庭用品／移动电信硬件／电脑／摄像机	Samsung Electronics
	银行业务／信用卡和储蓄卡服务	Shinhan Bank
	航空运输／酒店	Korean Air Lines
	电信业务／能源领域	SK Telecom
	汽车行业	Hyundai-Kia Motors
	体育用品	361°

类别	产品类别	赞助商
合作伙伴 （2个）	T&S/GRS/ 手表和钟表 / 金属首饰	TISSOT
	运动饮料	Donga-Otsuka
赞助商 （4个）	临时机构	AJ Networks
	官方制服	Cheil Industries
	汽水	LotteChilsung Beverages Co.
	友好城市	Weihai, China
供应商 （34个）	餐饮和盒饭服务	Amoje
	亚洲饮食文化节代理服务	KBS Art Vision
	物流服务	Hanjin
	保险	Dongbu Fire and Marine Insurance Co.
	租借服务	Hankook Rental
	家居家具 / 亚麻布	Hanssem
	韩国票务代理服务	SK Planet
	田径、柔道、武术、自行车设备	TAISHAN
	体操、摔跤设备	Hyundai Sporting Equipment Co.
	瓶装水	Jeju Samdasoo
	电力建设	Korea Electrical Contractors Association
	足球、排球、篮球、手球、网球	Star Sports
	住宿预订服务 / 海外票务 / 媒体村运营	Global Tour
	比赛用船	Alliance Marine
	金条 / 银条	Korea Gold Exchange
	羽毛球设备	VICTOR
	独木船	NELO Kayaks
	新闻业务	Herald
	雕塑艺术	Kumho Tech
	旗帜	Dongyoung Flag
	评分系统	KP&P
	乒乓球运动产品	Champion
	牛肉干	Hangjin Cattle Co.
	化妆品类	LG Household&Healthcare
	标语牌，铭牌，横幅，招牌，拱门，广告气球	Kwangin
	印刷、户外广告	Woori Industries
	藤球设备	Marathon
	行李用 X 射线机	Daedong Hightech
	制作安全指导	Incom
	游戏外观板	SNC Story
	空手道设备	WESING
	海鲜干品	MINSOK
	糕点	CJ FOODVILLE
	便利店	7-ELEVEN

三、广播权

出售广播权的收入在扣除代理机构要求的 20% 佣金后，会分配给仁川亚运会组委会 2/3 和亚奥理事会 1/3。亚奥理事会选择了日本电通和 MP&Silva 作为媒体代理，提供了针对具体国家的销售策略，并作为广播权销售的中介。

四、官方商品和授权计划

（一）概述

仁川亚运会组委会向符合条件的公司授予许可权，并制造和销售带有第 17 届仁川亚运会所有视觉标志的官方许可商品。官方商品包括各种具有收藏意义的纪念品，从各种许可项目中筹集收入是大型体育赛事不可分割的一部分。仁川亚运会组委会选择 IB Worldwide 公司作为 2014 第 17 届仁川亚运会授权项目的主代理机构。

（二）策略

IB Worldwide 公司作为总代理，负责所有官方商品的开发和分销。IB Worldwide 公司选择了次级授权商来开发、制造和分销各种官方商品，包括 18 个类别的 150 种商品。主要商品包括毛绒玩具、服装、徽章 / 钥匙扣、马克杯、纪念音乐专辑、饰品等。

IB Worldwide 公司在 29 个地点经营官方商品店，包括在仁川亚运会主体育场的 3 家店和文鹤体育场的 3 家店，在运动员村和主新闻中心也开设了商店。

（三）销售业绩

45 亿韩元（赛前 22 亿韩元，赛中 23 亿韩元）是官方商品销售的大概收入。位于人流密集区（运动员村、主体育场、文鹤体育场等）的旗舰店的销售做出了很大的贡献，而仁川国际机场和仁川市中心的 "Square One" 商场也有效地促进了官方商品的销售以及亚运会的举办。

（四）票务

1. 设计

2014 年仁川第 17 届亚运会有 3 种门票设计，分别为：开幕式、闭幕式和比赛门票。3 种门票的尺寸是一样的，即 80 毫米 ×187 毫米。开幕式和闭幕式的门票设计以仁川亚运会主体育场为背景，并设有 3 个吉祥物。开幕式门票的设计旨在向 45 亿亚洲人传达欢迎的信息，而闭幕式门票则代表着告别的信息。绿色被用作比赛门票的主要颜色，代表对环境可持续发展的承诺，3 个吉祥物则代表着欢呼。

门票是通过在空白纸上打印个人票务信息的方式进行电子化发行。开幕式和闭幕式的门票采用了全息图标记，防止造假，而比赛门票则使用了只有特殊设备才能检测到的特殊荧光涂料。每张门票上都印有条形码，以便在入场时进行电子门票处理。

2. 价格

门票价格是在考虑了其他的国际赛事（如以前的亚运会和奥运会）的价格后确定的。

体育联合会和比赛经理也为门票定价提供了意见。其他因素例如各国的奖牌展示、受欢迎程度、场地位置和场地容量也在考虑之列。票价是根据主办城市合同确认的。为了确保门票定价的可负担性和合理性，并吸引更多的公众购买，提高实际出席率，仁川亚运会组委会外包了一项调查，并利用调查结果来最终确定门票价格。

五、分区调查和售票亭

（一）分区调查

2012 年组委会一旦确定了比赛场地后，就开始调查评估场地的条件和座位的容量。第一轮调查用于确定票价和销售目标，并根据需要进行了后续调查。最后，38 个场馆接受了付费门票销售的调查，即仁川的 27 个场馆和联合主办城市的 11 个场馆。调查首先通过蓝图研究位置和容量，然后由相关部门（如安全、礼宾、媒体支持、广播支持、设施、体育规划、体育运营、开幕／闭幕式和反兴奋剂）联合进行实地调查，并评估分配给各部门的座位数量、因修建亚运相关建筑而减少的座位数量、视野受阻的座位和私人座位。通过与相关团队和部门协商，明确界定可供出售的座位和其他座位。

调查结束后，向公众出售的座位总数被确定为 3747010 个，包括开幕式和闭幕式的座位。

在仁川主体育馆举行的开幕和闭幕式的门票被分为 5 个等级，所有门票都有特定的座位号。根据场馆和体育协会的情况，比赛门票的销售有些有指定座位号，有些没有，游泳、羽毛球、艺术体操、足球、篮球、排球和棒球等比赛门票都有指定座位。就棒球而言，内场座位的门票是以指定座位出售的（1—5 级）。为了评估指定座位票销售的准确座位信息，我们在每个场地都进行了 5 次以上的调查。然而，当调查进行时，大多数场馆仍在建设中，因此，组委会在收集准确的座位信息时遇到了许多困难。

（二）售票亭

9 月 12 日至 10 月 4 日，仁川亚运会组委会在 38 个场馆和 1 个非场馆的 180 个地点设置了售票亭，在主要比赛场地设置了 40 台自动售票机，以方便人们购票。票务系统能够帮助组委会实时收集所有售票亭的准确票务数据。

售票系统还提供了仁川亚运会组委会所需的信息，以评估售票亭的人力需求。在确定售票处的工作人员数量时，也反映了受欢迎程度和票务需求。为了监督和管理票务工作，组委会在每个售票亭安排了最少一名经理，每个地点最少有一名工作人员。

售票处服务在开幕式和闭幕式前 3 小时 30 分钟开放。足球、棒球、田径和体操则在赛前 3 小时开放服务。组委会对其他比赛的运营时间进行了灵活管理，如在比赛结束前 2 小时开放。但标准政策是在场馆开放前 1 小时开始售票，以减少人们等待的时间。门票也可以通过各种渠道预订和分发，如邮寄、官方售票处和仁川市政府办公室。预订的门票也可以从位于任何场地的自动售票机上打印出来。为了防止混乱，门票只能在比赛当天在特定的比赛场地打印。然而，没有实施电子门票是票务运作方面的最大遗憾，大家一致认为应大力推广使用电子门票作为未来所有国际体育赛事的主要票务模式。

六、门票销售推广——国内和海外

（一）售票机构

票务代理机构分别为国内和国外销售。SK Planet（国内）和 Global Tours（海外）被选为国内外的代理机构。SK Planet（国内）同意开发和运营官方在线门票销售网站以及售票系统，并运营离线票箱和客户呼叫中心。Global Tours（海外）负责通过 NOC 代理和当地代理促进亚奥理事会成员国和地区的门票销售。

仁川亚运会组委会还与阿里巴巴旗下的淘宝网签订了协议，后者在中国拥有超过80%的在线业务市场份额，并拥有在中国分销门票的独家权利。招揽中国游客是组委会的主要举措之一，组委会也投入了巨大的努力，例如建立一个特别委员会来欢迎中国游客。

（二）促销

仁川亚运会组委会根据购票时间和团体提供折扣。组委会还通过提供各种渠道，包括互联网、手机、呼叫中心、场馆的离线票箱和首尔的票箱等，帮助观众轻松购票。

仁川亚运会组委会向公共和私人组织推广团购，并通过参加博览会、主办2014年仁川旅游体育博览会和官方博客销售门票，积极促进门票销售。

售票公司和公关公司开展了各种促销活动，并通过"每日一赛"活动提供重要比赛的信息。同时，通过在主要网站和 SNS 渠道的即时窗口来促进门票销售，并定期发布新闻稿，不断提高和更新公众的认识。

仁川亚运会组委会在2014年1月7日至3月31日和4月7日至5月31日分别进行了两次提前预订门票的活动，在第一轮和第二轮特别促销活动中，购票可以分别享受10%和5%的折扣。

水球、棒球、篮球、足球、手球、曲棍球、卡巴迪、藤球、排球和沙滩排球的门票在8月21日球队抽签确定后开始销售。

2014年上半年，由于一些国内和全球因素（例如渡轮沉没、巴西世界杯、地方选举等），门票销售处于低迷，但由于媒体的大力报道和相关组织的支持，在接近运动会开幕时，门票销售速度加快。

（资料来源：《第十七届（仁川）亚运会总结报告》）

第18届（雅加达）亚运会市场开发

◎雅加达亚运会总结报告

一、预算

2014 年，印尼国家奥委会估计亚运会的运营预算将达到 4.476 万亿印尼盾（不包括竞赛场馆建造和维修）。INASGOC 在成立后，又估计亚运会的预算为 6.3 万亿印尼盾，参赛人数为 15000 名。INASGOC 的数据来自 2014 年第 17 届亚运会的费用 4823 亿韩元（6.448 万亿印尼盾）。

在 2015—2018 年间，印尼政府拨款 36.9 万亿印尼盾用于规划和举办 2018 年第 18 届亚运会，总计拨款 29.1 万亿印尼盾用于基础设施的直接投资，包括比竞赛馆的建设和维修。7.8 万亿印尼盾用于运营开支：雅加达 5.7 万亿、巴伦邦 2.1 万亿、西爪哇省 97 亿。

INASGOC 预计将从赞助收入中筹集 1.5 万亿印尼盾，用于第 18 届亚运会的运营。除了来自赞助的资金，INASGOC 还期望从商品销售 / 特许中获得 100 亿印尼盾的收入。

为了确保其会计和财务管理的自主性和透明度，INASGOC 将其会计程序分为政府资助和非政府资助。对于非政府资金，会计由印度尼西亚体育基金公共服务机构和业务管理机构管理。

（一）赞助

INASGOC 成功获得了 49 个赞助商，包括国内和国际公司，总价值为 2361162375968（约为 2.36 万亿）印尼盾。赞助商分为 5 个类别，分别是官方合作伙伴、合作伙伴、赞助商、支持合作商和供应商。

考虑到当地企业很乐意赞助亚运会，对赞助和利益回报价值进行调整后，增加了"支持类"这个新类别。

（二）销售 / 许可

INASGOC 管理来自商品销售 / 许可的其他收入和来自商品销售的利润分成。在许可方面，INASGOC 与 Rene Desain Mandiri (RDM) 合作，担任主许可经理，从国内和国际品牌获得 33 个许可，价值为 52181790000 印尼盾。通过这次合作，INASGOC 将获得价值低于 5000 万印尼盾的 15% 的利润份额，价值高于 5000 万印尼盾的 20% 的利润份额。第 18 届亚运会的官方商品在雅加达和巨港的商超、运动员村、Pop Up Store 和 Alfamart 出售，获得了 37532389245 印尼盾。

INASGOC 的商业 / 许可证总收入为 89714179245 印尼盾。

（三）其他创收

INASGOC 从 Alfamart 在会场周围经营的便利店获得其他收入，共分享利润 5795169963 印尼盾。

二、赞助

（一）目的

为了筹集印尼亚运会组委会在雅加达和巨港举办亚运会所需的额外资金，制定并执行了相关营销计划，并为印尼亚运会组委会的财务稳定做出贡献。

作为赞助资金的权益交换，印尼亚运会组委会授予符合条件的公司制造和分销带有奥运会官方标志（包括但不限于会徽、标志和吉祥物）产品的权益。

（二）策略

组委会采用了企业常用的营销战略，并向赞助商提供定制权益。赞助策略由不同行业分阶段实施，产品根据业务状况和需求而定。

招募的赞助商主要考虑本地公司，它们表示有兴趣与组委会建立伙伴关系，特别是国有企业。

在选择赞助商时，考虑了各种因素，如企业类型和企业产能等。

（三）赞助商

类别	产品类别	赞助商
官方合作伙伴	通信	Telkomsel
	通信	Telkom
	油和气	Pertamina
	银行	BNI
	银行	BRI
	银行	Mandiri
	移动平台	Grab

（续表）

类别	产品类别	赞助商
官方合作伙伴	汽车	Astra International
	运动服饰	361
	IT 服务	SICC
	手表	Tissot
	航空服务	Qatar Airways
	电力供应	PLN
合作伙伴	运动饮料	Pocari Sweat
	照相设备、办公设备、医疗设备及相关服务	Canon
	面条和牛奶	Indofood
	纸巾	APP Sinarmas
赞助商	矿泉水	Aqua
	移动电话及电视	Samsung
	冰激凌	Aice
	基金会	Tanoto Foundation
	信用卡	Mastercard
供应商	便利商店	Alfamart
	银行	BTN
	气体燃料	PGN
	保险	Jiwasraya
	建筑	Wijaya Karya
	建筑	PP
	建筑	Waskita Karya
	建筑	Adhi Karya
	巴士运输服务	Transjakarta
	网站和手机应用	Deltatre
	安全系统	NEC
非独家供应商	软饮、茶和果汁	Coca Cola
	药品	Combhipar
	火车服务	KAI
	飞机服务	AP II
	保险	Mandiri Inhealth
	个人用品	Unilever
	保险	Askrindo
	LED 屏幕和热水器	China New Energy
	艺人管理	K-Star
	化学品	Lotte Chemical
	理疗	BTL

三、广播权

在代理机构收到 20% 的佣金后，转播权的销售收入会分给印尼亚运会组委会（2/3）和亚奥理事会（1/3）。亚奥理事会选择电通（Dentsu）作为该交易的媒体代理。电通提供了针对特定国家和地区的销售策略。转播权收入、电视收视率和股份都在电通手中。

四、官方商品和授权计划

（一）概述

印尼亚运会组委会向赞助商授权制造和分销带有奥运会视觉标志的官方许可产品，赞助商向组委会支付相关费用。官方商品包括纪念品类产品，从各种授权项目中获得的收入是大型体育赛事不可分割的一部分。印尼亚运会组委会选择 Rene Desain Mandiri (RDM) 作为其许可计划的主许可方。

（二）策略

RDM 作为主许可方负责所有官方商品的开发和分销。然后授权给当地和国际许可证持有者，以开发、制造和分销官方商品，其中包括 18 个类别的 350 种商品，主要商品是玩具、服装、徽章、钥匙链、马克杯等。

组委会在 22 个地点经营官方商品商店，包括贾卡尔塔的 Gelora Bung Karno 体育中心和 Palem-bang 的 Jakabaring 体育城。在印尼各地的运动员村、百货商店和 2000 家 Alfamart 也有门店。

（三）销售数据

据估计，从官方商品和许可证销售中共筹集了 16024795845 卢比。位于交通繁忙地区 (Gelora Bung Karno 体育场和 Jakabaring 体育城) 的旗舰店和特许经营店的销售额最高。

五、票务

（一）设计

在雅加达和巨港举行的亚运会上，除了比赛门票外，还有开闭幕式共三种类型门票。开幕式和闭幕式门票的设计以 Gelora Bung Karno 体育场 (GBK) 为背景。开幕式的门票旨在向 45 亿亚洲人传达欢迎信息，而闭幕式的门票则代表了告别。比赛的门票使用了 3 种主色调，代表了亚洲的文化、传统和遗产。门票通过在白纸上打印信息并以电子方式签发。

在经历了一些挫折之后，电子票务开始普及，让观众可以更快进入场馆，以减少排队。

所有门票上都印有二维码，以防止门票被伪造。条形码被打印在每一张门票上，以便在入场时进行电子票务处理。

（二）价格

门票价格是通过与之前的亚运会和奥运会等国际赛事进行比较来确定的。体育联合会和赛事管理者也提供了意见。其他因素，如参赛国家和地区的优势项目、受欢迎程度、场馆位置和容量也被考虑在内。门票价格也根据主办城市的合同确定。

六、分区调查及售票亭

（一）分区调查

在确定比赛场地后，我们立即进行了一项调查，以评估各场馆的座位状况和容量。这些运动被分为最受欢迎、一般和不受欢迎。门票分为付费票和非付费票（仅限几个场馆）。

在 GBK 主体育场举行的开幕式和闭幕式的门票分为五类出售，所有门票都标有特定的座位号。根据场馆和体育联合会的条件，比赛门票没有指定座位号。

（二）售票亭

在雅加达的比赛中，每个场馆都有售票处。在 GBK 场馆，售票亭只设在 5 号和 7 号门。在巨港的 Jakabaring 体育城，售票亭位于正门和水上运动中心前两个位置。

在这里，观众可以购买门票，在线购票的观众可以兑换打印的门票或进入场馆。票务处也设有服务台，帮助观众解决购票时可能遇到的任何问题。

售票亭从早上 6 点开始开放，一些场馆至少在第一场比赛前 1 小时开放售票，并实行两班倒。售票亭操作员是由组委会票务合作伙伴团队监督的志愿者组成。

七、国内外门票销售

（一）售票代理

国内销售和海外销售分别选择了售票代理机构。SK Planet（国内）和 Global Tours（海外）分别被选为代理机构。SK Planet 开发并运营在线售票网站和票务系统，运营离线票务箱和客户呼叫中心。Global Tours 负责通过 NOC 代理和当地代理促进 OCA 成员国和地区的门票销售。印尼亚运会组委会还与拥有中国在线业务 80% 以上市场份额的阿里巴巴旗下淘宝签署了一项协议，获得在中国独家分销门票的权利。吸引中国游客是印尼亚运会组委会的主要举措之一，为欢迎中国游客，还专门成立了一个委员会。

（二）促销活动

为了促进门票销售，印尼亚运会组委会对大量购买的门票提供折扣。折扣适用于各国家奥委会、国际／亚洲单项体育联合会、赞助商和国际奥委会。

（三）票务服务

2018 年 6 月 30 日，2018 年亚运会购票官方网站正式上线。观众可以通过票务合作伙伴的官方网站及其分销渠道在线购买门票。票务服务网站与印尼亚运会的官方网站集成，以促进从购票到票务打印的安全交易。

（资料来源：《第十八届（雅加达）亚洲运动会总结报告》）

后记

缘结亚运　感悟人生

花了 6 年时间，我做了一个独一无二的亚运会资料馆，收藏了历届亚运会的各种公开、非公开资料，从城市申办报告、亚运会总结报告，到具体各个业务领域的研究报告、工作周报乃至各式各样更细而微的文件资料，可谓琳琅满目应有尽有，而且，这项收集工作，目前、以后，都仍在持续进行中。

来资料馆看过的朋友，总是大为惊奇，都喜欢问一句："你是怎么做到的？"其实，有时候连我自己都惊奇怎么做到的。中国人信缘分，我想，应该是我与亚运会缘分不浅吧。

从 2004 年开始，近 20 年来，从多哈亚运会开始，我参与过 2008 年北京奥运会、2010 年广州亚运会、2012 年伦敦奥运会、2014 年仁川亚运会、2018 年雅加达亚运会，一共 6 届亚洲沙滩运动会以及其他如世界大学生运动会等。这些年里，我既有过身在赞助企业做体育营销的机会，也有作为第三方顾问角色参与包括市场开发等组委会服务的工作。

在这个过程中，我发现了一件比较遗憾的事：一个国家、一个城市，像奥运会、亚运会这种大型体育赛事的举办，往往都凝聚着包括组织者在内的无数参与者的智慧和心血。不管是北京举办奥运会、广州举办亚运会，还是伦敦举办奥运会、印尼举办亚运会，杭州 2022 第 19 届亚运会，从城市申办、到组委会筹备开始，就

◎亚洲奥林匹克理事会官方资料馆授牌

需要调动各个领域、各个部门的精英参与，市场开发更是其中重中之重的一项内容。可以毫不夸张地说，市场开发工作做得好不好，也即市场开发前期的准备是否充分、规划做得好不好、执行到不到位，直接影响到该届体育盛会能不能成功举办。但很可惜，正是如此重要的一项工作内容，往往在一届盛会结束以后，组委会一解散，虽然社会上各类宣传总结回顾式正式出版物不少，但许多宝贵的、有价值的市场开发内部资料却随人而散，并没有得到专门的收集和整理。

经常有做大型赛事开发的朋友看我经历的赛事多、经验丰富，喜欢找我交流，索要资料参考，我也努力通过各种渠道帮助朋友们找资料。

2017年在印尼参与第18届亚运会市场开发服务过程中，一位尊敬的老大哥在雅加达给我建议："你不如建个资料馆，好好收集、保存这些宝贵资料。"我听了他的建议，开始有意识地花更多的时间、更多的精力去做这件事，慢慢地开始乐此不疲，沉浸其中。尤其是在收集的过程中，有些藏家听说了我购买资料的目的后，很爽快地把资料半卖半送我；国家体育总局的一位老领导，也把自己收藏多年的资料给了我，他说，资料在他那里放久了没用，而放在资料馆里就是宝……从收集亚运会市场开发资料开始，到关于举办亚运会（也包括其他一些大型体育赛事）的方方面面，在大家的热心帮助下，资料馆的资料越来越多，目前，已经收集包括公开及非公开出版的各种内外部资料几万册。所谓精诚所至，金石为开，亚奥理事会得悉我们在做这一有益尝试并已初见成果之后，2019年5月授牌成立"亚奥理事会官方资料馆"，并鼓励我们把这项工作长期进行下去。

资料馆吸引了很多赛事组委会的朋友以及企业界的朋友们过来参观和交流，不少还声称在资料馆里找到很多自己想要的"干货"，让我增添了更多收集资料的信心和热情，同时，也萌生了好好利用这些宝贵的资料做些更系统的总结整理工作的想法，可以给正在或准备进行大型体育赛事市场开发运营工作或组委会其他相关工作的人员提供更多实用的参考。这也是《亚运营销在中国》一书的缘起。

◎成为第18届亚运会
市场开发合作伙伴

其实，能够编写出这本小书，要感谢这么多年来，在参与各项大型体育赛事市场开发过程中一直关心和帮助过我的朋友，因为我们资料馆里的资料，其中部分也是这些朋友们自己珍藏多年，如今割爱相赠的。谢谢你们！

人生没有圆满，做事难免留憾，《亚运营销在中国》书名有点大、分量却不够沉，系统性也欠缺，但因为想赶今年杭州亚运会的趟，急匆匆地还是抢着出了，也算是向亚运致敬！

◎资料馆藏书

　　当然，有更多的人比我适合写一本这样的书，但往往或者是因为工作性质、身份不便，或者仅仅是因为没有时间研磨着笔，但其实他们做得更多，懂得更深，悟得更透。他们有个共同的名字叫"无名"。这世上，无声胜有声，无名胜有名，作者不揣浅陋攒出这本书，希望能抛砖引玉，以作同道交流、促进学习之用。

　　关于未来，我还希望通过大家一起努力，可以把资料馆所有资料更仔细更清晰地分类，零散的内容通过重新梳理总结也可以汇集成册，物尽其用，使其更具实用价值，供有需要的朋友查阅，能帮助大家更迅速地熟悉大型体育赛事运营开发工作，并能从中或多或少得到有用的信息和参考。

参考文献

[1] 张百发.1990 年亚运在北京 [M]. 北京：北京出版社，1992.

[2] 亚运会组委会宣传部.亚运文选 [M]. 北京：中国对外经济贸易出版社，1990.

[3] 魏纪中.我的体育生涯 [M]. 北京：新华出版社，2008.

[4] 方达儿，刘渊明，雷进，等.亚运掘金 [M]. 广州：华南理工大学出版社，2010.